燕山刀客　著

绝世

你 不 曾 真 的 离 去

国荣

河南文艺出版社
·郑州·

图书在版编目(CIP)数据

绝世国荣:你不曾真的离去/燕山刀客著. --郑州:河南文艺出版社,2023.3

ISBN 978-7-5559-1493-8

Ⅰ.①绝… Ⅱ.①燕… Ⅲ.①张国荣(1956-2003)-传记 Ⅳ.①K825.7

中国国家版本馆 CIP 数据核字(2023)第 038543 号

选题策划	刘晨芳　丁晓花	
责任编辑	丁晓花	
责任校对	殷现堂	
书籍设计	书籍/设计/工坊 刘运来工作室　徐胜男	

出版发行	河南文艺出版社	印　张	24	
社　址	郑州市郑东新区祥盛街 27 号 C 座 5 楼	字　数	357 000	
承印单位	河南新华印刷集团有限公司	版　次	2023 年 3 月第 1 版	
经销单位	新华书店	印　次	2023 年 3 月第 1 次印刷	
纸张规格	700 毫米 × 1000 毫米　1/16	定　价	88.00 元	

目录

CHAPTER D

自序

热爱张国荣的理由

　　每个人都是生活在地球上的过客，都在自己的哭泣中来到人间，在他人的哭泣里告别世界。

　　青春有期限，生命有尽头。但有一些人，明明早离开了世界，他们的名字却被人反复提及，一再缅怀，无限推崇。

　　毫无疑问，张国荣就是这样有超级影响力的偶像。更值得强调的是，他是罕见的同时在乐坛与影坛取得极高成就的超级巨星。

　　他已经去世20年了，但他的那些经典电影和金曲，一直是各大网站点播的热门。

　　他已经去世20年了，得益于信息技术的发展，他的各种资讯和录像，反而在网络上越来越多。

　　他已经去世20年了，在"非典"之后出生的年轻人中间，却有着异乎寻常的影响力。这似乎是个很奇怪的事情，但也足以证明，在某种条件下，代沟完全是个伪命题。

　　他已经去世20年了，但他似乎一直生活在我们中间，从未离开。正如他的一首经典曲目：《这么远，那么近》。

　　作品跨出娱乐圈，就把自己打造成文化品牌，成为一种社会现象，放眼整个华语娱乐圈，也唯有周星驰等极少数人，可以与张国荣相提并论。但前者从未进入流行音乐界，在这一点上显然相形见绌。

爱一个人需要理由吗？需要吗？不需要吗？

张国荣的人格魅力，既展现在其作品中，更体现在日常生活里。作为身家数亿的超级明星，他严于律己，勇于担当，锐意进取，追求完美，照顾同行，提携后辈，无论银幕内外，台下台下，都堪称楷模。

很多人以为，张国荣这样的"准富二代"，是含着金钥匙长大的。但事实上，他经历的坎坷与挫折，相比普通人一点也不少。他曾四年未出一张唱片，曾被嘲笑"公鸭嗓"，曾被视为只会演青春片和"反骨仔"，曾经多次品尝恋爱失败的滋味，曾多次错失执导院线电影的机会，更是不幸罹患了普通人难以理解的生理性抑郁症。

在人生一次次的起起落落之中，张国荣辉煌时谦虚淡定，失落时奋起直追，他不光努力规划和拓展自己的事业，更表现出了对香港和整个华语歌坛影坛的高度责任感。唯其这样，在他不幸离世时，才会引发大家的震惊与那样规模的哀悼；在他去世20年后，依然拥有极高的知名度与海量粉丝。

我们热爱张国荣，既爱其才华与风采，更爱他的努力与坚韧。

我们怀念张国荣，既怀念其作品和逸事，更怀念他的修养与气度。

我们学习张国荣，当然学不来他的歌艺与演技，但可以学习他的品德与"三观"。

张国荣在歌坛的成就更是空前的，在"四大天王"之前，他已经是香港顶尖的流行歌手了。

但是，他的歌以粤语为主，在内地，还是电影作品影响更大，更深入人心。特别是全程在北京拍摄，为华语电影首次赢得金棕榈奖和金球奖【注：本书中如无特别说明，金像奖均指中国香港电影金像奖，金马奖均指中国台湾电影金马奖，奥斯卡奖均指美国电影奥斯卡金像奖，金球奖均指美国电影电视金球奖】的《霸王别姬》，堪称他的封神之作。

张国荣的很多歌曲翻唱自日文歌，而每一部电影，几乎都是独一无二的原创。

在香港电影最为辉煌的20世纪90年代早期和中期，他的工作重心恰好完全转移到了电影上。除了演唱参演电影的部分插曲，他几乎停止了所有的歌坛活动。

张国荣个人表演的巅峰，与香港电影的巅峰时代几乎完全重合，这是他本人的幸运，更是华语影坛的幸事。

在香港电影的黄金时期，张国荣从一开始就不是旁观者、见证者、仰慕者，而是重要的参与者、缔造者。抽取出他的名字，香港电影史肯定会面目全非。

2005年，在百年百部华语电影评选中，由张国荣主演的电影达到8部，是所有演员中最多的，这是对其实力的充分肯定。

在豆瓣前250部优秀电影中，他主演的电影目前同样有8部，与梁朝伟并列第一。随着时间的推移，10部指日可待。（《胭脂扣》与《家有喜事》）

他8次提名金像奖影帝，5次提名金马奖影帝，虽然只凭《阿飞正传》得到了一次金像奖最佳男演员，但是在万千影迷和众多专业影评人心目中，他的地位无可取代。

20世纪80年代初，在校园青春题材兴盛时期，他主演了新浪潮电影代表作品《烈火青春》，早于成龙和周润发拿到金像奖影帝提名，还留下了《柠檬可乐》《鼓手》《缘分》等一大批优秀作品。

在平民喜剧和动作片主导市场时，他和周润发联袂主演了两部《英雄本色》，开创了黑帮警匪片的新时尚，带来无数跟风模仿，使之成为香港电影最重要的标签之一，影响了之后30余年。

在古装电影几乎无人问津时，他主演的两部《倩女幽魂》，开创了古装奇幻片的风潮，令香港电影的产业升级成为可能，更直接影响了《画皮》《西游·降魔篇》等新世纪一大批华语古装奇幻片的拍摄，间接催生了内地大片时代的到来。

在唯票房论甚嚣尘上的年代，他与关锦鹏、王家卫和尔冬升等导演密切合作，拍摄了为华语电影史增辉的《胭脂扣》《阿飞正传》《色情男女》等优秀文艺片，帮助香港电影赢得了更多国际声誉。

在20世纪90年代早期和中期，当周润发淡出香港影坛之时，作为东方影业"一哥"，张国荣是唯一一个可以比肩成龙和周星驰的巨星，在一年一度的贺岁大战中，也唯有他能与上述二人直接对抗并互有胜负。张国荣令自己的名字成为票房保证，在香港电影的黄金岁月，书写了最后的辉煌。

在内地与香港电影交流不够频繁之时，他赴内地全程拍摄的《霸王别姬》，为华语电影拿下金棕榈奖和金球奖；他主演内地公司出品的《红色恋人》，开了港星出演中国共产党员的先河；他积极筹备的导演处女作《偷心》，无论题材还是投资都来自内地。在签署 CEPA【注：2003 年 6 月 29 日，《内地与香港关于建立更紧密经贸关系的安排》正式签署，此协议简称 CEPA】之前，他就为两地全面合作做出了典范。

在香港电影走向全面衰退时，他零片酬出演《流星语》，与日资合作出演《星月童话》，给本地从业者增加机会；他积极提携后辈，还组建了自己的电影公司，为港产片渡过难关、为华语电影产业全面崛起，进行了非常有价值的探索。

如果生命不是在46岁戛然而止，张国荣一定会为华语影坛和歌坛做出更多贡献，但也因为他的突然离世，让人更为崇敬，更加缅怀。

时光流逝，越来越多的95后、00后加入了"荣迷"的队伍。大浪淘沙，张国荣的电影和音乐作品，使得越来越多独立思考、有判断力的年轻人，自发成为张国荣的粉丝。从他身上，我们看到"一分耕耘，一分收获"并不是空话，看到认真做事、明白做人产生的巨大示范效应。也能为自己的人生规划，带来非常宝贵的启示与借鉴。即便再过五十年、一百年，相信他的作品也不会被埋没，他的事迹只会更加传奇。

是为序。

燕山刀客

2022 年 12 月于燕郊

孩提时光，别问他为什么不快乐

每个生命降临人间，当然都不是他的自主选择。但降生的时机、身处的家庭、成长的环境、求学的选择，却是极为重要的。

香港电影黄金时代的明星，很多都出身底层，但成功逆袭，成龙、周润发和周星驰均是其中杰出代表。因此，他们的作品中展现出比较强烈的草根意识。

而我们的主人公，似乎是一个异类。

张国荣并非星二代，也非真正的富二代，并非凭出身就可以在娱乐圈获得很多资源，但他的家庭，也并非平民家庭可比。

张国荣的父亲张活海，是 20 世纪 30 年代来到香港的内地移民。移民香港后，张活海在中环德己笠街 18 号（现在的德己立街）开设了以自己姓名命名的洋服店铺"西服家张活海"。

张活海对品质孜孜以求。他曾经说过："在任何情况下，我都尝试让西服来美化穿着者的身体。"

张活海的眼光、勤奋与人缘，为他赢得了香港"洋服大王"的美誉。成年之后的张国荣，对于时尚与着装有着深刻的洞察力，从一定程度上说，离不开父亲的熏陶。

张活海的名气大，甚至一些好莱坞巨星，都成了他的顾客。而香港的政界和名流，更以能在张活海处定制西装为荣。被美国电影学会选为"百年来最伟大的男演员"第 2 名的加里·格兰特，就曾与张活海有不解之缘。

格兰特曾向张活海定制了两件高档上衣，并支付了 2400 港

A ▶

元，希望他48小时之后送到自己下榻的酒店。这么短的时间，这么高的要求，一般人恐怕都不敢接受，但见过大世面的张活海，却一口答应了下来。

在规定的时间内，张活海带着衣服出现在了酒店。我们搞不清楚，这段时间内他是否合过眼；但可想而知，他承受的压力是非常大的。试过衣服之后，格兰特相当满意，还来不及表示感谢，张活海就掏出了400港元，当场要递给他。

这玩的是哪出呢，难道香港的裁缝还要给顾客小费？格兰特蒙了。

原来，他是向格兰特表示歉意，因为时间仓促，原本打算使用的顶级羊毛缺货，他来不及征求格兰特的意见（当时也没手机），就自作主张，用了次级的羊毛缝制。

这400元正是差价。张活海还进一步表示，如果对服装不满意的话，他愿意将2400元全部退回，分文不取。

话说得这么真诚，格兰特又怎能不被感动、没有回馈呢？

张活海没有上过大学，没有读过多少书，他的身上，清晰地打上了时代的许多烙印。他的思维方式，难免也带有时代的局限性。但他诚实守信的美德，却潜移默化地影响了每一个孩子，当然也包括张国荣在内。

1956年，是中国农历猴年。

9月12日，在香港北岸湾仔区的一幢六层住宅里，随着一声婴儿啼哭，张活海和妻子潘玉瑶的第十个孩子来到了人间。父母为他取名张发宗，小名"十仔"。后来，还有了个土气的英文名字Bobby（警察）。这就是后来的张国荣。

不过，之前的9个孩子中，3个已经不幸早夭。值得强调的是，十仔的出生日期，居然正是九哥的忌日。因此，一家人都坚定地相信，这孩子一定是老九转世而来。

大姐张绿萍比十仔大18岁，差不多就像两代人；即使老八，也比老十要大 8 岁。 用今天的话说，张国荣和几个哥姐，很难在一个频道上。 因此，尽管并不缺少亲人的关爱，张国荣从小就不爱说话，显得孤独幽怨，经常是"出奇的安静"。 这显然也影响了他成年之后的性格，影响了他的为人处世。

11 天之前，另一位同样姓张的男婴，在遥远的湖南长沙出生。

36 年之后，在他们的本命年，两人将合作一生中最为重要的作品。

两人都是处女座，形象、气质却大为不同。

普遍认为，处女座"心思缜密，善于分析研究，追求完美"。 这在张国荣的身上，显然体现得非常充分。

张国荣有两个母亲，一个是亲妈潘玉瑶，另一个是所谓的继母。 张活海同时拥有两个配偶。 直到 1969 年，香港才改革了婚姻法，实施严格意义上的一夫一妻制。 但之前形成的夫妻关系，并不用解除。

两个女性即便不会在张家上演《甄嬛传》，关系也好不到哪里去。 据张国荣回忆，继母甚至用尿淋过他，真可谓是"童年阴影"。 这会不会影响他对女性与爱情的看法呢，不得而知。

而张国荣与母亲的关系，其实也谈不上多好。 这对母子一周只能在周六见一次面，而且，她因为工作，也不会留下过夜。

父亲回家的次数更少，只是在端午或中秋这样重要的节日才回家吃饭，还往往喝个烂醉，似乎没尽到一个父亲的责任。 他的心思，几乎都放在自己的店铺生意上了。

张活海的两个妻子日益衰老，他又娶了第三房。 这还不算完，张活海又在尖沙咀著名的半岛酒店长期租房，邀约一些年轻漂亮的妹子过来"聊天"。潘玉瑶做出的反应，就是雇私家侦探跟踪调查，这自然让老公很不高兴，夫妻关系就越发冷淡了。 这种氛围，敏感的十仔岂能感觉不到？

1962 年，在上完幼儿园之后，6 岁的张国荣进入了圣璐琦书院附属小学。

A ▶

大姐张绿萍和当时的姐夫亚巴斯正好也在书院教书，彼此能有个照应。

大姐也真是太不容易了。父亲重男轻女到了骨子里。张绿萍刻苦努力十二年，终于考上了这座城市的最高学府——香港大学，这在无数家庭看来是光大门楣的喜事，甚至能吹上一辈子。

但张活海居然不愿意女儿继续读书，希望她能留在店里帮忙，或者早点嫁出去。

可这个倔强的女孩，硬是靠自己打工和亲戚资助，最终完成了学业，成为公务员，甚至在1978年当选了"香港十大杰出青年"。这一切当然不是靠拼爹，也不是沾弟弟的光。这一年，张国荣还只是个小歌手。

在家中，她则最疼这个比自己小18岁的十仔。张国荣也最尊重大姐，他俩的性格也非常相像，都在看似柔弱的外表之下，有着一颗永不服输的心。

张绿萍深爱十仔，但绝对不是溺爱。恰恰相反，她对小弟的要求非常严格，潜意识里，希望他至少能和自己一样，考上香港最好的几所大学之一。而张国荣的成绩确实还可以，小学毕业前都在前十名。中文更是突出，曾经有过全年级第二的纪录。

在圣璐琦时，张国荣结识了两个好朋友，一个姓刘，一个姓关，大家联想到什么了没有？对，就是桃园三结义嘛。

张国荣从小就重义气、讲信用，自律到了骨子里。到了成年之后，虽说没有再遇到这么要好的兄弟，却有幸结交了非常多的朋友，并让自己活得坦坦荡荡，无愧于心。

学校就是个小社会。学生很自然地分成了好几派。家境好的是一派，学习好的是另一派，但最吃香的往往是体育成绩突出的。这样的男生，最招女孩子喜欢。

据张国荣自己回忆说，还在上小学的他，居然已经开始 puppy love（小孩子的初恋）了。他对一位姓邝的女生很有好感，一心想牵人家的小手，就一直给她抛纸条，后来还真牵到了。不过到四年级时，小姑娘跟随家人移民去了加拿大，让张国荣早早体会了一把"失恋"的滋味。

所谓塞翁失马，焉知非福。张国荣化悲痛为力量，认真读书，这才顺利地升入了中学。

小时候的张国荣并不特别喜欢体育，对游泳池却相当热衷，4岁就开始游泳了。这个习惯的养成，也帮助他终生维持了好身材。

张活海应酬多。张国荣后来回忆说，有一次，他从泳棚的台阶走下去时，一眼就看到了父亲和他的朋友们在说说笑笑。

张活海见到他，并没有表现出多少惊喜和意外，就像看一个朋友的孩子一样，这让儿子难免有些失落。但父亲还是亲昵地摸了摸他的小脑袋，接下来更做了一个动作，让儿子终生难忘。张活海把手伸进口袋，变魔术一般掏出了好大一把硬币，让小孩子眼前一亮。

当时牛奶才两毛一瓶，这么多钱不知道什么时候才花得完。张国荣甚至都不清楚该怎么花，于是把钱都交给了一直照顾自己的六姐。

这位六姐不是张活海的女儿，只是家中的用人。她和张国荣的关系，有些类似《桃姐》中的那对主仆。

那一代的父母，往往都不愿意直接对子女表达爱意，但张活海对十仔的爱，其实一点都不少。都说谈钱伤感情，其实能给钱才是真感情。

小时候的张国荣，自然难以理解父母的辛苦。长大之后，虽说没有娶妻生子，却明白了长辈的不易。他后来回忆道：

> 父母对孩子的影响会是一生一世，我今日的事业，是父亲间接的激励，甚至我家中各兄弟姐妹的婚姻，也受到父亲的影响，包括我自己在内。

上小学一年级时，张国荣第一次见证了亲人的离开。

有一天放学后，六姐来接他。在路上，她突然告诉十仔一件事。

"你待会儿不要害怕啊，婆婆睡着了。"

此时的张国荣倒是非常聪明，认定"睡着了"肯定是有大事发生，心里也不好受。这是他生命中的第一次，见证一位亲人的离开。

人人都不想死，但生命终归是有限的，这是谁也摆脱不了的必然结局。那么，活着的意义又是什么呢？这时候的小国荣，显然可能不会想这样复杂的问题，但自小敏锐脆弱的性格，使得他愈发要强，愈发不愿过俗人的生活。

小学毕业后，张国荣升入了位于湾仔跑马地的玫瑰岗中学。学校的校训是"信守真理"，知名校友除了他，还有翁美玲、梁家辉、陈慧琳、蔡卓妍和林亦华等，称得上星光熠熠了。因为有方便的校车，张国荣也就不需要六姐接送上下学了。

但升到中学以后，张国荣的学习成绩却开始大滑坡。父亲忙于生意，也未能及时为孩子转学，任由他在玫瑰岗当后进生。

但张国荣显然也不是一无是处、一无所获。这时候的他，在英文朗诵、才艺和体育方面，可以说是自由发展，甚至是"野蛮生长"。

1969年2月28日，在第22届香港校际音乐及朗诵节中，张国荣代表玫瑰岗中学参加了英文散文朗读比赛，获得了第3名，展现出了在公开场合的良好适应能力。

张国荣人长得秀气，又喜欢羽毛球和足球，凭借硬实力，他成为校队成员。

但是，张国荣的中学生活，却过得很不开心，这是为什么呢？

留学英伦，收获可以潜移默化

我们的小国荣这么帅气，但学习成绩并不能靠刷脸获得。除了英语，他哪一门都不好。中学一年级就上了两年——留级了嘛；然后中学二年级又危险了。按这个节奏，上完中学不得十来年？想想都怕。

终于，在1969年的一天，父亲发话了：

"看你在香港是读不上学了，有没有想过到别国去念书呢？"

当时的小国荣，无疑如同溺水的游客抓住了游泳圈、饥饿的孩子找到了方便面，赶紧回答："好啊，当然好啊！"

别看张活海平时对儿子不怎么关心，关键时刻还是会帮他的。把这么小的孩子送出去留学，开销可不小，风险更不小。之所以选择英国，并不是因为那里是莎士比亚和披头士的故乡，想让孩子多受艺术熏陶，只是相比美国和加拿大，英国的学校更好申请。

张国荣后来的经历证明，这种熏陶真的是潜移默化的，英国真的没有白去。

要离开家乡了，13岁的孩子，似乎也没有太多伤感，反而有了一种冲出牢笼、海阔天空的兴奋。张国荣坐的包机叫Laker（大湖船），是专为留学生定制的，票价便宜，单程只要几百港元，在飞机上居然还能看电影，够新潮的。在印度短暂停留，就直接飞到伦敦了。

为了倒时差，张国荣就美美睡了一觉，不过时间稍微长了点——28个小时。

A ►

张国荣就读的学校，是诺维奇的埃克尔斯霍尔中学，这里远离大都市，风景怡人，气候温和，一派田园风光，与香港的水泥森林形成了鲜明的反差。

但是，学校里的各种规章制度，也让张国荣感觉压力不小。每天早上7点就得起床，自行收拾床铺。洗漱完毕之后，步行10分钟到餐厅。孩子们7点半吃早饭，有炸鱼条、牛奶、鸡蛋和面包。当然了，入乡随俗，饭前祷告是逃不脱的。

中午12点吃午餐，有用牛肉、猪肉等做的土豆肉馅饼和肉团子，还有甜点。不过没有牛奶，只能喝水。吃完午餐后就要上课直到下午3点，然后就是运动时间了。

别看张国荣在香港时爱好体育，到了这里却变了。英国成年人往往都很绅士，西装领带文质彬彬，但中学的体育课，却热衷于进行足球和橄榄球对抗。

张国荣在香港人里不算矮，但跟英伦三岛的当地孩子一比，那差距可就大了。只要被同学一撞，他都能坐地上半天起不来。

体育课要上到下午5点，然后去图书馆上自习，晚上8点回到宿舍，还要吃晚餐。不过伙食比较单调，也就一杯奶茶和两块饼干。

因为吃不习惯学校的伙食，张国荣的父母甚至要从香港为他寄方便面。但就这种垃圾食品，居然也有孩子要偷，当时也没有监控，丢了也就自认倒霉。

后来，张国荣和他的小伙伴们认识了一位好心的地理老师，将自家的厨房借给孩子们使用，让他们煮方便面。

可能是受这位老师影响，张国荣也喜欢上了地理课，特别是参加 field trip（田野旅行考察），更令他开心不已。这群孩子可以暂时摆脱学校的清规戒律和单调生活，来到英格兰与苏格兰交界一带，欣赏连绵的群山、壮观的瀑布、一眼望不到边的牧场，更有无比湛蓝的天空。这样的活动自然开阔了孩子们的眼界，对张国荣来说，也让他比在香港的同学，能有更多的独立生活能力和独立思考的习惯。

人都是这样，在家里时觉得父母烦，离开久了，却一定会想他们。每到假期，学生们就不能住校了。张国荣也曾回过香港，但那样确实太麻烦。在张活海的安排之下，著名影星傅声的姐姐，就做了这孩子在英国的监护人。

傅声姐弟的父亲，是香港张氏宗亲会会长张人龙，他和张活海关系很好，自然要照顾对方的小公子。

傅声的姐姐在英国开了一家餐馆，小国荣假期没有事，就跑到餐馆来帮忙，学着调酒当 waiter（服务员）。他长相秀气又举止斯文，穿上马甲相当有型，当然能为傅姐姐多拉生意。

更重要的是，他的表演生涯，正是在这里开始的。

在香港时，张国荣的英语就已相当不错了。到了英国，通过自己的努力和老师指点，他的英语水平自然与在家里时不可同日而语。

在这里，张国荣喜欢上了大卫·赫伯特·劳伦斯和威廉·莎士比亚的作品，读了大量书籍，自然也在无形之中，得到了不少文艺熏陶。

20 世纪 60 年代末 70 年代初，正值披头士乐队风靡全球，无数英国年轻人以那四位利物浦小伙子为榜样，希望能走上表演之路。爱上了英国文学的张国荣，随之也爱上了英文歌曲。当然，上天对他真是不薄，让他拥有远比普通人好的嗓子。

如果没有这一段的餐馆驻唱经验，他的人生，也许真的要重新改写。

不过在当时，张国荣也不可能想象得到，自己会在不远的将来，用英文歌打开通往娱乐圈的大门，更要站在全香港最瞩目的舞台放声歌唱，接受粉丝的疯狂膜拜。

也正是在这段时间，张国荣还曾经从多佛搭船去法国加来，然后一路去意大利、德国和荷兰等国家游玩。这样的旅程也许一时半会儿给他带不来好处，却让他的精神气质受到了相当程度的洗礼，让他在潜意识中，明白了世界之庞大、个人之渺小，认识到了光阴之珍贵、人生之无常。

1976 年，张国荣即将年满 20 岁时，考上了利兹大学。

今天，如果你有机会造访利大，就会发现这所名列世界百强的英国"红砖大学"，还将张国荣当成知名校友重点推介，以此来吸引华人学生。

如果说来英国读中学，还是父母的钱能解决的事；考上这样级别的大学，主要就得靠自己努力了。很多英国当地人，对利大也只能望而生畏。而他，一个黄皮肤黑头发的香港孩子，却拿到奖学金，就读了纺织专业。

这个专业，当然也是张活海所期望的。自己的精力体力已经大不如前，如果有一个在英国镀过金又懂专业的儿子来当帮手，无疑是非常理想的事情。而张国荣对于服装设计也很有兴趣，更希望自己能成为知名设计师。

能在世界名校读纺织专业的人，对于自身着装的品位，对于时尚感的把握，怎么可能差呢？冥冥之中，一切都有安排，甚至是最好的安排。

那么，又是什么事情，改变了他的计划？

跻身娱乐圈，有失落才有进步

如果把人生比作一场演出，这进程可没有剧本能预先把握。如果不出一场意外，也许张国荣真的可以成为一名出色的设计师或者服装商人，穿梭在英国和欧洲大陆的各种时尚秀场，与大小名人觥筹交错。

但他哪里想得到，计划真的赶不上变化。

1976 年，张活海突然病危，张国荣被迫中断了在利兹大学的学业，返回香港。

喜的是，也许是因为他的回来，父亲脱离了生命危险，只是从此瘫痪在床。忧的是，他的家庭，也不可逆转地败落了。经济条件已经不允许他返回利兹大学，完成学业了。

这么好的大学，说不上就不上了，是不是太可惜？但与张国荣成年后的辉煌相比，一所世界一流大学的学位，似乎又不算什么。

在英国生活了 7 年多，刚回到香港的张国荣，不得不面对生活的严峻挑战。

他无奈地发现，自己的粤语讲不好，中文也不会写，怎么能适应香港的生活呢？

不得已，张国荣做了一个让我们看起来很不可思议的决定。

几个月前，他还是世界百强大学的高才生；几个月后，他居然进入了香港的惠灵顿英文中学，不是任教，不是担任教务人员，更不是当校董，而是做起了中学五年级插班生，跟一群弟弟妹妹共同学习，补习中文。

A ►

上完五年级，张国荣参加了全港统一会考。 但由于某些原因，他没能继续读大学，而是早早步入了社会。 据分析，可能是因为他与父母的关系恶化了。

张国荣离开了那个令他感受不到爱的家，开始自己租房住。 为了糊口，他不得不四处奔波折腾。 好在还年轻，什么事情都能做。 他打过零工，送过外卖，还摆起地摊，贩卖一些自己根本看不上的牛仔裤和皮鞋。

成名之后的张国荣，丝毫不掩饰自己的这段经历。 但他这样对未来有追求的人，岂能这样一直荒废下去。

1978 年，内地开始了改革开放。 而香港经济快速发展，文化娱乐产业更是一派繁荣。 在香港这个开放的东方大都会，各种音乐选秀活动也是层出不穷，为非专业出身的年轻人提供了很多通向成功的跳板。

温拿乐队的辉煌影响了不少人，组乐队在香港青少年中也很时尚。 1977 年 5 月，张国荣与几个朋友组成了一个"ONYX"乐队。 凭借自己的唱功和颜值，张国荣成为主唱。"ONYX"并没有特殊含义，指的是一种黑色石头。

就在同月，丽的电视台（亚洲电视的前身）主办了一次亚洲业余歌手大赛。 张国荣有个乐队搭档很有兴趣，于是就拉他一起参加。

当时的张国荣，说穷困潦倒并不夸张，甚至连 5 港元报名费都拿不出来。当他鼓起勇气向一个人借钱时，对方不但没有令他难堪，反而慷慨地掏出 20 港元，根本不在乎他到底能不能还。

这样的人，难道不值得感激一生吗？

这 20 港元，显然比他成名后赚的 200 万还有意义。

她不是别人，正是从小照顾张国荣的六姐。

张国荣带着这笔"巨款"，坐船来到了丽的总部。 他一开口，就把评委给镇住了。

一个黄皮肤、黑眼珠的本地孩子，居然把英文歌唱得这样标准，这么到位！

张国荣演唱的是纽约民谣摇滚歌手唐·麦克林于 1971 年完成的 *American*

Pie（《美国派》），这首歌长达 12 分钟。 不过，张国荣初赛时只唱了六七句就过关了，复赛时，他唱到两分钟，又被评委打断。

就这样，张国荣就进了决赛，简直有点幸福太快太突然的味道。

今天的歌迷喜欢称张国荣为"哥哥"，其实，他就像个永远长不大的孩子，不愿放弃自己的原则。

当时，著名音乐人黎小田正是评委之一，他希望张国荣在决赛时演唱一个 3 分钟版本，但后者据理力争，表示一定要唱完，还说对方的做法"It doesn't make sense（没有道理）！"

如果换成别人，恐怕当时就生气了，可黎小田却记住了这个模样清秀的大男孩。 此后，他们更成了忘年交。 当然，张国荣最后也做了妥协。

邀请他一同参赛的朋友，早就在试音时被淘汰了。 张国荣却一路杀入决赛，最终名次也是他之前没有想到的。

人生，真的是变幻无常。

5 月 10 日，张国荣迎来了香港区决赛，与他同场角逐的还有另外 11 人。

张国荣第 7 个出场。 他留着香港青年当时热衷的半长发型，一身白衣白裤，扎着红领带，脚蹬红色长筒靴，十分帅气，演唱的依然是 American Pie。这个大男孩嗓音浑厚，肢体语言相当丰富，唱到动情处边歌边舞，台下观众的回应也相当热烈。

评委潘迪华后来回忆说，当天的比赛，她给张国荣打的是满分。 她非常欣赏这种唱功扎实又非常有现场表现力的年轻人。

遗憾的是，张国荣赢得了现场观众的高度认可，但没有完全征服评委。他最终以 696 分屈居亚军。

丽的电视台高层对比赛非常重视，总经理黄锡照特意由菲律宾赶回香港，亲自主持了颁奖仪式。 冠军得主钟伟强获得 5000 港元现金及名贵纪念品一份；张国荣获得 3000 港元现金及名贵纪念品一份。 两人将代表香港，角逐 16

日在香港大会堂音乐厅举行的总决赛。

在总决赛中，钟伟强表现一般，而张国荣的发挥依旧非常出色。后来与这位巨星多次合作过的大导演陈可辛，居然也清楚地记得这场比赛。

但是，上天似乎又和张国荣开了个大玩笑。他最后仅获得第5名。冠军被菲律宾的丁马卡度获得。

当时，菲律宾评委巴丝丽奥给张国荣打了77分——这可是全场最低分。而香港评委黎小田给丁马卡度打了93分，差距就这么被拉开了。

如果张国荣顺利拿下冠军，他的人生会重新书写吗？后来的经历证明，他没有拿到第一，反而是个好事。这让他随时自醒，逼出了他不服输的劲头。

张国荣的成名之路，远没有普通人想象的那样光鲜、那般顺利。其间经历的波折、遭受的意外、承担的屈辱，外人真的难以体会。

虽说成绩一般，但很多媒体却对张国荣有了更多关注。时任丽的总经理助理兼节目总监的钟景辉，对这个秀气的大男孩更是青睐有加，与他签订了为期3年的工作合约，每月1000港元，这待遇相当不错了。

从此，张国荣就有了自己第一份比较体面的工作，在电视台做主持。

1977年5月24日，原本是寻常一天，但所有的荣迷，恐怕都不应该忘记。张国荣25年无比辉煌的娱乐圈生涯，正是从这一天开始的。他的第一份工作，是综艺节目《星期三晚会》的主持之一。

丽的所在的广播道位于小山丘上，却集中了丽的、无线和佳艺3家电视台，以及香港电台和香港商业电台。这五大媒体巨头扎堆之处，被市民戏称为"五台山"。

就在这一年，张国荣的好运接连不断：一家顶级唱片公司联系他，要他当签约歌手；一位资深制片人联系他，要他出演新片的男一号。

这位日后的天王巨星，难道就这样踏上一帆风顺之路了？

宝丽多时代，饱尝失落与无奈

即使组乐队"ONYX"时，张国荣也不敢想象能以歌唱表演为职业，毕竟在他小时候，完全没接受过专业训练。

但事实证明，唱歌与踢球还真不一样，真不一定非要从娃娃抓起。

丽的高层对这位帅气的年轻人相当欣赏，签约两天之后，就安排他在综艺节目《星期六晚会》上亮相。 不久，张国荣又参演《星期三晚会》，还客串了《缤纷带你威》。

进入丽的之后，因为张发宗的名字没有星味，又和"发肿"音近，公司决定为他改名。

从此，世间就多了一个张国荣。"国荣"这名字大气好记，方便传播。 进入丽的不久，张国荣又为自己取了个 Leslie 的英文名。

Leslie 取自英国著名演员莱斯利·霍华德，他是现象级影片《乱世佳人》的男二号。 而 Leslie 的名字比较中性，不那么"直男"，可能会更吸引女性粉丝。

常言道，福无双至，祸不单行。 但是，1977 年的张国荣，确实相当幸运。

香港宝丽多（下称宝丽多）旗下艺人有邓丽君、徐小凤、泰迪·罗宾、许冠杰和温拿乐队等。 能跟这么多偶像成为同事，绝对是无数年轻人梦寐以求的事情。 张国荣当然喜出望外，毫不犹豫就签字了。

加入宝丽多之后不久，张国荣成为谭国基旗下艺人。 他以

A ►

为自己能有一个很好的发展，却没有想到，一出悲剧即将上演。

"既生瑜，何生亮！"《三国演义》中，周瑜在临终前绝望地喊道。

换成张国荣，恐怕就得喊"既生荣，何生强"了。

强，就是陈百强，虽说不会比张国荣强百倍，但优势却非常明显。

陈百强和张国荣一样，有着香港青年中不可多得的贵气与儒雅，也有着相当不错的声线和唱功。这么好的条件，想低调真的不太容易。

而且，陈百强还是香港乐坛中不太多见的创作型才子。

1978 年，陈百强和张国荣相识了。陈百强家境优越，对着装和生活品位非常讲究，让张国荣相当羡慕。而前者的作曲才华，更让后者感觉差距甚远。

相比张国荣出道后的诸多坎坷，陈百强却以火箭一般的速度蹿红。1978年，香港商业电台（简称 HKCR）开始举办"十大中文金曲评选"，不分普通话与粤语，也不限制演唱者的身份。1979 年，21 岁的陈百强就凭借《眼泪为你流》这首歌，在当年的"十大金曲"中排列第七，谭咏麟这一年还没有歌曲入选呢。

相比张国荣，陈百强内向腼腆，不善交际，最大的爱好就是写歌唱歌。他能够脱颖而出，实在是香港乐坛乃至华语乐坛的幸事。当然，陈百强是贵公子出身，在娱乐圈遇到的障碍与阻力，比那些寒门子弟小太多了，这也是事实。

第二年，为了给陈百强的音乐之路造势，经纪人谭国基推出了青春校园片《喝彩》，由旗下陈百强、钟保罗和张国荣主演。

1983 年，邵逸夫掌控的电视广播有限公司【注：俗称无线电视台，简称 TVB】，也推出了自己的劲歌金曲排行榜。相比 HKCR，TVB 有着更为强势的平台，更加娱乐化的营销，自然也更受香港年轻人的青睐。劲歌金曲榜未必是最权威的，却很快成为香港以至整个华语流行音乐中最有影响力的奖项。

当时，在劲歌金曲榜的歌，必须用粤语演唱，歌手必须是香港公民。

1984 年，劲歌金曲榜又增加了最受欢迎男女歌手的评选，自然引发了更多关注。当然以香港乐坛阳盛阴衰的现实，最佳男歌手才是媒体和歌迷最为关注的对象，才是实力的标志。

张国荣擅长演唱英文歌，宝丽多也能人尽其才。1977 年 8 月，公司就发行了一张拼盘专辑《多多宝丽多 Summer Special》（《多多宝丽多夏日特辑》），销量超过 3 万张，成为当年的金唱片。许冠杰、许冠英、陈丽斯和秋霞等歌手都有歌曲收入，张国荣则有 I Like Dreaming（《我喜欢做梦》）等两首收录。次年 4 月 8 日，他还代表公司，领取了香港国际唱片业协会（简称 IFPI）颁发的金唱片奖【注：IFPI 当时规定，25000 张为金唱片，50000 张为白金唱片】。

生命中的第一次，往往都令人无比难忘。这年 8 月，宝丽多为张国荣发行了第一张唱片 I Like Dreaming，不过只收录了两首歌。这就是港人所说的"细碟"（简称 EP）。

这位天皇巨星的一小步，应该说也是香港乐坛的一大步了。公司策略相当保守，只制作了 500 张，就这还有很大一部分销不出去，静静地躺在仓库里。当张国荣红遍香江时，这张处女碟自然也是身份猛涨，很多歌迷不惜血本也要收藏一张——真正的限量版。

相比之下，当年许冠杰的唱片《卖身契》却实现了十一白金的销量。同名电影也力压成龙《醉拳》，以 782 万【注：本书中涉及的电影票房，中国香港默认港币，台湾地区默认新台币，内地默认人民币】的票房成为年度冠军。

8 月 27 日，张国荣再受打击。在香港"青年音乐节"之宝丽多专场上，他得以与许冠杰、温拿乐队和陈斯丽等大咖同台演出。

这本是提升人气、扩大影响力的大好机会，但张国荣出场时，场下却嘘声四起，还有歌迷高喊"快回家休息啦"，现场气氛很不友好。他顶着嘘声坚持唱完，但内心的失落与不忿显然是相当强烈的。

后来提及此事时，张国荣这么说：

A

我这个人的原则就是，我做的事一定要做得好，我一定要让你们觉得我做得好，我是用心的，只不过在那时你不接受我，是因为你未必认识我是谁，你未必真的留心去听我的歌，或那时候我根本唱得不好。但始终有一天，当我练好了回来的时候，我就要你赏识我，要你看得起我。

1978 年 1 月 8 日，宝丽多发行了张国荣生平的首张大碟 *Day Dreaming*（《白日梦》），专辑的 12 首歌全是英文歌，但都不是原创，而是在海外被人唱过再买版权的，也没有他最喜欢的 *American Pie*。唱片上市之后反响平平，张国荣则被批评为"鸡仔声""不够成熟"等。

1 月 19 日，张国荣参演的首部院线电影《红楼春上春》也上映了。出品方是知名电影人吴思远的思远影业，首次接触电影的他，演的就是男一号贾宝玉。可这部影片，却成了张国荣一生不愿意提及的污点。

原来，这部致敬林青霞《金玉良缘红楼梦》的影片，是一部不打马赛克的"春宫片"，当时香港也没有电影的分级制度。你就说气人不气人吧。

唱片卖不动，拍电影被忽悠，让张国荣在丽的的日子更不好过。但公司却主动给他加薪了。为什么呢？

作为无线和丽的之后的第三电视台，佳视为了拉拢人才，只能开比它们高得多的薪水。之前，毛舜筠已经"过档"佳视，出演了《红楼梦》中的林黛玉。由于张国荣和她传过绯闻，佳视准备以 6000 港元的年薪挖走这个不得志的靓仔。

丽的高层听到风声之后，很快采取对策，给张国荣的薪水涨到了 2950 港元（也有 2900 港元和 2980 港元的说法），这让他非常开心，也就暂时打消了跳槽的念头，还参演了电影《鳄鱼泪》《死结》等，并主持综艺节目《跳跃奔腾》。

1978 年 11 月，在古装武侠片《浣花洗剑录》中，张国荣出演男一号方宝玉，这又是个生命中的第一次。

显然，他之前的表演才华与职业态度，已经得到了高层的相当认可。 但同名主题曲的演唱，却安排给了李龙基。 也许是想补偿张国荣，公司安排他演唱了《沈胜衣》和《变色龙》两部剧集的主题歌。

拍戏与唱歌，真的是可以互相帮衬的。 1979 年 4 月，宝丽多发行了一张粤语拼盘唱片，其中有谭咏麟两首歌，也有张国荣两首，并且专辑名称就叫《沈胜衣》。 这么一来，在香港 20 世纪 80 年代常被拿来比较的谭、张两位，他们的名字首次出现在了一张唱片上。

9 月 10 日，又是一个所有荣迷都不能忘记的日子。 张国荣的首张粤语唱片《情人箭》，由宝丽多在全亚洲正式发行。 值得强调的是，这比谭咏麟的首张个人专辑还早 15 天。

《情人箭》收录了 12 首歌，其中有 7 首都是热门电视剧主题歌，《追族》《情人箭》和《沈胜衣》是张国荣为同名剧集演唱的主题歌，而《浣花洗剑录》《变色龙》《大亨》和《大报复》则是翻唱他人的作品。

上一年，约翰·特拉维尔塔主演的歌舞片《油脂》以 1.6 亿美元拿下北美冠军，又以 417 万港元成为香港西片【注：外国电影，多指西方电影】第一，让更多的本地年轻人爱上了迪斯科。 张国荣的大碟中，还特意加入了一首迪斯科曲风、旋律明快的《油脂热潮》。 他当然也不会想到，18 年后，这位好莱坞大帅哥居然会在一位香港导演的指导下拍片。

虽说绑定了很多热门电视剧，《情人箭》上市之后，并没有宝丽多所期待的热卖，销量也就 5000 多张。 而谭咏麟的《反斗星》却成为金唱片，两人的差距实在过于明显。

走得更远的，无疑是比他俩更年轻的陈百强。 9 月 1 日，百代唱片为陈百强发行了首张专辑 First Love（《初爱》），包含英文歌和粤语歌各 6 首，上市之后大受欢迎，毫无悬念地成为白金唱片！ 其中，由他本人作曲的主打歌《眼泪为你流》，入选了香港电台"十大中文金曲"，做到这点比张国荣整整早了 5 年。

主宰 20 世纪 80 年代香港流行乐坛的三位王者——"三王"，发行的首张个人专辑，居然都在 1979 年 9 月，真的完美诠释了什么叫"神同步"，不能不说是一段佳话。

不过，谭咏麟比张国荣大 6 岁，还让后者觉得有追上的可能；陈百强比张国荣小 2 岁，专辑销量却是他的 10 倍多，这难免就让人苦闷了。

更要命的是，张国荣很快就陷入了将近 4 年的"空窗期"。 直到跳槽新东家，他才得以发行新唱片。

不过，也正是在这段时间里，张国荣在影视方面不断进步，先后主演了《对对糊》《甜甜廿四味》等多部偶像剧和《柠檬可乐》《烈火青春》等青春电影，积累了一定的名气与粉丝，他的娱乐圈生涯并没有中断。

与此同时，张国荣也没有放弃歌唱梦想，一直努力坚持，一直"默默争上游"。 有演唱剧集主题歌和外派演出的机会，他就全情投入、全力以赴。

命运拿你开玩笑，你让命运受嘲笑！

加盟华星，贵人指点成大器

人生在世，个体力量极其有限，即便天赋满满，没有合适的平台就难以"破圈"。

作为张国荣的第一个经纪人，谭国基似乎对张国荣的栽培不太用心。否则，两人也断不会闹到对簿公堂的地步。

作为张国荣的第一家唱片公司，宝丽多似乎也没有看到这位靓仔的潜能。否则，绝不会在出过两张唱片之后，就对他"不闻不问"。

当然，就在张国荣出不上唱片的这段时间里，谭咏麟却在宝丽多的强力扶持之下，坐稳了公司"一哥"的位置，更坐上了香港乐坛的头把交椅。

作为一个天生要强的孩子，张国荣可不愿意轻易承认自己的失败，不想彻底放弃歌唱梦想。

被宝丽多否定，不等于被全世界否定。但有时候，就算被全世界否定，也得有不认输的劲头与偏执。

张国荣是努力的，更是睿智的。在未能出唱片的那几年，他不但拍摄了大量影视作品，还演唱了其中大量插曲并登台演出，并不断磨炼歌唱技巧，不让自己的歌唱能力退化。

张国荣更是幸运的。他离开了宝丽多，加盟了新成立的华星唱片。否则，谭、张争霸就永远不会出现了。

同时，张国荣与丽的的合约也到期了，《凸凹神探》是他在这家公司参演的最后一部剧集。

此后，他就可以在 TVB 拍电视剧，在邵氏和其他公司拍电影，在华星出唱片，真正成为影视歌三栖明星。

A ►

树挪死，人挪活。 这话一点儿不假。

1982 年，绝对是改变张国荣人生的一年。

华星是邵逸夫旗下公司。 1982 年，华星成立唱片部，开始像宝丽多一样包装艺人。 有 TVB 这棵大树，华星不可能默默无闻。

华星的第一位签约歌手，是在日本走红的陈美龄。 她用普通话演唱的《原野牧歌》，一度在内地几乎家喻户晓，比张国荣甚至张明敏都有国民度。

而张国荣，则是华星第一位签约男歌手。 他能够加盟，是幸运地认识了又一位贵人。

此人叫陈淑芬，负责新成立的华星唱片。 张国荣拍摄《鼓手》时的表现让导演杨权非常满意，遂把他介绍给了陈淑芬。

而陈淑芬看到了张国荣的潜力，果断地签下了他。 从此也开启了两人超过 20 年的密切合作。

更让张国荣高兴的是，当年带他入行的黎小田，同样也加盟了华星。

就在这一年，黎小田运作了第 1 届香港新秀歌唱大赛。 时年 19 岁的梅艳芳，以《风的季节》一曲夺冠并加盟华星。

她从华星一姐迅速成长为香港一姐，也成为张国荣一生中最重要的"红颜知己"。

当时，放眼整个香港，恐怕也只有华星，能把张国荣当成头牌男星打造；也只有华星，能够背靠 TVB 这棵大树，与全球顶级唱片公司在香港的机构正面抗衡。 似乎可以小心翼翼地加上一句：放眼整个香港，也只有陈淑芬和黎小田这样慧眼识英雄的高管，才能令张国荣发生神奇蜕变，以 28 岁"高龄"，跻身香港一线歌手之列。

1983 年 5 月 1 日，在上年连续主演了 3 部院线电影，票房总和接近 1000 万的张国荣，又迎来了自己在歌坛的巨大突破：时隔近 4 年，他的第 4 张唱片终于发布了。

新专辑定名为《风继续吹》，寓意似乎是，那个在选秀舞台上活力无限的小伙子，现在又回来了，继续向全港歌迷展现实力。黎小田、郑国江和顾嘉辉担任制作人，封套的设计者，是著名设计师张叔平。

专辑 12 首歌中，有 7 首为原创，比例不低。电影歌曲有 4 首，包括《烈火青春》主题歌《流浪》，以及《鼓手》主题歌《默默向上游》和两首插曲《人生的鼓手》和《我要逆风去》。

至于专辑主打歌《风继续吹》，并不是一首原创曲目，而是改编自日文歌《再见的另一方》，是山口百惠告别专辑《不死鸟的传说》中的名曲。

当时，香港的流行音乐与日本差距甚大，很多粤语歌都是翻唱热门的日文歌曲，要不然，黄家驹怎么会发出"香港有歌坛无乐坛"的感慨呢？但在黎小田看来，翻唱《再见的另一方》，有着特别重要的意义。

在 20 世纪 80 年代初期，山口百惠可谓如日中天，张国荣和梅艳芳等都视她为偶像。她在 21 岁时结婚，告别娱乐圈，转做全职太太，离开钟爱她的万千歌迷，山口百惠心中除了成家的幸福与喜悦，何尝没有遗憾与失落呢?《再见的另一方》传递出的，是对歌迷的感激与歉意。但《风继续吹》表面上是描述情侣的离愁别绪，实际上是表达张国荣坚持音乐梦想的决心。

风继续吹不忍远离

心里极渴望希望留下伴着你

风继续吹不忍远离

心里亦有泪不愿流泪望着你

过去多少快乐记忆

何妨与你一起去追

要将忧郁苦痛洗去

柔情蜜意我愿记取

A

作为张国荣歌唱道路和人生旅程上的贵人，黎小田不光帮他制作了这张专辑，还对他的唱功进行了全方位指导。当时张国荣已不年轻了，他的声线过尖，被人戏称"公鸭嗓"。黎小田建议他向浑厚低沉的音调转变，听起来更有成熟男人味。同时，也纠正了他"吞音"、吐字不清的毛病，尽量给听众带来更愉悦的感受。

张国荣天分不低，悟性很高，又非常努力，在名师指点之下，取得的进步自然肉眼可见。但更重要的是，他有了一个更好、更可能脱颖而出的平台。

作为华星签下的首位男歌手，公司对张国荣专辑的重视程度，当然和群星荟萃的宝丽多完全不同。年轻的张国荣，幸运地获得了发展。但更重要的是，他的天赋和努力程度，匹配得上这个运气。

况且，华星和 TVB 是兄弟公司，既可以利用电视台的资源为新歌造势，也可以更方便地安排旗下歌手参加 TVB 节目来刷脸，提高曝光率与知名度。

《风继续吹》上市之后，并没有立竿见影般让张国荣爆红，最后也只是成为金唱片。但对他来说，无疑是可喜的进步。之后，无论成就有多高，在乐坛走多远，张国荣都不会忘记这张专辑及同名主打歌。作为一个懂得感恩、懂得珍惜的人，对偶像山口百惠给自己带来的好运，他也一直不会忘记。

恰好就在这一年，在香港流行音乐一片繁荣的大背景下，财大气粗的 TVB 模仿香港电台，开始评选"十大劲歌金曲"。以无线的媒体号召力，这个奖项很自然成为全港最为权威、各家唱片公司最为看重的奖项。

这一年的 11 月，张国荣发行了在华星的第二张专辑《张国荣的一片痴》，但反响较为平淡，只有主打歌《一片痴》入选了 1983 年"十大劲歌金曲"第 4 季的 10 首季选歌曲。专辑中收录的《愿能比翼飞》，则是他主演的邵氏武侠片《杨过与小龙女》的主题歌。

次年 1 月，香港乐坛迎来了史上首次"十大劲歌金曲"颁奖礼。当时风头最强劲的又是张国荣的老熟人。

　　陈百强以《今宵多珍重》顺利入选，还拿下观众调查最受欢迎奖，可谓赢得了满堂彩。 遗憾的是，此时 TVB 还未评选金曲金奖和最受欢迎男女歌手，否则以陈百强的人气，大概率要力压谭咏麟登顶。

　　一个人要想成功，实力与运气缺一不可。 陈百强确实是缺点运气。

　　而改变张国荣一生命运的契机，就出现在了这一年。

　　1984 年 4 月 1 日，张国荣和陈淑芬、黎小田等人现身东京音乐节，为公司偶像组合"小虎队"助威。 这个组合由胡渭康、林利和孙明光三位阳光大男孩组成，由于表现不佳，第二年就解散了。

　　当时，现场有一位新人古川晃司，表演了一首激情四射的舞曲，边唱边跳，格外洒脱，十分带感，很快把现场观众的情绪引爆了。 陈淑芬等人见多识广，也都被深深吸引了。

　　音乐嗅觉极其敏锐的张国荣，马上意识到自己能够驾驭好这样的舞曲。所谓言者无意，听者有心。 陈淑芬立即发扬了香港人做事积极主动的精神，动用了一切能够利用的关系，费尽手段，终于买下了这首歌的中文版权，并在第一时间找黎彼得填词，加至张国荣将在当年 7 月 15 日发行的新专辑之中。

　　张国荣的人生命运，从此就被这首歌改变。

　　时至今日，无数荣迷依然愿意高呼：

Thanks thanks thanks thanks Monica

谁能代替你地位……

　　这就是 Monica（《莫妮卡》）。 不过，今天我们回想起来，如果张国荣不去东京，如果没有 Monica，他就没有冲上一线的可能吗？ 当然不是。 机遇永远垂青有准备的头脑，并不是一句空话。 只要不停努力，永远保持开放的心态与敏锐的时尚感，机会还是一直会存在的。

但也并不能说，张国荣命中注定能够成为天王巨星。他的成功，其实也是小概率事件。

1982 年，全球流行音乐第一人迈克尔·杰克逊，发行了他最为成功的专辑 Thriller（《惊悚片》），通过索尼唱片精心拍摄的 MTV（音乐电视），这首迪斯科舞曲风靡一时。1984 年 5 月，好莱坞电影 Breaking（《霹雳舞》）震撼上映，受到全美青少年广泛追捧。7 月 28 日，第 23 届洛杉矶奥运会开幕式上，数千时尚的男女青年伴随着迈克尔·杰克逊演唱的劲爆热歌 Beat It（《未败它》），大跳霹雳舞，成为当天最为激动人心的表演之一。

从此，太空步和霹雳舞也就冲出了美国，很快流行到全世界。Monica 的 MV（音乐短片）之中，也很应景地加入了一些霹雳舞动作。张国荣虽说不是郭富城和草蜢那样的专业伴舞出身，但跳起来也是活力十足。

事实上，Monica 的中文歌词并没有多少新意，只是一个情场浪子的忏悔，其实并不利于口口传播：

> 只可惜初生之虎将你睇低
> 好多谢分手你启发了我
> 期求原谅我
> 余情随梦去你不要计

但谁在意呢？跟着强劲的旋律摇摆身躯、放纵自己就好了。1984 年的夏天，香港哪家迪斯科舞厅如果没有唱片 Monica，肯定是要被年轻人耻笑的。哪个靓仔能学着张国荣唱跳一下，没准自己的桃花运就来了。

1984 年的张国荣已经 28 岁，长年的舞台经验，让他驾驭舞曲时没有任何拘束感，帅气的外形及出色的声线，又为歌曲加分不少。7月15日，以张国荣英文名 Leslie 命名的全新专辑震撼上市，成为他生平第一张白金唱片。

专辑包括 12 首歌，*Monica*、H_2O（《水》）是充满青春活力、热情劲爆的舞曲，《侬本多情》《不怕寂寞》是温柔抒情的慢歌，《柔情蜜意》《一盏小明灯》则更显甜蜜温暖。

据著名影星章子怡透露，正是听了《侬本多情》之后，她才疯狂地迷上张国荣。同班同学梅婷能和张国荣演情侣，让她羡慕不已。而在这首歌的同名 TVB 电视剧中，张国荣饰演的"妹子杀手"James 也吸粉无数。这种帅气中带有一点不羁味道的"坏男孩"，最能让青春少女无可救药地迷恋与仰慕。

人气暴涨的张国荣没有自满，还在向更高的目标冲刺。

最爱的专辑是《为你钟情》，最爱的人又是谁？

1984 年的张国荣，虽说只发行了 *Leslie* 一张专辑，却创造了四白金的佳绩。 随后，*Monica* 又首次入选"十大劲歌金曲"和"十大中文金曲"。

在年底的香港"十大当红人物"评选中，张国荣也首次入选，排名第六，谭咏麟高居第一。 不过许冠杰、成龙和周润发等真正的顶尖明星，并没有出现在这个榜单上。

可以说，经过将近 7 年的不懈努力，到了这一年年底，张国荣终于跻身一线歌星之列。 他以帅气俊朗的外形，华丽多变的曲风、大胆出位的现场表演，收获了大批粉丝，特别是正值青春年少的妹子。

想想连张国荣都要熬 7 年，我们普通人受些挫折简直太正常了。

到了 1985 年，说张国荣集万千宠爱于一身，已经不算夸张了。 他在香港以至整个华人世界到底有多少迷妹，谁也统计不清。 但有一点毫无疑问，如果哪一天他公布恋情，无疑令太多少女心碎流泪，甚至有更加不理智的行为。

5 月 14 日，一个非常值得纪念的日子。 多数荣迷肯定会相当开心，但也有太多姑娘，一定会有别样感触。

时隔 10 个月之后，千呼万唤之下，张国荣发行了他在华星的第 4 张粤语专辑。 如今，谁还收藏有这张唱片，并且保存完好，绝对能吹爆朋友圈。

这是香港历史上第一张白胶唱片。 在封面上，张国荣穿着米白色西装，深情款款，一脸幸福，左手无名指上**戴着卡地亚戒指**——有没有搞错？ 这难道表明，他已经情有所属，别的女人就不要再继续纠缠了？

这张专辑的名字也相当浪漫——《为你钟情》。 为张国荣钟情的姑娘太多了，可他的心，也只能为一人跳动，不是吗？

不过，别看张国荣在舞台和银幕上随性洒脱，在现实生活中却非常自律，甚至可以说相当保守。

事实上，从这一年开始，张国荣还真的不再和任何女星传出绯闻，这让工作积极主动的香港"狗仔队"们很不甘心。

这一年，张国荣还首次代言广告，为本地快餐连锁企业"大家乐"担任形象代言人。

很难想象，在全亚洲拥有超高人气的张国荣，一生只代言过4个广告，而且都发生在1990年之前。 他选择合作方的严谨程度，实在让我们感觉不可思议。 另一方面也说明了，人家实在也不差钱。

这一年，张国荣29岁，已接近而立之年。

从1992年到1994年的3年，在黄百鸣的年度贺岁大片中，有一位女星以自己的精湛表演出尽了风头，证明女演员不用拼命作践自己，一样能演好喜剧。

她就是毛舜筠，比张国荣小3岁。

让很多人无法相信的是，这个相貌不算出色的女星，居然是张国荣唯一公开承认爱过的女性。

张国荣1977年进入丽的时，不满18岁的毛舜筠就是公司员工了。 在英国留学期间没有真正谈过恋爱的张国荣，对这个气质优雅、性格坚强的姑娘，可以说一见倾心。

丽的安排两人一起主持节目，甚至按"金童玉女"的模式来打造他们，以扩大影响力。 接触的机会多了，张国荣的想法难免就多了。

A ►

很快，他就对毛舜筠展开了热烈的追求。在自己一个姐姐结婚时，他还特意把人家拉上。

当然有人会问："这靓女是谁呢？"张国荣的回答，差点没让毛舜筠笑出声来。

"这是我的女朋友，毛舜筠。"

别人的大喜日子，毛小姐也不好意思当场发飙，结果张国荣就觉得对方是默认，追得更积极了。

他还使出围**魏**救赵大法，跟毛舜筠的父母套近乎，让两位老人相当满意。

但所谓"欲速则不达"，于是一出悲剧即将上演。

在朋友钟伟强的"怂恿"下，张国荣居然买了戒指，正式向"女朋友"求婚。

以后，就没有以后了……

落花有意，流水无情。在毛舜筠的心里，一直给张国荣留有极其重要的位置，但那可以是好朋友、好哥们儿、好"闺蜜"，但唯独不是好恋人。

看到这里，各位心理平衡一些了吗？

这么有型、有品，更有钱的张国荣，都有被女孩拒绝的时候，何况我等凡人。

也许有荣迷觉得，毛舜筠无论相貌、品位还是才华，都根本配不上张国荣。但这样说，否定的不是张国荣的眼光吗？感情的世界里，根本就没有配不配，只有合适不合适。

当然，如果毛舜筠当时答应了张国荣，两个人的生活都会彻底改变。他们也许会结婚，会组建家庭，会生几个小宝宝，会过上二、三线明星的幸福生活。

但是，这个世界上，很可能也就再也不会出现《当年情》《沉默是金》《红》等金曲，不会出现20世纪80年代的谭、张争霸，90年代的春节档三国杀，不会出现《阿飞正传》《霸王别姬》《金枝玉叶》等电影中的完美表演。

一切都是天注定吗？ 是吗？ 不是吗？

一切都是最好的安排吗？ 信，还是不信？

2001 年，在毛舜筠主持的节目中，张国荣开门见山，相当认真地说："如果你当年肯嫁给我，可能改变我的一生。"

在笔者看来，"可能"可以改为"肯定"。 1980 年，刚刚拒绝了张国荣的毛舜筠，扭头却嫁给了华侨商人文舒扬，并宣布告别娱乐圈，简直和山口百惠神同步。 这段婚姻没有维持多久，1983 年，她又做回了演员，之后，又和张国荣成为银幕情侣。

中国有句老话，叫情场失意，职场得意。 可这定律并没有在张国荣身上应验。 前脚被毛舜筠拒绝，随即又被宝丽多拒绝了——长期不给他出唱片。好在张国荣在影视方面还有一定的发展，在"默默争上游"的同时，他还在努力寻找生命中的另一半。

还是 1980 年，在一场慈善篮球赛的记者会上，张国荣认识了女星雪梨（严慧明），她是丽的当家花旦米雪的妹妹。

当晚，张国荣主动提出送雪梨回家。 看到这么靓的大男孩，还这么斯文，懂得尊重女性，雪梨自然也心生好感。 很快，他们就恋爱了。

这么看来，雪梨应该是张国荣第一个真正的女朋友。 但她比张国荣小 8 岁，后者又宠着她，对她说不上百依百顺，也绝对是一味讨好。 张国荣是个比较传统的男人，并不喜欢泡夜店，但为了让她开心，也就勉为其难改变自己，陪她一起玩儿，一起疯狂。

为了保持体形，雪梨疯狂减肥，张国荣对她的行为不太认可，但也不好反对。

张国荣去新加坡义演时，特意为她买了条橙色裙子，但雪梨并不开心，还抱怨他不会买东西。

种种细节表明，两人属于"三观"不合，没有默契，更谈不上灵魂伴侣了。 这次首先提出分手的，居然又是女方。 据传，甚至还有第三者介入。

连续两次被甩的张国荣，应该长点记性了吧。 不过下一次，真爱似乎真的来了。

1981 年，张国荣主演了丽的青春剧集《对对糊》。 其他主演还有林国雄、陈秀雯和倪诗蓓。 林陈已经因之前共同出演《骤雨中的阳光》相恋，丽的因此让张国荣和倪诗蓓搭档。 但让人意想不到的是，他俩把镜头前的默契，带进了现实生活，很快就假戏真做了。

看来，世界上没有任何力量，能阻止男孩和女孩恋爱。

倪诗蓓身材高挑、气质高贵、性情温和，几乎就是按宅男的理想情人模板打造出来的。 按张国荣自己的话说："最难忘记那段纯爱。"

后来，他们又一同主演《甜甜廿四味》和《凹凸神探》。 当时，张国荣在丽的远远算不上一线明星，公司也不会过度干涉他的私人生活，让这对小情侣，真正享受到了爱的甜蜜。

于是，倪诗蓓成了张国荣唯一一个被香港媒体公认的女友。 他们的关系，有些类似后来的周星驰和罗慧娟。

不过，快乐的时光，总是让人觉得短暂。 相恋两年之后，倪诗蓓去了台湾发展，这段感情不久也就画上了句号。 这一次是谁首先提出的分手，其实已经不重要了。 重要的是，张国荣又一次受到了满满的伤害。

张国荣的演艺生涯中，成功诠释了很多情场浪子，如《为你钟情》中的陈福水、《阿飞正传》中的旭仔、《风月》中的忠良等。 但我们千万不要以为，现实生活中的他也是如此。 事实上，张国荣从小从父母那里没有得到过多少温暖，他一直渴望家庭、渴望婚姻、渴望爱情。 对待每一位女朋友，他恨不能当场把心掏出来，让对方看清自己的真诚。

曾几何时，他对爱情的渴望，和我们万千普通人一样强烈。 他那些"跪舔"方式，和普通人一样笨拙。

三段不成功的恋爱，并没有让张国荣对爱情丧失信心。加盟华星之后，以他的相貌、收入和名气，找个漂亮女友真是易如反掌。不过，他也越来越慎重了。

经好世界地产总经理杨受成引见，张国荣认识了他的宝贝女儿杨诺思。在父亲的大力撮合下，富家千金与帅气明星相恋了。

这个剧情，有点像陈百强与何超琼的世纪之恋。不过当时的杨受成，还没有进军娱乐产业，身家远不如赌王何鸿燊。而且，相比赌王的棒打鸳鸯，杨受成是极力希望女儿和张国荣走到一起的。

可惜，杨诺思要在美国完成学业，和张国荣成了异地恋。而且，这段感情并非完全出于自发，因此也显得缺少激情。

当年没有网络，没有微信，张国荣与杨诺思远隔万里，互动起来相当不方便，也不浪漫，甚至也不积极，感情就慢慢淡了下去。

张国荣已经是一线明星，自然不能像和倪诗蓓恋爱时那样无所顾忌。但《为你钟情》专辑的出现，难免还是让一些人浮想联翩，这个"你"就是杨诺思吧，莫非即将进入而立之年的张帅哥，要和杨家小姐成就好事了？

可就在这个暑假，当杨诺思返回香港，见到张国荣后，两人却做出了重要决定。

他们非但没有订婚，反而分手了。显然，专辑名中这个"你"另有其人。

话说回来。张国荣的新专辑有10首歌曲，其中有一半改编自日文歌，这当然略显尴尬，也有力证明了香港与日本在流行音乐领域的巨大差距。吉田晃司是张国荣的福星，这一次，华星又将《玫瑰人生》填上粤语词，即经典舞曲《不羁的风》。《少女心事》节奏稍慢一些，但依然被张国荣演绎得深情款款，这两首歌，也是华星用来打榜的首选。

《第一次》则翻唱自中森明菜的《禁区》。 张国荣对这位女星非常欣赏。据说后来在拍摄《倩女幽魂》时，曾极力向徐克推荐她来出演聂小倩，可惜被对方婉拒了。

当时，让歌迷有点摸不着头脑的是，与专辑同名的《为你钟情》旋律优美，词句漂亮，张国荣的演唱也是充满深情，明显是奉献给挚爱之人的，却没有被公司作为重点推介。

《为你钟情》发行后，市场反应非常热烈，最后拿下了七白金，刷新了张国荣发片的最好成绩。 谭张争霸的火焰，势必越烧越旺。

专辑大获成功之后，张国荣是不是就得开个演唱会了？

征服红馆，正式跻身巨星之列

在很多 70 后、80 后的童年记忆中，都有那么一首艾敬的《我的 1997》。伴随着舒缓的吉他声，这位沈阳姑娘深情唱道：

1997 快些到吧，我就可以去 Hong Kong
1997 快些到吧，让我站在红磡体育馆

20 世纪 80 年代，红馆可以说是神一样的存在。在所有香港歌手乃至所有华语歌手的愿望清单里，一定要把在这里开一场个人演唱会，作为一生中最重要的奋斗目标之一。

红馆的正式名称是"香港体育馆"，但承办的体育赛事却不多，演唱会倒是一个接一个地安排，因此极其抢手。就算你是天王巨星，也不能想开就开，至少也得提前三五个月申请。

而一旦成功地在红馆开唱，就标志着你成了知名歌手。

红馆，就是能让你红。

1983 年 4 月 27 日，拥有 12500 个座位的红磡体育馆正式营业。在 80 年代早期，就能修建如此规模的豪华场馆，香港的建筑水平与经济活力可见一斑。

5 月，许冠杰成为首位在红馆开唱的歌星。这个荣誉，当然也是实至名归，谁也不会去抢歌神的风头。

7 月，传奇歌手林子祥在此连开 4 场。

9 月，不满 25 岁的新锐歌手陈百强举办了 2 场红馆演唱会。

12 月，邓丽君举办"15 周年巡回演唱会"，将红馆设为首站，她也成为在此开唱的首位女歌手。

直到 1984 年 8 月，作为 80 年代香港歌坛第一人，谭咏麟才姗姗来迟，首次驾临红馆，举办了"太空旅程演唱会"。

1985 年 2 月 20 日，在万众瞩目之中，歌后徐小凤首次驾临红馆。

张国荣的"第一次"，同样发生在 1985 年。

8 月 2 日晚上 8 点 12 分，当时的华语流行音乐胜地红馆，早已经是座无虚席。伴随着《为你钟情》的开场曲，张国荣从体育馆中央的升降小舞台上缓慢现身。"1985 张国荣百爵夏日演唱会"就这样拉开了帷幕。

从此，他就成为红馆的常客。

张国荣演唱的第一首歌，是非常应景的《第一次》。从参加丽的的业余歌手大赛进入娱乐圈，整整 8 年过去了，他在香港终于有了一场属于自己的演唱会。

之前，他只在泰国和马来西亚办过小规模个唱。

张国荣不愿意隐藏自己的真实感受。他忘情地说："1985 年的夏天，是我一个值得回忆的夏天，我终于交出了自己的第一次……"

是啊，即便是小小成就，对当事人来说，却是终生难忘。更何况，他此时的成就已然不小了。

更令粉丝自豪、让路人佩服、使同行眼红的是，张国荣生平的第一场演唱会，就放在了红馆，而且连开 10 场，顺便也打破了新人红馆首秀的场次纪录。

"为了保证这第一次，不会是我的最后一次，所以我将会……"张国荣做出了一个游泳的姿势，熟悉他的歌迷，立即想到了《默默向上游》。

成功不会骤然降
喝彩声不想白白承受
求能用心

求能用功

求能做好鼓手

他还很应景地将"鼓手"改为"歌手"，更是引发了全场观众的热烈掌声。

8月11日，演唱会的最后一场，张国荣手拿礼帽出场，演唱了参加亚洲业余歌手大赛的曲目 *American Pie*。唱到兴处，他将帽子猛地扔向观众席。

现场自然是一片欢呼，气氛十分热烈。有幸得到帽子的人，估计也发家致富奔小康了。5年前，张国荣刚刚登台演唱时，也曾向台下扔过帽子，不过很快被观众扔了上来，落了个尴尬。

这一次，张国荣有点儿恶作剧似的"致敬"自己，也算是恰当的宣泄。

张国荣顾念旧情，恩师黎小田、好友梅艳芳，都成了他的演唱会嘉宾。钟保罗和陈百强也到场助阵了。张国荣与陈百强合唱了《喝彩》，肯定要引发全场喝彩。陈百强下台时，张国荣还及时提醒灯光师照亮台阶。之前有过不和传言的两位才子，也用行动证明了他们的友谊。

1986年4月，张国荣在美国和加拿大演出时，华星推出了他的全新大碟 *Stand Up*（《站起来》）。这张专辑共有黑、紫、黄和绿4种颜色，歌迷可以自由选择。以后，其他公司也纷纷模仿这种彩色唱片。*Stand Up* 发行两周时，销量已经达到了六白金。主打歌 *Stand Up* 是一首劲爆的舞曲，张国荣的唱跳技术，比以前又有了进步，显得游刃有余、恰到好处。

6月，张国荣与麦洁文来到新加坡，在狮城的世界贸易中心连开4场演唱会，反响热烈。但当地不时兴香港的 encore（返场加演），令人有些失望。

11月中旬，在媒体的高度关注之中，张国荣又推出了唱片《迷惑我》。与之前不同的是，他这一次参与到了唱片的录制工作，全面把控专辑质量，并注入自己的理念与设想。这张唱片收录了经典歌曲《有谁共鸣》和《爱慕》，以及当年票房冠军《英雄本色》的主题曲《当年情》。

同月，张国荣的首张普通话唱片《英雄本色当年情》，在台湾正式发售。除了 Monica 为粤语外，其他 9 首，均是经典歌曲的普通话翻唱，黎小田和齐豫担任制作人。此次试水，也为日后他加盟滚石埋下了伏笔。

12 月 25 日，正值圣诞夜，在柯尼卡赞助下，"张国荣 86 浓情演唱会"在红馆开幕，让上万歌迷度过了一个终生难忘的圣诞夜。演唱会连开 12 天，场场爆满，绝对是一票难求。

日本相机巨头柯尼卡，是张国荣代言的第二家企业。相比今天手机拍摄的方便快捷，当年的胶卷相机，显然更有仪式感，更能精准记忆浪漫瞬间。

次年 1 月 5 日，本次演唱会的最后一场，梅艳芳、陈洁灵和麦洁文均到场助阵。接近尾声时，张国荣演唱了《为你钟情》。他没有控制住情绪，当场流下了眼泪，却让歌迷非常感动。他真诚地说："我不知道怎样感谢，只能衷心地说多谢各位的支持！"

看来，超级明星与我等凡人的情绪失控，效果可以是天壤之别！最后，在一曲《当年情》中，演唱会圆满落幕。

此时的华星，虽说有罗文、吕方和梁朝伟等众多歌手，但根本不存在"一哥"之争，其他人也就争个第二。正是通过华星的漂亮运作，原本 3 年出不了唱片的张国荣连上几个台阶，光芒直追谭咏麟。

很多人以为，靠着 TVB 这棵大树好乘凉，张国荣应该会长留华星。但1987 年发生的事情，显然出乎很多人的意料。

扬威新艺宝，谭张争霸写传奇

20 世纪 80 年代，无疑是粤语通俗歌曲的巅峰时期。 在许冠杰、徐小凤、罗文和甄妮等逐步淡出竞争时，三位 50 后男星强势崛起，他们以自己俊朗的外形、扎实的唱功和海量的粉丝，助力香港成为华语流行音乐胜地，并与 60 后的梅艳芳一起，被歌迷誉为"三王一后。"

这三人的名字，永远不会被埋没。 这三人的多首歌曲，如今早已成为经典。 他们就是谭咏麟、张国荣和陈百强。

年纪最轻、起步最早的陈百强，在 80 年代中期逐渐被谭、张拉开了距离。 论歌唱技巧，三人难分伯仲；论创作才华，陈百强显然最好。 但一位歌星能达到什么高度，也与团队的运作水平、社会潮流趋势，以及个人运气息息相关。

只能说，陈百强运气差了一些。 太早成名，反而不是好事。他掉队之后，谭、张二人注定要被媒体拿来反复比较，来回说事。

世间有一种无奈，叫作"千年老二"。

参加业余歌手大赛，张国荣获得的是香港区亚军；投到谭国基旗下，陈百强是首席明星，他只能是第二。

之后在相当长的时间里，虽说媒体热炒"谭张争霸"，但真相却是谭咏麟一路领先，张国荣在后面苦苦追赶。

拍电影，他也在很长一段时间，生活在周润发的阴影之下。

著名作家李碧华说过："当今之世，最生不逢时的艺人，要算是张国荣先生了。 有句话：'既生瑜，何生亮？'演戏，有发仔（周润发）在的一天，他都要做阿二；唱歌，有阿伦（谭咏麟）在的一天，他就胜不出了。但张先生，只缘身在此山中，经常要向多事的询问者展示大方得体，不太在乎地轻松笑语。你们又不准他不高兴，真是残忍。"

可以落后，但不可以不奋起直追，这就是张国荣的理念。

1985 年 1 月 26 日，1984 年度 TVB 十大劲歌金曲（下称"十大金曲"）暨首次最受欢迎男女歌手颁奖晚礼，在香港大专会堂隆重举办。本着看热闹不怕事大的娱乐精神，主办方安排张国荣和谭咏麟坐在一起，相信他俩是打不起来的。

从这一年起，"谭张争霸"这个词，也逐渐浮出水面。此后 4 年，两人的竞争日趋白热化，各自的粉丝，更是掐得不亦乐乎。

但 1985 年初的张国荣，与谭咏麟的差距还是肉眼可见。

这一天晚上，阿伦理所当然地成为现场最忙的人，他不得不一遍遍起身，一趟趟领奖，一次次发表感言。坐在他身边的张国荣，虽说也以 Monica 跻身十大金曲，但人气与谭咏麟相比，还是差得很远。

最激动人心的时刻终于来临，最受欢迎男歌手新鲜出炉。当颁奖嘉宾拆开封信，公布出那 3 个字时，现场一片沸腾。当然，没有也不可能有任何悬念。

张国荣也非常开心地和谭咏麟拥抱，显然，他也认为谭咏麟这是实至名归、当之无愧，没有人比他更合适了。而能坐在最受欢迎男歌手旁边的，肯定也不是普通人。这个背景板，不是谁都当得上的。

最终，谭咏麟以《爱在深秋》《爱的根源》《幻影》3 首歌曲入围十大金曲，其中《爱在深秋》还荣膺金曲金奖，这样，谭咏麟和张国荣的战绩之比是 5:1。最受欢迎女歌手是甄妮，梅艳芳则以《似水流年》入围十大金曲。

上一年以《今宵多珍重》入围十大金曲的陈百强，此届一无所获。也许是事前看出端倪，他连颁奖晚会都没有出席。

转眼到了 1986 年 1 月 18 日，张国荣和谭咏麟又坐在了一起。 张国荣又一次次看着谭咏麟起立领奖，一次次品尝失利的滋味。 谭咏麟以《爱情陷阱》《雨夜的浪漫》《暴风女神 LORELEI》入围十大金曲，其中《爱情陷阱》拿下金曲金奖。 当公布最受欢迎男歌手时，主持人专业地欲言又止，让聚光灯在许冠杰、林子祥和张国荣身上一一扫过，将现场气氛推到了极点。

做戏嘛，当然要做全套。 大家都明白这是一场秀，可也得好好配合不是嘛，大奖肯定还是阿伦的。

张国荣只以《不羁的风》入选十大金曲，《为你钟情》都没有选上。 为他颁奖的，是大美女钟楚红。 也许是为了活跃现场气氛，张国荣居然把奖杯丢给钟楚红，一溜烟跑下台了。 为《不羁的风》做了个活注脚。

当然也有人理解为，他这是为奖项太少着急，宣泄不满情绪。

这一次，陈百强继续榜上无名，新人张学友和吕方却脱颖而出。 不过，最让张国荣开心的是，师妹梅艳芳以 22 岁的芳龄，居然拿下了最受欢迎女歌手奖项，同时以《坏女孩》入选十大金曲——其实人家是好女孩！

张、谭二人的竞争，甚至从歌坛延续到了影坛。 这年暑期档，张国荣与狄龙、周润发主演的《英雄本色》，以 3465 万的佳绩打破了香港影史纪录，主题歌《当年情》也狠狠刷了一拨流量。

次年 1 月 21 日，成龙、谭咏麟主演的《龙兄虎弟》以 3547 万拿下年度冠军，并改写了《英雄本色》刚刚创造的纪录。 谭咏麟还演唱了主题歌《朋友》，被视为对张国荣演唱《当年情》的挑战。 两人的战场，从歌坛又扩展到了影坛。

1987 年 1 月 18 日，1986 年度十大劲歌金曲颁奖礼在红馆盛大开幕。 此时，张国荣与谭咏麟分庭抗礼的势头，比上年更加明显了。

当狄龙为张国荣《当年情》颁奖时，现场掌声极其热烈，不过也有点不和

A

谐元素：阿伦粉丝的嘘声震耳。 张国荣还有另一首《有谁共鸣》入选十大金曲，当然又引发了阵阵嘘声。

事前有传闻，张国荣的《黑色午夜》将赢得新设立的"迪斯科最受欢迎金曲"，当颁奖嘉宾准备拆信封时，谭咏麟的粉丝们就开始起哄，毫不客气。 不久，他们发现自己嘘错了人，就赶紧停止。 这个奖项颁给了陈慧娴的《跳舞街》。

这一次，谭咏麟本人干脆没有到场，给了媒体很多猜测的空间。 很多人认为，最受欢迎男歌手的桂冠，轮也应该轮到张国荣了。 否则，这么重要的场合，谭咏麟说什么也得参加，不是吗？

激动人心的时刻到来了，欢呼之声响彻红馆，但很多人同样愤愤不平：谭咏麟明明不到场，也能三连冠！ 真的是凭实力，不，缺席，我人可以不来，你的奖不能不给。

让荣迷略感欣慰的是，张国荣的《有谁共鸣》拿下了金曲金奖，实现了一次小小突破。

当宣布获奖结果时，谭咏麟粉丝纷纷退场以示抗议。 梅艳芳则第一个过来拥抱张国荣，显得比自己得奖还开心。

这一年，梅艳芳不但卫冕了最受欢迎女歌手，还有《梦伴》和《将冰山劈开》入选十大金曲，天后的位置算是坐稳了。 主要竞争对手叶倩文和陈慧娴，都没有任何歌曲入选。 但梅艳芳更希望看到的是，自己的好朋友张国荣，能打破谭咏麟对重要奖项的垄断。

连续三次失利，感觉张国荣对华星也多少有些失望了。 正好这时，他多年合作的经纪人陈淑芬离开华星，创办了恒星娱乐，无疑让张国荣坚定了自己离开的想法。

1987年4月8日，张国荣正式签约新艺宝，成为旗下艺人。 而他跳槽引发的轰动效应，可能是花费数百万港元也做不出来的。 著名音乐人陈少宝在自传《音乐狂人》中，将张国荣这次换东家，称为"香港音乐圈历史中最轰动的一次歌星跳槽"，这当然一点都不夸张。

在香港乐坛，宝丽金号称"大宝"，新艺宝被视为"小宝"，一心超越谭咏麟的张国荣，放弃与 TVB 深度绑定的华星，而要签约一家小公司，确定不是在赌气？

事后看来，张国荣的决策，非但不是意气用事，还是相当睿智的。

当时的新艺宝，虽被视为唱片巨头宝丽金的"弟弟"——后者确实也有股份。 但公司决策权，却掌握在一家电影公司手中。

这就是逼得邵氏停产，让嘉禾高层一再头疼的新艺城。

许冠杰、林子祥和谭咏麟等歌星，正是通过新艺城电影成为一线和准一线影星。 影歌互动让新艺城收获颇丰，因此，它才要组建新艺宝，打通娱乐全产业链。

早在 3 月，张国荣签约陈淑芬新组建的恒星经纪，正式成为公司艺人。从此，张国荣、陈淑芬和陈少宝密切合作，在新艺宝又创造出了新的辉煌。

1987 年 8 月 21 日，在张国荣拍摄《英雄本色 II》期间，他在新艺宝的首张专辑 *Summer Romance'87*（内地版为《浪漫》）顺利发行。 唱片收录了 10 首歌，包括主打歌《无心睡眠》、《倩女幽魂》同名主题歌，以及《共同度过》《妄想》等，快歌与慢歌各占 5 首，真正做到了平衡。

Summer Romance'87 上市之后受到了广泛追捧，以六白金的成绩成为香港年度销量冠军。《无心睡眠》的火爆，也完全可以与当年的 *Monica* 相提并论。

因为跳槽和拍片，这一年，张国荣未能在红馆开演唱会。

1988 年 1 月 17 日，1987 年度十大劲歌金曲颁奖礼继续在红馆举办。 这是张国荣跳槽新艺宝之后首次出席。

这一次，谭咏麟盛装出席，志在必得。 张国荣又要陪跑吗？ 去年都没得到的荣誉，今年会有奇迹吗？ 不出所料，谭咏麟以《知心当玩偶》、《无边的

A ►

思忆》、*Don't Say Goodbye*（《不说再见》）入选十大金曲，张国荣只有一首《无心睡眠》入选，同时拿下金曲金奖。

这个结果，肯定让张国荣相当失望。不过，他毕竟比谭咏麟年轻 6 岁，来日方长！

2 月 12、13 日，1987 年度十大中文金曲颁奖礼在红馆举行。此次正值大奖十周年，香港电台非常重视。

13 日夜晚是"金曲群星之夜"，当时，周润发是颁奖嘉宾，颁出第十首金曲。

听到台下谭咏麟粉丝的呼喊声，发哥开了一个小玩笑。万万没想到的是，无心之举，却引发了连锁反应。

周润发是这么说的："又是阿伦？这次不会做假了吧？这次是政府电台主办，是堂堂正正的颁奖礼。"

这个"又"字一字千金，信息量极大，又能让媒体大做文章，连夜赶稿。

周润发和张国荣因共同主演《英雄本色》成了好朋友。发哥这番话，似乎在讽刺 TVB 偏向谭咏麟。

谭咏麟在领取了 IFPI 颁发的大奖并演唱《玩出火》之后，突然一脸严肃地发表了感言。结果，让整个红馆如同炸开了锅。

"今年拿的奖是我在乐坛最后一次，因为在以后的日子里，我决定不参加任何有音乐和歌曲比赛的节目……"

瞬间台下议论纷纷，对谭咏麟做出这一举动感到惊讶，同时对周润发的那句玩笑话认真起来。

谭咏麟粉丝更是迁怒于周润发，认为正是他的一番话，才使得谭咏麟退出奖项竞争。事后，发哥也就此事登报向谭咏麟道歉。

今天看来，谭咏麟的选择，与周润发的玩笑一点关系都没有。这根本就是一种巧合。

不管发哥有没有那番话，人家肯定都是要退出竞争的。

当然，谭咏麟这个时候"撂挑子"，也许对张国荣很不公平。

谭咏麟已经连续赢了 4 次，张国荣屡战屡败，却屡败屡战，不断进步。如果能堂堂正正地赢上谭咏麟一次，对他来说，价值和意义无法估量。

但是，谭咏麟这么一退出奖项竞争，张国荣就永远失去了战胜对方的机会。

4 月 7 日，张国荣与百事（Pepsi）正式签约，成为亚洲区代言人。 当时，流行之王迈克尔·杰克逊是百事在美国本土的形象代言人，广大荣迷自然为这样的缘分而相当开心。

百事是张国荣代言的第 3 个品牌。

谭咏麟退出，1988 年的夏天，注定要深深打上张国荣的烙印。

7 月 23 日，张国荣推出了首部写真集《纯影集》，引发粉丝疯狂抢购。 29 日，新艺宝发行了全新专辑 Hot Summer（《热情夏日》）。 著名的《沉默是金》《无需要太多》，正是收录在这张唱片中。

就在同一天，"1988 百事巨星张国荣演唱会"在红馆开始举办。 上一年因为跳槽的关系，张国荣没有举办演唱会，因而此次歌迷的反响尤其狂热，主办方原打算只开 12 场，最后不得不加到 23 场。 唱功和台风更加成熟的张国荣，不再强调自己的不羁形象，而是收放自如，尽显巨星风范，绝对配得上他华语歌坛王者的地位。

1989 年 1 月，张国荣顺利拿下了期盼已久的十大劲歌金曲最受欢迎男歌手奖项，获胜可以说毫无悬念。

此外，他演唱的《贴身》和《沉默是金》，也入选了十大金曲，金曲金奖颁给了叶倩文的《祝福》。 梅艳芳则实现了最受欢迎女歌星四连冠，追平了谭咏麟的纪录。

这一届的十大金曲中，居然破天荒地出现了一首普通话歌，可见其当时的

A ► **49**

影响力。在张国荣当年拍摄的音乐电影《日落巴黎》中，他还翻唱了这首歌——齐秦词曲并演唱的《大约在冬季》。

这一年，可能是不想让 TVB 一家独大，香港商业电台推出了叱咤乐坛流行榜颁奖典礼，评选规则一改劲歌金曲的投票制，而是以电脑统计上一年众多歌手在电台的播放率，分别评选出男女歌手的金、银、铜奖。

结果，张国荣毫无悬念地拿到金奖，坐实了香港流行乐坛第一人的地位，陈百强则获得铜奖，也算是小小安慰吧。

不过银奖一出，却引起了各方哗然。早就宣布不再领奖的谭咏麟，居然"不幸"当选，沦为了巅峰张国荣的背景板。显然，如果谭咏麟继续参选十大劲歌金曲，落败的可能性也非常大。

对此结果，谭咏麟本人倒是懒得过问，该干什么还干什么。经纪人张国柱不干了，很快向商业电台提出抗议。但对方的答复是，我们的结果不是评出来的，是根据歌手播放率统计出来的。

那意思就是，领不领是你们的事，怎么评是我们的事。

当时看来，谭咏麟淡出之后，张国荣的霸主地位似乎要维持很长时间。毕竟他还非常年轻，毕竟岛内已经没有能与他比肩的歌手。

但张国荣之后的决定，却让所有人都感慨贫穷限制了想象力。

孤独求败，果断拥抱新生活

时间来到 20 世纪 80 年代最后一年，张国荣作为超级巨星，在香港娱乐圈的地位进一步得到了巩固和加强。

1989 年 2 月 22 日，商业电台举办了"香港十大靓人"颁奖礼。这 10 人包括周润发、陈百强、张国荣、谭咏麟、刘德华、张曼玉、李美凤、李嘉欣、林青霞和钟楚红。张国荣得票最高，成为"靓人中的靓人"。

就在同一天，新艺宝发行了张国荣的新专辑 *Leslie*（又名《侧面》）。

3 月 10 日，香港电台在香港文化中心揭晓了"香港 80 年代十大演艺红人"的名单。最终当选者是：成龙、汪明荃、沈殿霞、周润发、徐小凤、梅艳芳、张国荣、郑裕玲、钟楚红和谭咏麟。

这个名单按姓氏笔画排列，涵盖了影视歌坛，代表了"东方之珠"娱乐界的最高水平。不过，最终当选的 10 人，全部是土生土长的香港公民，林青霞和邓丽君都未能入选。

4 月，韩国国宝级女歌手李仙姬邀请张国荣担任她演唱会的嘉宾，引发了当地歌迷的狂热追逐。8 月，很少接广告的张国荣再赴首尔，为东洋制果的 To You（给你）巧克力拍摄广告。在强大的偶像作用下，这个品牌的巧克力成为韩国市场霸主，创造了商业史上的一段佳话，也为中韩两国荣迷长期津津乐道。

8 月 23 日，新艺宝发行了他们当家歌星的全新大碟 *Salute*（《致敬》），这是一张翻唱其他歌手经典歌曲的唱片，由 10 首歌组成。包括夏韶声的《童年时》、许冠杰的《纸船》和梅艳芳的《似水流年》等。 唱片的所有收益，都捐赠给了香港演艺学院。

当时的张国荣如日中天，这样的唱片自然引发了业界广泛猜测。

9月17日下午2点，众多记者现身丽晶酒店。 恒星娱乐为张国荣即将举办的年底演唱会，召开了一场新闻发布会。 在会上，先是由陈淑芬介绍了演唱会的筹备状况，随后在热烈的欢呼声中，当天的主角张国荣走到台上，掀开了早已准备好的布幔。 一心想抓大新闻的各路记者，尽管都是老江湖，却一个个难以理解。 现场更是一片哗然，没有人愿意相信自己的眼睛。

只见布幔后面，赫然写着"张国荣告别乐坛演唱会记者招待会"。 在一片惋惜声中，张国荣坦然表示，自己退出乐坛，是3年前就决定好的事情。既然当时说过3年后退出，就一定要兑现。

他未来的设想，是完成演唱会之后，先用3个月时间环游世界，然后去纽约攻读电影课程，再为嘉禾执导一部电影，之后就是彻底地"退休"隐居。

张国荣的退休，肯定是新艺宝的重大损失，但双方能做到彼此谅解。 12月8日，张国荣的新唱片 *Final Encounter*（《最后的相遇》）震撼上市，心情难受的全港歌迷，当然要第一时间购买和珍藏。 主打歌《风再起时》，由陈少琪作词，张国荣作曲，是为告别演唱会特意创作的，也是对成名曲《风继续吹》的呼应，同时也巧妙致敬了偶像山口百惠。

风再起时

默默地这心

不再计较与奔驰

我纵要依依带泪

归去也愿意

珍贵岁月里

寻觅我心中的诗

12 月 21 日，一个令无数荣迷肝肠寸断的日子，"张国荣告别乐坛演唱会"在红馆正式开唱。 这位巨星选择 33 场，对应的正是自己 33 岁的年龄。

　　这一年 2 月 5 日到 3 月 11 日，天后徐小凤就在红馆连开 33 场"金光灿烂徐小凤演唱会"，刷新了红馆演唱会连场纪录。 以张国荣当时的人气，创造新纪录其实一点都不困难，但已经决心告别乐坛的他，似乎不愿意抢小凤姐的风头。

　　告别演唱会以《风再起时》的前奏开始，但张国荣演唱的第一首歌，却是《为你钟情》。 这可以理解为，他继续钟情广大歌迷，也可以看作，他继续钟情自己的神秘爱人。

　　一首首金曲，代表着他在乐坛扑拼的心路历程；一次次致谢，展现了他与歌迷的深情厚谊；一个个嘉宾，都为他的退出非常惋惜。 尽管张国荣在演唱会上也曾有控制不住情绪、泪洒现场之时，但在做封麦仪式时，他却是毅然决然，没有拖泥带水。

　　巧合的是，在张国荣告别歌坛不久，新艺宝总经理陈少宝也去了宝丽金。1991 年，更是发生了新艺城和新艺宝歇业的事情。 这个连锁反应实在耐人寻味，但笔者更倾向于认为，这些事情纯属巧合。

　　1990 年 1 月 21 日，第 7 届十大劲歌金曲颁奖礼如约而至。

　　张国荣已经宣布退出歌坛，但还是轻松拿下了最受欢迎男歌手大奖，并从周慧敏手中领取了奖杯。 没办法，除了谭咏麟，当时其他人跟他真不是一个级别的。 此外，张国荣的《从零开始》入选十大金曲。 老对手陈百强则以《一生何求》入选。

　　梅艳芳则实现了最受欢迎女歌手五连冠，她的《夕阳之歌》还荣膺金曲金奖。 因《夕阳之歌》与陈慧娴（当时已决定暂别歌坛）《千千阙歌》的纠纷搞得沸沸扬扬，10 月 10 日，在 27 岁生日会上，梅艳芳也追随谭、张两位前辈，公开宣布退出竞夺音乐奖项。

陈百强原为谭、张之后的第三人。在前两者都不再领奖之时，他原本可以东山再起，可惜身体又出现了问题。

20世纪80年代盛极一时的香港流行乐坛，在90年代刚刚开始时，却要面对"三王一后"和陈慧娴集体告别的尴尬。眼看齐秦、张洪量和伍思凯等大批唱功出色又有创作天赋的台湾歌星纷纷"猛龙过江"，反攻香港，难道不远的将来，粤语歌的盛世就要在香港终结？

不得不说，1992年"四大天王"的推出，实在是华语流行乐坛最伟大的创意，这么一来，香港乐坛的衰落被推迟了十余年，台湾市场反倒被香港歌星彻底占领。

话说回来。1990年1月27日，为了不给歌迷添麻烦，张国荣悄悄飞离香港前往温哥华，开始了自己的"退休"生活。

张国荣告别歌坛，对万千歌迷是重大损失，但对华语电影及他本人，却未必不是一件幸事。在20世纪90年代初中期，他不光拿到了金像影帝，更成为真正的一线影星，成为华语影坛的票房保证，成为与"一成双周"比肩的超级巨星。

不过，罗马城不是一天建立起来的。张国荣的电影成就，当然离不开他之前10年的演技磨炼与片场辛劳。他不是运气超好，而是超好地把握了每一次机会，甚至超水平发挥。

《喝彩》联手陈百强，让自己的辛苦没有白费

失之东隅，收之桑榆。 这话一点儿也不假。

谁能想象，作为香港流行乐坛的代表人物，自打 1979 年发行了首张粤语专辑《情人箭》之后，未来的天王巨星张国荣，在人生的黄金岁月里，居然将近 4 年没出唱片。

但幸运的是，在这 4 年时间里，张国荣不光接拍了多部剧集，还在大银幕上留下了不少经典形象。

1980 年和 1981 年，他还只能演戏份很少的配角；1982 年和 1983 年，在青春片和新浪潮最繁荣的年份，他一口气出演了 6 部电影，全部都是男一号。 这个成绩，绝对不算太差，说是小有成就，应该也不算夸张。

《红楼春上春》是张国荣参演的第一部电影，而且是男一号，但他自己并不认可。 至于《狗咬狗骨》，他出演的是配角中的配角，影片质量也相当一般。

1980 年的《喝彩》和次年的《失业生》，也许很多荣迷不愿意提及，风头都是别人的嘛！ 但对张国荣来说，却有着特别重大的意义。

这既是他大银幕生涯真正的开始，又见证了他抓住不算机会的机会，尽力表现自己的表演才能与专业精神的认真。 这两部电影，对之后一系列经典的出现，有着重大意义。

两部电影的男一号都是陈百强。 巧合的是，这位才子一生之中，"一番"【注:从日语中引进,即演员表中排列第一的角色】电影也仅仅就这两部。

当时，陈百强、钟保罗和张国荣三人，都签约在了著名经纪人谭国基门下。1980年，在谭老板主导之下，福山影业公司开拍青春励志片《喝彩》，由蔡继光执导。影片主演，当然是这三位大男孩，影迷称呼他们为"中环三剑客"，女主角则为年仅16岁的翁静晶。

在片中，陈百强饰演的Ken，是个家境优越的富二代，并有出挑的外在形象与出色的音乐才华。

他没有不少富二代与生俱来的专横与狂妄，却有着邻家大男孩一般的率真与善良。

Ken还有个叔叔（陈欣健饰），是个落魄的画家，没有女人，没有积蓄，没有社会地位，按说Ken尽管衣食无忧，Ken并不愿意接受父母安排的"金光大道"，而是坚持自己的音乐理想。他很有主见，一旦认准，绝对不会轻易放弃。

张国荣饰演的Gigo名义上是男二号，直到二十多分钟之后才"姗姗"来迟。

Gigo这个角色并不符合主流价值观，是一个才华横溢却过于自负，甚至有些霸道的问题少年。他成绩很好，可完全不是书呆子，根本不愁没姑娘喜欢，身后还跟着一帮小弟。

影片中，英语老师数落了半天，把一个个学生说得跟废物没有区别，然后，他突然话锋一转："不过Gigo却不同，他考试成绩甚佳。"随后将试卷递给这孩子。

而Gigo完全没有受宠若惊，非常平静又相当霸气地接过试卷。显然，他对成绩的优秀、对老师的青睐、对同学的羡慕，早已习以为常了。张国荣在电影中留下的第一个镜头，就与陈百强形成了鲜明的反差，似乎也预示了他们不同的道路。

但此时的张国荣，时时有用力过猛的痕迹，与30岁之后的举重若轻完全不同。大家应该清楚，即便是他这样的表演天才，依然需要大小屏幕的反复磨炼，依然需要一个从量变到质变的突破过程，谁也别想一步登天。

在篮球场边的歌手比赛海报前，Gigo 和 Ken 撞上了，火药味十足。当 Gigo 冷冷地说出："我和你不一样，我是不能输的。"旁边的跟班们一阵哄笑。Ken 的大块头哥们儿看不下去，一把抓住了 Gigo 的衬衣。哪料到这伙计一点不慌乱，淡定甚至有些轻蔑地说："干什么你，你欠我的 200 元什么时候还给我？"

然后，他又回过头，轻描淡写教训 Ken："有时候靠运气是不成的，要有 talent（天赋），懂演戏，还要八字生得好。到时见吧！"这种跋扈不吝让张国荣诠释得非常到位，自然给导演留下了深刻印象。相比之下，男一号就显得过于木讷了。

在夜店里，Gigo 与 Ken 兄弟再起冲突。当时，Paul 正在这里当班，Gigo 嫌他播的歌节奏慢，要求换个快歌。双方很快起了摩擦，终至打成一团。

在歌唱比赛前，Ken 因为一些烦心事迟迟无法安心。而 Gigo 和他的乐队却志在必得。在舞台上，Gigo 穿着白色西装，怀抱吉他，边弹边唱，活力四射，很快引燃了现场的气氛。

唱到兴起时，他随手脱下外套扔向观众席，引起一片骚动的场景非常吸睛，又巧妙"致敬"了张国荣在酒吧唱歌时，扔帽子给客人又被扔回的尴尬。哈哈，看来对于这个尴尬，不服输的他一直无法释怀。

结果，5 个评委居然一致打出了 10 分，给男主出了一道似乎不可克服的难题。还能翻盘吗？怎么翻？这种"正衬"，显然比反衬的效果要好，更能抓住观众的情绪。

就在这样的氛围中，Ken 出场了，一曲《鼓舞》旋律优美，情真意切，确实充满正能量。

为什么受苦痛的煎熬　快快走上快乐的跑道

A　　　►　　　59

剩一分钟热仍要发光　抓住美好

一山更比一山高，强中更有强中手。这样的青春励志电影，不可能让配角拿冠军。Ken 的成长与成熟令人欣慰，而 Gigo 也出色完成了自己的任务。

显然，这部电影的高潮戏份，致敬了张国荣 1977 年参加的亚洲业余歌手大赛。

凡事力求完美的张国荣，对于自己的角色安排肯定是不甘心的，但他却出色地配合了导演的安排，用自己的表演为影片增色，也给自己赢得了更多机会。

《喝彩》于 10 月 2 日开画【注:电影行业说法,开画指影片上映,落画指影片下映】，两周时间拿下 296 万票房，高居年度第十五，超过了谭家明的武侠片《名剑》和徐克的成名作《第一类型危险》，可以说表现抢眼。遗憾的是，这部影片没能进入大中学生的观影高峰——暑期档，否则成绩一定会更好。看到这样的市场潜力之后，谭国基岂能不再接再厉？

《失业生》再演配角，为自己赢得未来

机遇总是垂青有准备的人，这话并不夸张。

在拍摄《喝彩》的同时，张国荣还在丽的接拍了《浮生六劫》《大内群英续集》《小小心愿》等剧集。 这些作品品质一般，却磨炼了他的演技，也给了他更多的曝光机会。

1980 年 4 月，丽的播出了张国荣担任主演的电视电影《岁月山河之我家的女人》。 这部影片，赢得了芝加哥第 16 届电影节金奖和第 1 届英联邦电影电视节银奖，为年轻的张国荣带来了人生中首次重要荣誉，也让更多的影视机构看到了他的潜质。

谭国基组建创艺影业公司之后，决定开拍创业作《失业生》。 这一次，他依然安排旗下的陈百强、张国荣和钟保罗主演，女主角则选定小花徐杰。

《失业生》由霍耀良执导。 它与《喝彩》有很多相似之处，都是三剑客配一位靓妹主演，主题都非常阳光和正能量。

最重要的不同，是张国荣的戏份大大增加了，甚至让影片有了"双男主"的味道。 显然，张国荣在《喝彩》中相当有限却非常出彩的戏份，让他的口碑和人气持续走高。 主创团队看在眼里，当然要顺应民意。

影片一开始，就给剧情定了调。 孔家宝（陈百强饰）、孔家辉（钟保罗饰）兄弟俩出身豪门，上学都坐高级轿车。 家宝早早立下了以音乐为终生事业的志愿，家辉却根本不知道自己要做什么。 家宝对父母的安排不愿意唯命是从，家辉却乐意接受家里

的安排。

而他们的同学林志荣（张国荣饰），却只能住最简陋的公租屋，每天骑自行车上学。这样的孩子，不可能不敏感，不可能不自卑，不可能不急切地想改变命运。

可喜的是，林志荣并不是家宝的对头，他们很快成为好朋友、好哥们儿。

这一年，陈百强23岁，张国荣25岁，可他俩长得秀气，演起中学生来，一点都不违和。

在影片中，林志荣以自己的敢于担当，被同学们称为"荣少"。而这个昵称也伴随了张国荣一生。

如果说孔家宝的标签是内敛，林志荣的符号就是张扬。一定程度上，这也与演员本人的性格贴近。而张国荣的演技，在这里面显然又有了进步。

当坏学生诬陷他们偷手表时，林志荣非常不屑地站了出来，恶狠狠地盯着对方："不要再绕弯了。你这表值多少钱？900块。我这双皮鞋值600，皮带值200，会去偷你的手表吗？想搜身吗？"

这种不可一世的神情，配合一些小动作，把对方搞得下不来台，最后只能是以一场群殴收场。

当"红白老鼠大赛"被校方抓住，小伙伴们都得受罚时，林志荣果断地站了出来，揽下责任："神父，是我，是我教他们赌钱的。"在同学们事后表示感谢和钦佩时，他轻描淡写地回应道："我想，我一个人受罚，总比大家一起受罚好一些。"并不放在心上。

家宝追姑娘幸福的同时，荣少却被家务事搞得焦头烂额。

画面在豪华气派的高档别墅与简陋污浊的廉价公租屋中来回切换，镜头在谈吐优雅的成功人士与举止粗俗的底层民众间交替穿梭。导演无意掩盖阶层差距，更不想灌输鸡汤，只是用看似浮夸的镜头，将社会鸿沟生动呈现出来。

当家宝向父亲表达自己想深造音乐的心愿时，后者却根本不愿支持。看似循规蹈矩却心高气傲的家宝，罕见地和父亲站在了对立面，"不知天高地厚"地开始打工赚钱，想凑齐去国外读音乐的费用。

影片当然很励志，家宝是达到自己目的了，可他的"破圈"，只是凭借自己的音乐天赋，能够创作出贴合时尚潮流并有思想深度的歌曲，说白了，他是天才，非但可以不受规则约束，还能够打破规则，甚至创造新规则。

但对于大多数孩子来说，他们既拼不了爹，也没有特别的艺术天赋，只能被挤压在社会食物链的末端。

那么，荣少又如何打理自己的人生呢？

他没有后台，没有门路，长得帅也不能当饭吃，当人妹囚偷窃邻居财物被抓时，看到母亲的绝望和小妹的无助，林志荣终于低下了高贵的头颅，去酒店上班——看厕所。

即便他有俊俏的面庞、帅气的举止，想得到漂亮姑娘青睐并不容易。他只能和来路不明的女人走近，随后就给自己惹来大麻烦。

结果，他很快就被自己最不想见到的人撞个正着。当孔家宝去公租屋找他，亲眼看到他家的简陋时，心高气傲的林志荣，自尊心无疑深深地受到了伤害。曾经的好友，终于撕破了脸皮。

"除非有一天我发达了，否则你别想见到我！"

说这话时，林志荣将衬衣脱了下来，狠狠地扔到楼下。

与《喝彩》不同的是，家宝并未遇到感情波折，女友全心全意地支持他。

影片的最后，在唱片公司打杂的家宝，终于抓住了机会，成功开办了自己的演唱会；而另一边，荣少却因与黑帮老大的女人恋爱惹了麻烦，并令亲人受到了生命威胁……

8月26日，《失业生》在暑期档末期"姗姗来迟"，只上映了9天就被迫下线，最终以273万列年度第三十二，相比《喝彩》差距明显。 只能说，两部影片性质过于雷同，一定程度上影响了口碑。

陈百强自己恐怕也没有想到，这居然是他最后一次在大银幕上担任男主角。 而当年10月，张国荣却接拍了一部新片，并首次出演男一号。

2017年9月8日，《失业生》修复版在内地公映，并采用了一个相对中性的结局。 这一次，更多人肯定是为张国荣而进了影院，但我们同样不应该忘记，那个比他早10年离开人世的音乐天才。

而1981年香港上映的版本，却是林志荣被黑社会杀死，与家宝的音乐会成功举办形成了极其鲜明的反差。

而且，就在这部影片上映之后不久，张、陈二人就公开宣布不再合作。

1989年，钟保罗跳楼自杀，年仅30岁。

1993年，陈百强在长期昏迷之后告别人世，享年35岁。

2003年，张国荣也从文华东方酒店24层一跃而下，生命定格在46岁。

三个曾经何等意气风发的青年，都在最美好的时光，以让人特别痛心的方式离开了人间。 他们都有过几段恋情，但都是终生未婚，更没有留下一儿半女，让太多人惆怅不已。

他们都这样了，我等凡人，还有资格相信爱情，还有能力追求爱情吗？

答案是：当然有，而且应该有。

显而易见，《喝彩》和《失业生》，他们三人共同参与的电影，带给了普通人太多精神力量。 不管出身怎样、境遇如何、才华多少，都要坚持理想、珍惜友谊、勇敢追爱。 缅怀三人的最好方式，就是努力让内心充满阳光，让信念变成现实，让自己变得更优秀，让爱人不遗憾，让生命不虚度。

相信参与拍摄的张国荣，也一定是不甘认输、努力向上的，否则，他在第二年就不会有那样的成就。

难忘1982，小明星有了大爆发

20世纪80年代和90年代上半期的香港电影有多火，恐怕是今天的90后、00后难以想象的。

当时，东京是亚洲时尚之都，台北是华语流行音乐高地。但说到亚洲电影的胜地，到底在哪里？ 谁才是东方好莱坞？

答案不是日本，不是印度，也不是韩国，当然更不可能是中国台湾。

只能是香港，只有1000多平方公里，500多万居民的香港。

香港电影不光在本土屡屡创造票房新局，更支配了整个东南亚市场。 在1954年开始举办的历届亚太影展评选中，香港电影一直处于头部地位。

而1982年，更称得上是香港电影的里程碑之年。

1967年，陈静波执导的《金鹰》，把港片带入了100万时代。

1972年，李小龙自导自演的《猛龙过江》，把港片带入了500万时代。

1980年，成龙主演的《师弟出马》，把港片带入了1000万时代。

但在1982年，一切纪录几乎都被大幅度改写。

整个70年代，华语片在香港总票房中所占比例，从来没有超过一半。

1982年，全港共出产了99部华语新片，相比五六十年代动辄两三百部的产能，似乎是退步，但影片质量已不可同日而语。

这一年，港产片拿下了4.04亿票房，占比达到59.33%。

A　　　　　　　　　　　　　　　　▶　　**65**

更让香港电影人扬眉吐气的是，票房榜前十名，首次全部由港片包揽。

说这一年是香港电影黄金时代的开始，应该不算夸张。

在 70 年代，香港电影几乎被邵氏和嘉禾所垄断。但随着 1980 年新艺城的成立，一切都不一样了。

新艺城的决策权，控制在一个"七人委员会"手中，成员包括麦嘉、石天、黄百鸣、徐克、施南生、曾志伟和泰迪·罗宾。他们都是在香港电影史上赫赫有名的资深从业者。其中前三位是公司老板。

1981 年底，新艺城以 200 万一部的创纪录天价，签下了天王巨星许冠杰。在次年的春节档中，《最佳拍档》以 2604 万的惊人成绩，大幅刷新了嘉禾《摩登保镖》上年刚刚创造的 1777 万纪录，直接将香港电影带入了 2000 万时代。

《最佳拍档》不光缔造了香港影史上空前绝后的最大 IP（知识产权），也成为港片进入巅峰期的最佳代言。

这一年，令无数影迷津津乐道的春节档"贺岁大战"格局正式形成。四大公司的 4 部大片同场角逐，最终在年度前十中占据四席。

春节档作为第一档期，已经毫无争议。

此外，香港还有三大档期：3 月底 4 月初的复活节档、6 月底到 9 月初的暑期档、12 月底的圣诞档。显然，这三个档期全都在模仿好莱坞。唯有春节档，才是具有香港本土特色的、最为重要的档期。

在暑期档，新艺城由石天和吴耀汉主演的《难兄难弟》，又以 1672 万取得年度季军，并刷新档期纪录。

1980 年，香港才有了第一部 1000 万+电影。1982 年，突破 1000 万的就已多达 8 部，超过 500 万的则有 24 部。这些热卖影片的类型也相当丰富，不光有传统的武侠片、动作片，以及恐怖片、灵异片，甚至还有青春片和文艺片，全面展现了电影人不俗的创造力。

1982 年，很多日后香港影坛的重量级导演，都交出了自己的作品。

这一年，36 岁的吴宇森执导了嘉禾的喜剧恐怖片《摩登天师》。一直在拍喜剧片的他渴望突破，次年加盟了新艺城。

这一年，32 岁的徐克已是金马奖最佳导演，并为嘉禾执导了奇幻巨制《新蜀山剑侠》，为日后创办电影工作室奠定了基础。

这一年，35 岁的许鞍华拍出了代表作《投奔怒海》。这部文艺片斩获 1543 万票房，高居年度第五，一举奠定了她在华语电影圈中的重要地位。

这一年，27 岁的王晶，凭借上一年执导的《千王斗千霸》，在邵氏做得风生水起，执导了《贼王之王》《猎魔者》，并逐步形成了自己特有的杂糅风格。

这一年，25 岁的关锦鹏担任了《投奔怒海》和《烈火青春》的副导演，不久之后，他就开始独立执导影片。

这一年，24 岁的王家卫还在新艺城上班，他的剧本《彩云曲》第一次被拍成电影。但王家卫的人生目标，显然不只是做个编剧。

香港电影的迅速发展，让很多从业者在年纪轻轻之时，就走上了执导之路。而这一年，内地著名的北京电影学院 1978 届毕业生告别了校园，迎来了各自的第一份工作。其中的陈凯歌、张丰毅和顾长卫，在 10 年之后都与张国荣因一部电影结缘。

这一年，28 岁的香港头号男星成龙，虽说丢掉了年度冠军，但"片场失意，情场得意"，不光迎娶了宝岛女神林凤娇，还喜当爹，生下了龙太子房祖名。

这一年，27 岁的英俊小生周润发，先后主演了两部电影《猎头》和《巡城马》，虽然工作重心依然在电视剧，但他已经有了将事业重心转向电影的强烈意愿。

这一年，19 岁的李连杰还在北京体校工作。一部《少林寺》让全港片商瞩目，也让他产生了成为功夫明星的愿望。

这一年，21 岁的刘德华，刚从无线第 10 届艺员训练班毕业并签约 TVB，就幸运地成为《猎鹰》男一号。 刘德华身着警服的帅气形象，成为无数女生的美好回忆，也拉开了他一火就是40年的帷幕。

这一年，20岁的梁朝伟和周星驰，考进了TVB第11届艺员训练班，他俩一定不会想到，自己会在一群如此优秀的学员中脱颖而出。

到了20世纪90年代，在阳盛阴衰的香港影坛，这几位明星可以说是市场的主宰者。

这一年，28岁的林青霞应徐克之邀来到香港，主演了《蜀山》，也开启了徐克与林青霞密切合作的10年，不断创造辉煌。

这一年，18岁的张曼玉回香港度假被星探发现，开始接拍广告。 第二年，她参加香港小姐竞选获得亚军，正式加盟TVB。

这一年，19岁的梅艳芳在歌坛站稳脚跟之后，积极尝试向大银幕发展。

这一年，22岁的"东方玛丽莲·梦露"钟楚红已是片约不断，主演了《难兄难弟》《人吓人》等影片，在阳盛阴衰的香港电影圈，找到了自己的位置。

几年之后，香港影坛就有了"霞玉芳红"四大一线女星的说法，林青霞毫无争议地排在第一。

张国荣也足够幸运，他和林青霞、张曼玉、梅艳芳和钟楚红在大银幕上都搭档过，而且都不止一部。

这一年，香港也有了自己的最高电影奖项。 在本地信誉良好的《电影双周刊》，于3月9日推出了香港电影金像奖，它比台湾金马奖整整晚了20年。

首届金像奖还没有提名机制，是由组委会自行评选的，也仅有5个奖项。此外还选出了十大华语片和十大外语片。

新浪潮导演方育平以《父子情》拿下最佳影片和最佳导演奖，而张坚庭以《胡越的故事》荣膺最佳编剧。 但媒体显然更关注另外两个奖项——影帝和影后。

即将进入不惑之年的"冷面笑匠"许冠杰，以《摩登保镖》拿下最佳男主角奖。 而比张国荣还小 4 岁的功夫女星惠英红，则凭借《长辈》成为第一个最佳女主角。 这个结果，也充分证明了喜剧片和功夫片，是香港电影特别是主流商业电影最重要的类型。

热闹是他们的，我什么也没有？ 不！

恰恰从 1982 年开始，张国荣不再是香港电影的旁观者和边缘人，而是重要的参与者，甚至是这份荣光的直接缔造者之一。

在这一年里，之前从未担任过男主角的他，一气主演了 3 部影片，全都是男一号，票房合计近 1000 万，可以说来了个小小爆发。

在这一年里，他以自己的精彩表现，首次赢得了金像奖影帝提名，成为获得提名的第一个 50 后男星，比成龙、周润发和梁家辉等人都要早。

在这一年里，他的名字被越来越多的香港观众和电影出品人所熟知。 原本将重心放在电视剧、只把拍片当副业的他，对电影的魅力有了新的认识。

在这一年里，电影方面的突出表现，又为他赢得了更多的演出机会，也使得他能够签约华星，在歌唱事业打开一片天。

巧合的是，张国荣电影事业的辉煌，与香港电影的黄金时代同步到来。

和周润发、周星驰一样，张国荣电影事业的辉煌，是由一部"大女主"作品开启的。

《柠檬可乐》首当男一，展现不俗表演才华

努力不一定会成功，奋斗不一定有结果，痴情不一定获真爱。但不管怎样，运气都是建立在全力拼搏的基础之上。

你躺平什么都不做，馅饼不会自动砸到你脸上。

时间来到 1982 年。张国荣即将年满 26 岁，宝丽多 3 年多没有给他发唱片，似乎已经宣判了他唱歌事业的死刑；电视剧他倒是演了不少，但也没有特别出彩的。至于电影方面，更是大写的尴尬：只能在两部青春片中演配角，为男一号陈百强搭戏。

当时，正值校园青春片热潮风靡香港，邵氏影业准备开拍《柠檬可乐》，聘请因《喝彩》成名的蔡继光执导，编剧是高志森。

机会总是垂青更有准备的人。张国荣在《喝彩》中短暂亮相的出彩，使得蔡继光坚定地认为，自己下部电影的男主角一定要找他。而高志森更是力荐张国荣。此后，他俩更是开启了长达 16 年的密切合作。

3 月 24 日，张国荣生平首部出任男主角的院线电影，在复活节档正式上映。比洪金宝的《提防小手》早了一周。

人生中的第一次，当然最值得纪念。《柠檬可乐》中张国荣首当男一号，他的戏份却相当有限。影片用更多的篇幅，讲述了 4 位花季女孩的学习和生活、成长、成熟，以及恋爱与伤痛。她们都只有十六七岁，情窦初开，对未来有着太多憧憬和梦想。

而张国荣在片中的角色，绝对不是可有可无的男花瓶。恰恰是他的戏份、他与女一号的恋情、他的前后反差，让这部影片能够不落俗套，营造出足够的剧情张力，也将"青春无悔"的意

义，解读得直戳人心。

影片直到第 17 分钟，男一号才隆重亮相。在一个阳光灿烂的日子，一群少女围坐在草坪上。老师为大家介绍："各位同学，这次我们演的是《罗密欧与朱丽叶》，这出莎剧……"

说了半天，终于到正题了："现在，我要介绍一位朋友给大家认识。他就是杰森·陈同学，他是培理英文书院戏剧会会长，也是负责这部戏的导演。"

在一群女孩子的关注中，张国荣出现在镜头的正中间。一身白色衣裤，将他修长的身形映衬得分外帅气；自信却有点内敛的微笑，想不迷住小女生，也是万万不可能的。

"排演的程序就是今天选角色，然后对词，跟着再做一点体能训练，然后是开会排出排，那么到了复活节就会正式会演……"小帅哥年纪轻轻，却非常有经验，且自信，笑容更是阳光。女主角看他的眼神，已经有点不对劲了。

他俩第一次邂逅，就处理得相当诗意。

一场突如其来的大雨，逼得婷婷躲在了芭蕉树下。万万没想到，杰森·陈居然也精准地跑到树下了。怎能不让姑娘花心乱颤、脸颊绯红？这算是心有灵犀吗？不过，他没有凑到跟前，而是礼貌地保持距离，并好心地提醒："你的衣服湿了。"她不觉脸红，本能地用书包挡在身前。

一辆出租车到来时，杰森·陈非常绅士地拉开车门让婷婷坐好："小心点，别着凉。"他宁可继续淋雨，也没有硬和她挤在一辆车里。但谦谦君子的风度，却深深印刻了姑娘心里。从此之后，别人再提起杰森·陈，她不由自主地就脸红了。真爱，真的是藏不住的爱。

此时的张国荣，演技已经相当扎实，指导同学排练的一场戏，更是做到了神采飞扬，收放自如，依稀可见日后在红馆开万人演唱会的霸气："现在要做的练习，将帮大家演好戏。"他挥动着手上的剧本："你当你是镜子，记住，镜的作用是把人的动作反映出来。开始……"

A

随后，杰森·陈用手指指向自己的太阳穴，露出了一个帅气的笑脸："眼都看着对方的眼，感应对方的动作……"摊上这样一个导演，女生们还不得拼命表现，吸引他关注自己。男生还不得拼命吃醋，期盼他早点消失啊。

但他自己，却悄悄走到婷婷跟前。

两人一起去看电影，感动于别人的浪漫故事。

两人一起讨论剧本，畅谈对爱情的理解和追求。

他侃侃而谈：

"男女的爱情有绝对自由，要离就离，要合就合，命运的因素，根本一点不重要……你有什么意见？"

而对面的她，已经害羞得说不出话来，只能用崇拜的眼神看着他。

两人一起玩顶乒乓球游戏，那份特别的感觉，唯有他们自己才能明白。

两人一道畅游澳门，在大三巴前面留下爱情的纪念。

张国荣演唱的主题歌《凝望》，唯美抒情，让人百听不厌，也像是这段真挚爱情的颂歌。

不过，就在大家都信以为真之时，剧情却来了个大反转。之前的依偎有多甜蜜，后面的分开就有多决绝。杰森·陈之前表现得有多纯情，观众就被欺骗得有多深重。

影片的表现手法比较含蓄，并没有大尺度的镜头。但我们其实可以猜到，男女主角已经偷尝禁果了。否则在分手时，男孩表现得云淡风轻，女孩却有撕心裂肺一般的痛苦。

当然，在今天的观众看来，爱一次就爱得死去活来，似乎并不明智。但对于40年前的爱情观，我们应当保持足够的敬意。更何况，对爱情的敬畏心与责任感，是什么年代都不应该缺少的。

《罗密欧与朱丽叶》的高潮戏，是女主角亲吻男主角带有毒药的嘴唇，然后双双殉情。《柠檬可乐》的高潮戏份，同样是这个戏中戏场景。

在导演的精心安排下，影片设置了3场吻戏，每一次的处理都相当巧妙，每一次都能彰显特殊意味，并一步步烘托了主题。

第一次排练时，她尽管对他印象很好，却并没有爱上他，因此很自然地笑场了。

第二次排练时，她已经全身心毫无保留地爱上他，吻得也是全情投入，将少女情怀展现得淋漓尽致，连旁观的同学都被深深感动了。

第三次，她已经下定了断的决心，依然难以割舍。"你知不知道，我已经死过一次了！"这是她内心的真实呼唤，融入了她的真情实感。 这场景，看哭了台下无数观众。 就连有些渣的杰森·陈，也不得不为自己的行为感到羞愧。

"幕开，我们认识，幕落，我们分手。 婷。"这个留言，证明了姑娘已从失恋的痛苦中走出，决定开始自己的新生活。

在最美好的时光，遇到让自己心动的人，当然是人生一件幸事。 但是，爱过就不应该说后悔，爱情本身是无辜的。 爱对了是爱情，爱错了是青春。

严格说来，张国荣在这部电影中的角色，与后来的《侬本多情》《阿飞正传》类似，算是一个青春版的渣男。 那种"万花丛中过，片叶不沾身"的潇洒，被张国荣诠释得恰到好处。

但在现实生活中，荣少却相当自律和严谨，渴望真爱，珍惜缘分。 他，只在大银幕和小荧屏上花心。

邵氏对《柠檬可乐》并不重视，没有做特别的宣发。 可就是这样一部影片，在4月7日下映时，票房已超过了522万，列年度第二十四，可以说成绩斐然。

不过，邵氏在复活节黄金档安排大导演张彻的《五遁忍术》，可谓是相当失算。 这部群星云集，还加入了东瀛元素的动作片，票房仅有163万，列年度第七十五。 事实上，进入20世纪80年代以来，公司三大导演——李翰祥、张彻和楚原，已经明显地走上了下坡路，似乎跟不上时代了。 导致的结果是邵氏自身的业绩迅速滑坡。

但年轻的张国荣，却在不断进步。

褪去青涩，《烈火青春》跟上香港电影新浪潮

在 1982 年里，张国荣的片约不断。9 月 30 日，他主演的另一部电影《冲激 21》上映。影片讲述了一群喜欢飙车的问题少年，因误杀一名外国人而四处潜逃的故事。全片剧情狗血，逻辑混乱，反转牵强，仅上映一周就被迫下线，票房 190 万。

与此同时，正是这个 9 月，张国荣拍完了对他有着特别意义的一部影片。

11 月 26 日，新浪潮电影的重要作品，也是谭家明导演的代表作，由世纪电影公司出品的《烈火青春》，开始在香港上映。

其实，这部电影是上年 9 月就开拍的。在以"七日鲜"（7 天就能拍完一部电影）为荣的香港，在电影工业最为繁荣的时期，这样的拍片速度简直就像犯罪。

过往两年，谭家明先后执导了武侠片《名剑》和犯罪片《爱杀》，拍摄风格与叙事技巧日臻成熟。《烈火青春》原名《反斗帮》，讲述两对香港青年男女的爱情遭遇，以及他们与日本黑社会分子的矛盾冲突。

这部电影集中了张国荣、汤镇业、叶童和夏文汐四位实力明星。汤镇业名气最大，已在 TVB 大剧《天龙八部》中出演段誉，之后更跻身"无线五虎"。张国荣明明比他年长两岁，扮相却明显年轻。

叶童和夏文汐在开拍时都刚满 18 岁，之前没有其他任何影视作品，是百分之百的素人。但她们在影片中展现出的灵气与性感，却让所有观众印象深刻。谭家明敢于起用新人的气魄令人钦佩，眼光之准也让人折服。

《烈火青春》中的 Louis 就是个厌包。这也是张国荣摆脱"反骨仔"套路，第一次诠释近乎"窝囊废"的角色，演技实现了突破。能够拿到金像奖影帝提名，就是对这种努力的回馈。

Louis 是个富二代，理所当然地住着大房子，厕所比普通市民的公租屋都大。他不上学（因为人懒），不上班（因为怕累），不上网（因为没有），整天就知道窝在豪宅里（因为有钱）。要么戴着面具，偷看泳池边的继母和姑姑，要么是一遍遍地听母亲生前留下的录音带，以及大卫·鲍伊那些颓废的摇滚乐，甚至还偷喝汽油找乐子。

在日本歌星的海报前，近在咫尺的 Louis 根本不敢有任何行动。张国荣把角色的软弱怕事、唯唯诺诺刻画得非常精准。不过，在一群妹子的挑唆下，他终于罕见地血性了一回，跟泳池管理员 Pong（汤镇业饰）撕打在一起。当然，也阻止不了这个小混混和表姐的火速恋情。

无所事事时，Louis 就去泡吧。他想打公用电话时，遇到了正值青春靓丽的 Tomato（叶童饰），为"一见倾心""依依不舍""不离不弃"等成语找到了活注脚。

看来，一人一部手机的时代，反而会错过不少缘分。

这姑娘怎么看都不是省油的灯，都不是 Louis 能降得住的。她一人霸占了两台公用电话，打给与她藕断丝连的两个男生。她似乎也拥有截然不同的两种人格：

一会儿格外嚣张："喂，你干什么你，干吗还不收线？你管得了我去哪里？"

转瞬间又卑微得让人同情："我今晚可不可以去你那里？（不行啊。）那我去哪里呢，我没有地方可去……"

有人说爱情是一场交易，谁动真心谁吃亏。

有人说爱情是一场冒险，希望越大失望就越大。

A

也有人说爱情是一场博弈，爱得越深就越被动。

很少有人不渴望爱情，但爱情的真谛是什么，又没有几个人真正说得清。

"你可不可以替我付了酒钱啊？"遇到漂亮姑娘这样的请求，几个男人会拒绝？

她走了，他不由自主地跟了出来。之前的懒散颓废不见了，整个人变得干练自信。他很有风度地为她叫来了出租车，但她却不想走。

"夜深了，你不怕遇到坏人吗？"满眼的关切，隔着银幕都能溢出来。这不就是爱情吗？只是，你确信人家不是在玩仙人跳？

她笑了："我想再没有人比我更坏了。"

话虽这么说，当他转身离开时，她还是相当失落，可是，剧情猛然间反转。

一道明亮的灯光闪过，她回身一看，果然是他真切的笑容："喂，我送你回家吧。"

原来，很多事情真的一点也不复杂。

他们不但有了情侣关系，甚至从此还有了爱的结晶。不但在外边偷尝禁果，还光明正大地住进豪宅。

两人的相识纯属偶然，但相恋却是必然。在最有理由折腾、最有本钱放纵、最有机会试错的年纪，想让青春如烈火一般燃烧，让生命如鲜花一样绽放，最好的方式，不就是和心爱的人一起，尽情挥霍激情、肆意挑战陈规陋俗吗？

Louis 与 Tomato 第一天认识，就在公寓内"坦诚相见"。

Tomato 疑惑："我们对社会没什么贡献啊！"突然之间，Louis 则变成了哲学家："什么社会，我们就是社会！"对嘛，如果社会中人人都爱得这般炽热，那人间岂不变成伊甸园了？

然而好景不长，Louis 的表姐 Kathy（夏文汐饰）的男友信介（翁世杰饰）

脱离了黑社会组织"赤军"，一路逃到香港，逃进 Louis 家的豪宅，从而也把麻烦带给了所有人。

为了大家的安全，也为了圆自己的一个梦，Louis 提议乘父亲的"流浪者"帆船出海。但意想不到的局面，还是提前发生了。恐怕很少有人能够想到，影片会以那样的方式收场。而能够活到最后的，才是真正的男女主角吧。

在 26 岁的年龄，依然有中学生一般的清澈面庞，经过 3 年的大银幕历练，张国荣的进步肉眼可见。在主演的第 3 部电影中，他终于能够丢掉轻车熟路的"浑小子"标签，将一个看似颓废不羁，却善良痴情，关键时刻也不失勇敢果断的大男孩，塑造得血肉饱满。他因《烈火青春》首次提名金像奖影帝，影片也因他的加盟有了永恒魅力。

张国荣演唱的主题歌《流浪》，也收录在了专辑《风继续吹》中。

在 1982 年，香港电影还未实现分级制度，让无数宅男诟病或者说迷恋的三级片还未出现。由于遭到 18 个教育团体、26 位中学校长的联名投诉，《烈火青春》在午夜场点映时就被警告，即便经过大幅修改，上映 7 天后还是被迫匆匆下线，只收获了 231 万，殊为可惜。相比之下，同样题材敏感、尺度不小的《靓妹仔》，却连映 21 天，以 1033 万高居年度第八。

但到了 2005 年，在香港电影百年百部佳作中，《靓妹仔》无人提名，《烈火青春》却光荣入选。而参演影片的四大主演，在影视圈都有了不错的发展。

这样一部电影，为张国荣的 1982 年画上了一个比较圆满的句号，也为他在影视行业的继续打拼，奠定了更坚实的基础。

用心做《鼓手》，默默争上游

转眼，时间来到了 1983 年。 过去的一年，张国荣的生活是相当充实的，日程是相当紧凑的，成就也是相当亮眼的。 新的一年，他当然要再接再厉，争取更大成就。

3 月 16 日，由诚意电影公司出品，张国荣、周秀兰和钟保罗等主演的青春音乐片《鼓手》，正式开始上映。 对张国荣来说，这部影片有着特别的意义。

他上一年有 3 部担任男一号的影片上映，但 3 个角色全都是"非主流少年"，多少都有些性格问题。 而《鼓手》中的陈子洋（Tommy），却可以充当年轻人的典范。

也就是说，这是张国荣首次出演完全正面的主角。 在同年 5 月发行的《风继续吹》专辑中，华星收录了影片主题歌《默默向上游》，及两首插曲《人生的鼓手》和《我要逆风去》，足见对这部电影的特殊偏爱。

平心而论，《鼓手》与《喝彩》还是有不少相似之处的。 主角都是希望以音乐为职业的大男孩，都要迎接比赛的挑战，都遇到了强大的对手，都有一个不怎么支持自己的父亲，以及一个叫 Paul 的背景板（都由钟保罗扮演）。 最后，都在无数人的掌声中，男一号都成功展示了音乐才华，还收获了点别的。

但是，Tommy 与 Ken 还是有很大区别的。 Ken 低调内敛，喜怒不形于色；Tommy 性格急躁，动不动就发脾气。

时年 26 岁的张国荣，重新穿起校服，扮演十七八岁的陈子洋，居然毫无违和感，实在让人感慨，荣少驻颜有术。

每天一大早，他就起来打鼓，把全家人吵得不得安宁，把街坊邻居搞得真想揍他。

充当反面教材的，是那些追求完美的鼓手。

师傅把他带到精神病院，看了 3 个为打鼓发疯的人。然后问他还学不学。他毫不犹豫地说："学！学不成，我就是第 4 个！"

充当人生导师的，是最疼爱他的爷爷。

爷爷讲的故事，显然是虚构的，但异常扎心：

> 我年轻的时候，跟一个洋人学做汽水。不小心弄伤手就辞工不干了。如果一直做下去，怎么能轮到可口可乐公司神气哟？后来我又学开公交车，没想到撞烂了车灯就不敢上班了，如果做到现在，两家巴士公司董事长都是我啊。爷爷没有恒心，所以倒霉了一辈子。

Tommy 并没有遇到令自己一见倾心的姑娘，身边的假小子伊玲（周秀兰饰），对他却是情有独钟，两人相处多了，他也慢慢地对她有了好感。

出于剧情设计的关系，周秀兰的表现远不如《柠檬可乐》出彩，虽说很清纯也很懂事，但缺少令人印象深刻的戏份，令我们有些遗憾。

影片的最后，陈子洋终于坐在了聚光灯下，坐在了架子鼓前。台下是数百双热情的眼睛，他的亲人、友人和爱人，悉数到场。在热烈浓重的气氛中，他倾力击鼓，放声欢歌，唱出了《人生的鼓手》。郑国江先生的填词大气深情，顾嘉辉的作曲铿锵有力，让正值青春好年华的张国荣演唱出来，有着特别的青春风采。尽管他已经 26 岁，却依然像十七八岁的大孩子一样意气风发，正能量满满。

作为张国荣在 1983 年主演的首部电影，《鼓手》上映 6 天之后即告落画。

A ►

121万不仅创造了从影以来的新低，更是他主演的所有影片的最差纪录。

公平地说，《鼓手》当然不是烂片，张国荣还为此付出了极大心血，这样的投入与回报，实在有些令人寒心。不过，影片对《喝彩》的致敬痕迹有些过头。香港观众似乎更喜欢张国荣演叛逆小子和校园情圣，他猛然来这么个主旋律，大家还真没有心理准备。

但是，与影片中的陈子洋一样，张国荣从来不会被暂时的困难吓倒。影片上映期间，在著名的邵氏清水湾片场，他全身心地投入到了一部新片的拍摄之中。

《杨过与小龙女》全情投入，遗憾之中有收获

每一位姑娘心中，都藏着一个亦舒。

每一位男孩心里，都住着一个金庸。

在华人世界中，金庸武侠剧无疑是最有影响力的大 IP（知识产权）。 继佳艺电视台在 20 世纪 70 年代开拍摄金庸剧的先河之后，80 年代初，邵逸夫旗下的 TVB 和邵氏影业，又开启了改编金庸小说的热潮。 内地观众最为熟悉的，当然非黄日华、翁美玲主演的 1983 年版《射雕英雄传》莫属。 而同年由刘德华、陈玉莲主演的《神雕侠侣》，同样创造了极高收视率。

差不多与此同时，暴力美学大师张彻导演了《射雕英雄传》三部曲，其中郭靖由当红功夫巨星傅声出演。 但电影版票房和口碑都相当一般，远不如剧集的影响大。

1982 年，张彻再度执导《神雕侠侣》，傅声继续演杨过。 但有点搞笑的是，这部《神雕侠侣》承接了《射雕英雄传》第三部的剧情，直到影片结束，小龙女都没有机会出场亮相。 影迷亲切地称（调侃）它为"射雕英雄传 4"。

不难看出，张彻肯定是想打造神雕三部曲，但《神雕侠侣》上映后口碑平平，才收获了 163 万。 即便傅声后来不出事，续集也不太可能再拍了。 否则，邵氏也不会启动《杨过与小龙女》项目，以最大程度获取这个 IP 的价值。

《杨过与小龙女》原定的导演是黄泰来，后来又换成了刚拍完汪禹版《鹿鼎记》的华山。 经过试镜，张国荣和翁静晶成为男女主角。

A ▶

值得一提的是，这是张国荣首次在大银幕上主演古装武侠片。

上年 11 月，张、翁二人就在凤鸣影业的《第一次》中成为银幕情侣。

3 月 8 日，《杨过与小龙女》正式开镜。 5 月 12 日《第一次》上映后，用 13 天拿下 380 万票房，可以说相当不错。 此时，张国荣在影坛已小有名气，有媒体甚至称他为香港的占士甸（詹姆斯·迪恩），自然让华山导演更有信心。

因张国荣突发眼疾，拍摄工作暂停了一段时间。 但就在之后不久，悲剧就发生了。

7 月 7 日凌晨，傅声因车祸去世，年仅 28 岁。 对 80 年代以来一直不景气的邵氏电影来说，打击何其沉重。

1983 年 7 月 20 日，第 2 届香港金像奖在香港大专会堂举行。

在此之前，评委会公布了提名名单，这在金像奖历史上是第一次。《烈火青春》拿到了 13 个奖项中的 9 项提名，包括最佳电影、最佳导演和最佳男主角。

未满 27 岁的张国荣，很荣幸地成为当届最年轻的影帝候选人。 与他竞争的都是影坛"老前辈"：麦嘉（39 岁，《最佳拍档》），洪金宝（34 岁，《提防小手》），陈惠敏（39 岁，《杀人爱情街》），林子祥（36 岁，《投奔怒海》）。这届金像奖开出了唯一一次"双黄蛋"，麦嘉和洪金宝一起获奖。 但现场最大的赢家，毫无疑问属于许鞍华执导的《投奔怒海》，一举拿下了 5 个奖项，包括分量最重的最佳影片和最佳导演。

张国荣终生都没有主演过许鞍华的电影，这令很多影迷相当遗憾。 不过就在开拍《倾城之恋》之前，许鞍华原本打算执导《人间蒸发》，故事取材于其日裔母亲的真实事迹，并邀请张国荣担任男一号。 由于版权问题始终没有解决，这部影片最终真的"人间蒸发"了。

当时，金像奖还没有设立最佳男女配角奖，叶童和夏文汐都入围了最佳新人奖，但奖杯被《投奔怒海》的马斯晨夺走。

整整一个月之后，就在同一个场地，张国荣在第 7 届"金唱片"颁奖礼上，凭借《风继续吹》取得了人生第一次"金唱片"奖。

10 月 31 日，TVB 开播了 50 集大剧《神雕侠侣》，由 1982 年版《天龙八部》的导演萧笙执导，刘德华和陈玉莲主演。事后看来，《神雕侠侣》的热播，肯定影响了《杨过与小龙女》的票房。

直到 12 月 2 日，《杨过与小龙女》才在邵氏旗下院线上映。相比 90 年代各路导演对金庸作品的"魔改"，这部影片对原著的"忠实"似乎过了头，以至于最后节奏失控，草草收场。

影片的开篇，是沦落为乞丐的杨过，与几个同行争抢食物。观众很难将这个满脸污垢的小叫花子，与日后的天王巨星联系起来。不过短短几个镜头，张国荣就将小杨过的聪明狡黠有力地展现出来了。

杨过与小龙女的相识、相知和相恋，当然是影片的重头戏，可惜一个半钟头的影片中，小龙女半小时后才出场，因此整个过程难免显得仓促。但张国荣与翁静晶的表演，还是让观众印象深刻。

张国荣将杨过的桀骜不驯与痴情专一诠释得相当到位，即使在这样一部制作相对粗糙的影片中，他的光芒也没有被掩盖。

当小龙女知道了尹志平欺负自己的事情后，自然是伤心欲绝。而大魔头李莫愁，忽然化身知心姐姐："天下间很多男人是很傻的，杨过他又怎么会知道呢？就算他知道你已经破了身，也不会嫌弃你的。他要是嫌弃，这个人就不值得你爱，又何必为了他，要死要活的呢？"一语惊醒梦中人。

1983 年的电影，已经有了如此进步的观念，确实值得肯定。

这是张国荣参与的唯一一部邵氏武侠片。在张彻"暴力美学"已大不如

A　▶

前、公司本身都面临关张的情况下，他有幸与一批 20 世纪 70 年代邵氏鼎盛年代的明星合作，自然能学到不少东西。

影片的几场动作戏，都是相当精彩的。

在英雄大会上，杨过单挑达尔巴，先是使棍，后是用刀，攻势凌厉虎虎生风，看得人相当解气。

得知父亲的下场后，杨过向郭靖寻仇未果，绝望之下跌落山谷，却意外与神雕成为好朋友，相依为命，并无意间学会了孤独求败的上乘武功。

杨过最终与金轮法王的决战，更是展现得惊心动魄。

杨过背着重剑与金轮法王战在一起。只几个回合，他就被打下悬崖，让郭靖夫妇和小龙女心痛不已。

主角就这么死了？不可能！

伴随着激昂的配乐，一只大鸟腾空而起，是神雕，它在飞，它真的在飞！不但及时拯救了男主角，还巧妙呼应了之前杨过让神雕学习飞行的桥段。

最激动人心的场面上演了。刚才还差点完蛋的杨过，从神雕身上一跃而起，挥舞重剑，完成了对金轮法王的最后一击。但不能不说，这个收场方式有点草率，情绪铺垫不够，气氛渲染不到位，留给观众的震撼与回味不持久。如果能多拍七八分钟，效果会好很多。

陈观泰是张彻的得意门生，虽没有狄龙和姜大卫的绝世美颜，但有硬桥硬马的好功夫。此次，他将郭靖的大侠风范和智商欠费，都呈现得非常精准。而比张国荣小 3 岁的刘雪华饰演黄蓉，演出了角色的聪慧机敏，更让人感慨，黄蓉颜值不输小龙女。

谷峰和罗烈这两位邵氏武侠剧的黄金配角，此次都为张国荣配戏，一个演老叫花洪七，一个演老毒物欧阳锋，各种搞怪耍宝也是不在话下。

当初，张彻的成名作《独臂刀》，正是致敬了《神雕侠侣》中杨过断臂练成盖世神功的戏码。不过，身为张家班弟子的华山，似乎不愿抢师父的风头。 片中虽有杨过跌至山洞、遇到神雕、获得玄铁重剑的戏份，但省略了杨过中情花毒、断右臂的关键戏份，也就不可能拍出原著悲壮果决的氛围。

虽说有遗憾，盘点起来，张国荣版《杨过与小龙女》居然还是最好的《神雕侠侣》改编电影。

在拍摄动作戏时，张国荣和翁静晶曾被武师欺负。 后来，张国荣拜刘家良为契爷（干爹），从此没人敢小瞧他，但别的麻烦又来了。

第二年，翁静晶就结婚了，谁也没想到的是，新郎是大家的老熟人。 他正是刘家良，比翁小姐大整整 30 岁。

都说人穷志短。 这话有些刻薄，但也不是一点道理都没有。 当时邵氏影城的安保措施不够得力，拍摄《杨过与小龙女》期间，原本就收入不高的张国荣，又被偷了 800 港元，心情一直不是太好，也没有请剧组人员吃过饭，这让翁静晶有些不满。

时光荏苒，5 年后在澳门参演刘家良执导的《新最佳拍档》时，张国荣已经是香港一线歌星，出手自然非常大方，让已成为刘夫人的翁静晶刮目相看，更为自己当年的行为感到惭愧。 她在回忆录中写道："一幕又一幕发生在过往的事，不断重现。 张国荣从苦难中熬出头来，实在是不容易。 小人之心，君子之腹，张是君子，不容置疑。"

在大银幕上，张国荣和翁静晶确实默契感。 但在现实生活中，两人却从来没传过绯闻。 一些不明底细的荣迷替他俩可惜，其实丝毫没有必要。

没有缘分，再完美的人又与你何干？ 话说回来，谁跟我们的荣少更有缘分呢？

珍惜《缘分》，珍惜陪你到老的朋友

正在看这篇文字的你，相不相信缘分？

男女之间，到底是有了缘分才能相爱，还是在一起了就有缘分？

缘分本为佛家术语，现在却是谈情说爱中的高频词汇。 年轻的时候，我们往往欣赏"精诚所至，金石为开"的执着，相信只要自己不断付出真心与牺牲，对方终究会被感动的。 但随着年龄增长，太多数人终于认清了一个无情的事实：人家对你没感觉时，你自以为是的追求、一厢情愿的努力、不计回报的付出，在对方眼里和骚扰差不了太多。

爱情，一定是要讲缘分的。 遇到了对的人，一切都是那样自然妥帖，默契合拍；遇到了对的人，很快就可以敞开心扉，无所顾忌；遇到了对的人，一牵手就是一辈子，在一起就能守一生。

话说回来，再好的缘分，也要好好珍惜、用心经营。 不然，再多的缘分也不能天长地久。

1983 年情人节档，由张坚廷执导，叶童、钟镇涛主演的爱情轻喜剧《表错七日情》大出风头，并以 1502 万票房列年度第五。在此之前，邵氏居然没有一部影片破千万。 叶童还在次年凭该片拿下了金像奖影后。

尝到甜头的邵氏一方面筹备续集，另一方面也推出了多部都市爱情喜剧。

《缘分》于 1984 年 1 月开拍。 这既是张国荣"邵氏三部曲"

的最后一部，也是他与张曼玉、梅艳芳的唯一一次三人同框，对他来说当然有着特别重要的意义。 张曼玉饰演的女一号之所以叫 Monica，正是源于张国荣的那首歌。

电影刚开拍时，张国荣还没有拿到 *Monica* 的版权。 但到了当年夏天，全香港的迪斯科都在放这首舞曲，火爆程度令人无法想象。 影片主创顺应民意，将女主角改名叫 Monica。

张国荣之所以能主演这部影片，是副导演陈嘉上、编剧阮继志及余耀良等人的力挺，才让方逸华（邵逸夫女友）拿定了主意。

这一次，张国荣一改过去几部电影中的放浪不羁人设，难得认真了起来，还戴上了眼镜。 他饰演的是稚气未脱、情窦初开的大男孩 Paul。

影片开场，Paul 一手夹着公文包，另一手抓着块面包，急匆匆地赶去上班。 他的西装是灰色的，裤子却是青色。 更特别的是，他脚上还蹬了双球鞋。

这种混搭，没有超高颜值，岂能随便尝试？

Paul 身手敏捷地跳过护栏，却害得面前的自行车被小车追尾，搞得现场一片狼藉。

在地铁站着急赶路时，Paul 不小心与一位青春气息逼人的长发少女相撞，两人的零钱掉了一地。 在低头去捡时，他不免多看了几眼。 此后的几次不期而遇，更让他相信，这姑娘就是上天派发给自己的媳妇，从此开始了羞羞答答的追求。

这姑娘正是 Monica（张曼玉饰）。 虽说忘记一个人可能得用一辈子，但爱上她只需要一秒钟。

《缘分》中的 Paul 相当专一。 自始至终，他爱的都是 Monica，心里根本装不下别人。 因此，对于短发姑娘 Anita（梅艳芳饰）几次主动示好，非但不心

A　　　▶　　　**87**

存感激，反而相当不满：你这是阻挠我老人家获得幸福啊。

所以说，缘分这东西，必须得双方认可才行。Anita 以为自己多次和 Paul 巧遇就是缘分，可人家根本不理会你。Paul 觉得自己天天尾随 Monica 也叫缘分，其实根本就是他故意的。换个脾气暴躁的女生，大嘴巴估计早就抽上去了。

说来说去，爱情必须彼此产生心动的感觉，否则一切都是白搭。

Monica 虽说逐渐接纳了 Paul，对旧情人 Ben（汤镇宗饰）却始终难以释怀。

但最后，Monica 还是勇敢做出了二选一。男人要找自己爱的人，女人要找爱自己的人。这似乎是影片传递出的立场。到底对还是不对呢？只能是见仁见智了。

与《青蛙王子》这样没羞没臊的爆笑喜剧相比，《缘分》的气质更接近《表错七日情》，画面唯美清新，剧情张弛有度，台词耐人寻味，笑点适可而止。当然，比比皆是的剧情硬伤与逻辑问题，也令它离优秀影片还差着很大距离，但三大主演的巅峰颜值与卖力表演，也在一定程度上掩盖了这些不足。

拍摄《缘分》时，张曼玉和梅艳芳在电影圈还都是新秀，而凭借此片，张曼玉提名第 4 届香港金像奖最佳新人，梅艳芳直接拿到了最佳女配角。从此，两人也是片约不断。几年之后，媒体就有了"霞玉芳红"的提法，直接将她俩与林青霞、钟楚红两位前辈相提并论了。

和许多香港知名影星一样，张曼玉也是由著名商业片导演王晶带入影坛的。在当年 4 月上映的《青蛙王子》中，她献出了大银幕处女作。

此时的张曼玉，演技尚属青涩，但她演出了青春少女的灵动可爱、可盐可甜，以及在两个男人之间的各种纠结。《缘分》也见证了她与张国荣的缘分。

在影片中，Paul 对 Monica 一见钟情，爱得神魂颠倒，追得苦不堪言。但在现实生活中，却是另外一回事。

2003 年，即将退出影坛的张曼玉，在法国杂志《电影笔记》中写道："记得当我第一次见到他（张国荣）时，我告诉自己，这是我有生以来见过的最漂亮的一张面孔……虽然我们合作无间，却从不是很亲密的朋友，因为我们的性格和世界观很不同，但这无妨我欣赏他的美貌，以及他在电影中散发的敏感和作为一个歌手的才华。"

在《缘分》里，梅艳芳的表演显得驾轻就熟，开篇时捉弄 Paul 的鬼马，要 Paul 陪她过生日的霸气，向 Paul 父母示好的心机，都被她表现得恰到好处。然而落花有意，流水无情。

最让人唏嘘的，是 Anita 最后成全这对小情人的大度。 最可贵的爱，不是硬把对方拉到自己怀里，而是帮助对方达成心愿，哪怕自己做出牺牲。

张国荣与梅艳芳合唱的主题歌《缘分》，曲调深情舒缓，歌词朗朗上口，既有效烘托了剧情，更成为两人 20 年友谊的最好见证。 只要同台演出，他俩经常要合唱这首歌。

1984 年 10 月 3 日，《缘分》开始在邵氏旗下影院上映，16 天赢得 876 万，最终名列年度第二十一，在当时，也创造了张国荣从影以来的最佳票房。

10 月 8 日，就在《缘分》热映时，TVB 趁热打铁，开拍了张国荣和张曼玉主演的 20 集武侠剧《武林世家》。 谢贤、杨泽霖和刘江等戏骨，都在剧中充当绿叶。 刘青云、关礼杰和欧阳震华等新生代也参演了。 张国荣还演唱了主题歌《浮生若梦》。

在拍摄期间，张国荣同时还接拍了一部喜剧电影，不得不两头跑，相当辛苦。 但他取得的成绩，赢得的尊重，足以弥补工作上的一切劳累。

正是《缘分》，让更多人看到了张国荣身上的喜剧细胞，让他与一批顶尖电影人建立起了长期友谊，也为他之后 10 年的辉煌，奠定了坚实基础。

《圣诞快乐》票房大爆，客串出场成就名场面

1984 年的香港影坛，见证了新艺城最为高光的表现。 春节档由徐克执导的《最佳拍档之女皇密令》，再度改写香港影史纪录，2929 万的成绩已经触摸到了 3000 万的边缘。 成龙《快餐车》改在暑期档上映，仍被许冠杰《全家福》击败。 此后，《圣诞快乐》又彻底激活了圣诞档，让香港市民从节前乐到了节尾。香港电影最重要的三大档期，新艺城都取得了压倒性的胜利。

1984 年的张国荣，同样也是顺风顺水。 歌曲 Monica 火爆香江，小成本电影《缘分》也进账超过 800 万，令他成为炙手可热的偶像。 最多时，一周内有 7 家电影公司约他拍片。

一向喜欢找当红歌星拍电影的新艺城，岂能放弃与张国荣合作的机会。 但是，他们筹备的新片《圣诞快乐》，邀请张国荣担任"特别情商客串"。

对于这样的邀约，张国荣完全可以推掉。 更何况，一些媒体又可以趁机鼓吹他给陈百强演配角的"不幸"。 但张国荣显然明白，这是电影巨头新艺城第一次找他合作，不能争一时之短长，而要为自己赢得更大的上升通道。

嘉禾已经有了成龙和洪金宝，张国荣没有真功夫，肯定无法成为"一哥"。 邵氏已经收缩电影业务了。 未来最理想的合作对象，当然就是新艺城。

而且，新艺城是全香港最会把歌星捧成影星的电影公司，之前已经有了许冠杰、林子祥和谭咏麟的成功先例。 张国荣岂会不动心？

由高志森执导的《圣诞快乐》，在香港影史上占据了非常重要的地位，直接影响了之后的《八喜临门》《八星报喜》和《家有喜事》等经典贺岁片。导演高志森当时年仅 26 岁，真的验证了"成名要趁早"这句话。在 90 分钟时间里，作品能同时穿插 3 对男女的恋爱故事，并且笑点不断，事故连连，确实需要导演展现出极强的调度功力，更需要演员丢掉偶像包袱，卖力地投入表演。

影片的男一号，是年近 50 岁的报馆采访主任麦尚（麦嘉饰），女一号则是他的邻居，女歌手小凤姐（徐小凤饰）。

老麦有两子一女，看似生活幸福，家里却差个女主人。小儿子小光头（王嘉明饰）才两岁，由于工作繁忙，老麦就将他托付给小凤姐照顾。一来二去，两人也就产生了好感。

老麦的大儿子 Danny（陈百强饰）和女儿阿珍（李丽珍饰）都是 20 岁出头，正值满世界扑腾交异性朋友的年龄。Danny 正是陈百强的英文名，他在片中的角色，还是衣冠楚楚、深情款款、才华满满，让女同学钢牙妹（梁韵蕊饰）垂涎三尺，恨不能分分钟将他推倒。

在短暂的出场时间里，张国荣饰演汽车公司的送货员阿 John，其戏份不多，却相当出彩。而作为男二号的陈百强，即使演喜剧，翩翩帅哥风度还是一如既往地在线，与钢牙妹梁韵蕊之间的般配感，也还是蛮强的。要知道梁韵蕊可是 1982 年的香港小姐，这么卖力扮丑值得点赞，之后她换上晚礼服，当然也是美得不可方物，营造出了一种反差萌。

两对小年轻很快好上了，而老麦和小凤姐之间，却插进来了美国表哥（袁和平饰）。老麦为了在小凤姐面前搞臭表哥，就带他逛公园拍照。老麦在前面拍，早就埋伏好的阿 John 在后面拍，报社的同事们当群众演员，愣是剪辑合成了不少表哥"不干人事"的可怕场景，供老麦拿来栽赃。

当然，既然是合家欢电影，也就别管真不真实。老麦和小凤姐怎么看都不搭，最终还是在一起了，所有人也高高兴兴地拍大合照。

A ►

当时，陈百强和张国荣被传不和。 高志森不愧点子多，他安排陈百强演唱电影主题歌《等》，梁韵蕊含情脉脉地装作弹琴，其实就是在调情。 阿 John 和阿珍甜蜜共舞，眼看跳着跳着又亲在一起了，情不自禁嘛。 阿珍想去照看老爸，就批准阿 John 多喝点。 他当然要听话，就抱着酒瓶干上了，然后醉得不省人事，没法参加合影了，剧情自然能说得通了，两大巨星当然也没意见了。 高，实在是高！

如果说《缘分》只是《表错七日情》式的爱情轻喜剧，《圣诞快乐》就是标准的无底线搞怪喜剧了。 在这部影片中，也唯有张国荣能跟得上麦嘉不按套路出招的步子，展现出对重口味喜剧的良好适应能力。

因此，在影片大获成功之后，新艺城与张国荣签了长约，也才有了之后《英雄本色》《倩女幽魂》的大获成功。 特别是担任本片监制的三老板黄百鸣，更是开启了与张国荣 14 年的合作之路。 显然，如果没有客串这部影片，张国荣的电影生涯将会是另一番景象。

12 月 12 日，《圣诞快乐》在金公主院线强势开画，4 周后以 2578 万收官，超过了李连杰《少林小子》成为年度亚军。 诚然，《圣诞快乐》根本不能算"张国荣电影"。 但是，谁在意呢？ 如今在网络平台收看这部电影的观众，大部分冲谁来的，其实已不是问题。

12 月 14 日，这一年忙得脚不沾地的张国荣，终于得空进入了《龙凤智多星》剧组。 这部由永佳投资的影片，导演是黎应就，编剧大有来头，他就是日后与张国荣缘分颇多的王家卫。

两年前还在《鼓手》片场装嫩演中学生的张国荣，此次终于演起了警察，展现出了勃勃英气，算是为一年多以后那部里程碑之作热身。

1985 年 6 月 6 日，这部影片在香港上映之后，两周就拿到了 686 万，也让新艺城对张国荣主演的"年度力作"更加期待。

《为你钟情》牵手李丽珍，花心浪子也迷人

1985 年，张国荣即将进入而立之年。

这一年，他发行的唯一一张专辑，叫《为你钟情》。唱片中最受关注的一首歌，当然就是《为你钟情》。

这一年，他生平第一次在红馆开了演唱会，开场曲还是《为你钟情》。

当然，院线电影带来的影响力与话题度，绝对不亚于演唱会。张国荣明白，跟他签约的新艺城更明白。因此，这一年，张国荣最重要的电影作品，只能还是《为你钟情》。

其实，这部电影原名《求爱敢死队》。但就在这年 7 月，张国荣《为你钟情》专辑发布后大受欢迎，新艺城当机立断，打算电影同样用这个名字。但当时片名已经被别的公司注册，不得已，新片上映时取名为《张国荣为你钟情》。

可以看出，这部影片是一部百分之百的粉丝电影，消费的就是张国荣的人气。但反过来说，他同样可以借助电影，为自己的歌曲做宣传推广。

但是，既然《为你钟情》对张国荣如此重要，影片如果拍得太烂，恐怕自己都不好意思。

毕竟，张国荣是个做什么事都特别认真的处女座。

为了配合同名专辑发行和蹭演唱会的热度，影片最终错过了暑期档，9 月 7 日才开始上映。

在此之前，由梁汤美执导，陈百祥、张艾嘉主演，张国荣友情客串的《求爱反斗星》于 8 月 1 日上线，上映一周后就匆匆落

A ▶

画，票房 374 万。

这部情节混乱、价值观更混乱的搞笑喜剧，居然是张国荣与张艾嘉唯一一次大银幕上的合作。 不过，张国荣演唱的插曲《少女心事》和《雨中的浪漫》倒是很值得一听。 这两首歌都收录在了《为你钟情》专辑之中。

《求爱反斗星》片方在做宣传发行时，愣是将张国荣的名字放在海报中最显眼的位置，让粉丝以为他才是男一号。 对于这种做法，张国荣也只能无可奈何。

《为你钟情》是张国荣在新艺城主演的首部院线电影，公司高层都非常重视，三巨头中，麦嘉和石天担任出品人，黄百鸣为监制，导演是高志森的好搭档冯世雄。 女主角则是在《圣诞快乐》中与张国荣搭戏且效果不错的李丽珍。

伴随着动感十足的《不羁的风》，影片的片头做得十分炫酷，背景是车流涌动的大都市，主要演员的名字，陆续出现在霓虹广告、红绿灯和指示牌上，显得非常时尚。

张国荣扮演的是帅气 DJ（打碟的人）陈福水，别看名字有些土气，人却帅得不行，被所有雄性动物列为一级公害，被无数漂亮妹子视为梦中情人。《不羁的风》，正是他的真实写照。

阿水有两个死党：好友沙皮（孟海饰）和表弟海胆（王书麒饰）。 三兄弟组团泡妞的套路，在 80 年代的港片中屡见不鲜，但没有哪个情圣，能像阿水这样帅出天际。

一次，哥儿仨陪俩妹子挤出租车，肯定得有一个人下来。 争执不下时，《为你钟情》的音乐骤然响起，一位身着白色长裙、身形苗条可爱的女孩，出现在阿水眼前！ 他立即尾随姑娘，上了自己平时根本不坐的公交车。 真是想什么有什么，不大会儿的功夫，他居然坐在了她身边，居然听到了她说"快吻我啦！"，然后，他居然就真的把嘴伸了过去……

真的是色胆包天，不服不行啊。

不过在张国荣的表演下，我们根本感觉不到一点猥琐，反而觉得非常浪漫。原来，长得帅真的可以为所欲为。原来，妹子只是在跟着随身听学普通话。

原来，这个姑娘名叫余丽珍（李丽珍饰），是一位护士。不久，她搬到了同事兼闺蜜阿珠（罗明珠饰）处，正好跟海胆家是邻居。导演可真会找地方。这一下，小姑娘还能过上安生日子吗？

一个周末，阿珍独自在家时，居然把自己锁在外面。更可怕的是，她的裙子也被门夹破了，走投无路之时，只好去求阿水。很快，阿珍上班的地点就被套出来了；很快，阿水就冒充探病的，找到了上班的阿珍；很快，他还得到了出来约会的承诺。

在喷泉边，阿水比画起了"如来神掌"，阿珍回了个"万佛朝宗"，结果出事了，男孩居然一头栽了下去。女孩叫了半天居然没动静。

正当阿珍紧张得芳心狂跳时，坏小子很得意地露出头来，还鼓励对方跳下来玩。

"青春有限啊，现在不玩几时玩，下来啊！"

相比8年后《白发魔女传》中男女主角的水潭缠绵，《为你钟情》中的池中热吻肯定不算多么震撼，毕竟两位主角的表演功力还欠火候。但这份扑面而来的青春感，却是前者无法比拟的。

两人一起回到阿水家。当阿珍急着要回去和母亲一起过生日时，阿水突然捂着肚子装作急症发作，这种痛苦表情相当逼真，把姑娘看得十分焦急，于是又扶他进去。"快帮我擦药膏……"她心急火燎地满世界乱翻时，他却捂着嘴偷笑……

张国荣在这段剧情的发挥，无疑可以给今天的小鲜肉们上堂表演课。李丽珍贵为后来的金马奖影后，自然也能跟得上节奏。

激情退却的那一刻，双方的得失心就发生了根本变化。阿珍离开时的失落表情当然令观众揪心，难免会指责阿水不够体贴，但还有令她更难堪的。她去迪厅玩，看到阿水和几个女孩亲热得不行，似乎根本不当自己是正牌女友。愤愤不平之余，两人不欢而散。

还没玩够的他，真的能收心吗？

已经伤透心的她，真的能原谅他吗？

高志森6年后执导的《家有喜事》中，老二常欢同样是个DJ，同样喜欢四处留情，也同样结识了一个痴情女孩，同样搞得自己相当被动。但相比《家有喜事》结构的严谨，反转的有力，《为你钟情》就显得相当草率和随性了。

而且，把这么重要的片名，套上这么一个故事，到底应不应该、合不合理、明不明智？

《为你钟情》上映13天票房788万，列年度第二十二，还不及上一年的《缘分》。可以说，张国荣的新艺城处女作并不成功，但他个人的表演，对于喜剧场景的把握，以及与李丽珍的默契，相比《圣诞快乐》时都有所进步。话说回来，这部影片真应该放在暑期档，这才是吸引大中学生进场的黄金时期。

1996年，张国荣在香港开了一家咖啡馆，取名"为你钟情"。

2010年，一部由黎明投资，郭子健执导，李治廷、文咏珊等主演的爱情奇幻片，致敬了这个片名，更彰显了张国荣在香港年轻人中的巨大影响力。

而"为你钟情"，也成为万千荣迷最想对天堂里的偶像送出的祝福。

《为你钟情》落画不久，张国荣就接受了一位著名导演的邀请，在即将进入而立之年时，拍出了一部让自己演技得到升华的电影。

从1986年开始，他终于丢下了偶像标签，向着实力戏骨的方向大步前进。

相信《偶然》，才会拥有必然

　　2024 年，巴黎将要举办第 33 届夏季奥运会，可我想去巴黎的理由，却是张国荣。

　　张国荣少年时期曾留学英伦，时间不短。他的多部电影作品，似乎都对巴黎情有独钟。而他最早在花都拍摄的影片，是一部不太出名的《偶然》。

　　《偶然》由历高影业出品，大导演楚原执导。张国荣出演当红歌星 Louie，与他搭戏的是梅艳芳、叶童和王祖贤三大女星。钟楚红友情客串，朱江则饰演 Louie 的父亲。

　　楚原的名字，肯定曾令张国荣如雷贯耳。能与这位大导演合作，肯定会让他开心不已。

　　在 20 世纪 70 年代中后期，楚原在邵氏拍摄了多部武侠片，其中很多由古龙小说改编。他一改张彻电影的简单粗暴，注入了更多悬疑元素与儿女情愁，因而得到了更多中产阶层观众的青睐，更被尊称为千万大导演（台湾市场屡破千万）。

　　但楚原成名之前，拍摄的多为文艺爱情片。1964 年的《大丈夫日记》就相当有名。24 年之后，徐克还邀请他翻拍了这部经典。

　　"世界上除了买东西一定要付钱之外，很多事的发生都是偶然。"这是片中不止一次出现的台词。

　　每个人的一生，都会有太多偶然。别的不说，能成功地降临世间，就纯粹是个偶然。

　　我们成长的每一步，成熟的每一天，成功的每一件事，遇到的每一个人，其实都充满着偶然。

张国荣自己身上，何尝不是充满了偶然。

他能够进入演艺圈，而不是子承父业做服装设计师，完全就是偶然。

他原本无意参加丽的电视台的业余歌手大赛，是朋友偶然之下拉上他的；他能加盟华星唱片，是《鼓手》导演偶然之下将他推荐给陈淑芬的；改变他一生命运的舞曲 Monica，也是自己去日本时偶然发现的。

生命中充满了偶然，但是，偶然之中也有必然，能把偶然变成必然，人生就有了意义。

在《偶然》前半段，张国荣基本上是本色演出；之后剧情却急转直下，甚至相当悲情。

影片由一场红馆演唱会开始。 伴随着《第一次》的音乐，男一号 Louie 高举右臂，以经典的张式 pose（姿势）闪亮登场，全场欢声雷动。 显然，楚原这是将"1985 张国荣夏日百爵演唱会"的录像给剪了进来。

当时，张国荣从小舞台出场时的背景音乐，其实是《为你钟情》。 随后他演唱的第一首歌，确实是《第一次》，确实还有一群头戴草帽的女孩伴舞。

眼亮的网友，肯定能从伴舞女郎中认出一个人来。 1986 年的香港观众，当然就更兴奋了：梅艳芳。 当然，1985 年张国荣开演唱会时，不可能让梅艳芳伴舞。 这是后来的拍摄与当时的录像混剪而成的，张国荣的声音也换成了唱片版。

梅艳芳的角色叫 Anita，一个从内地来港发展的歌手。《偶然》会集了三大天后级女星，但梅艳芳才是事实上的女一号，这也是她和张国荣自《缘分》之后再续前缘。

在次日的演唱会上，于上万人期待的目光之中，Louie 演唱了活力四射的 Monica，深情款款的《风继续吹》，以及少儿不宜的 H_2O，引得现场阵阵尖叫，不知道有没有歌迷当场昏过去。 不过就在这时，突然，画风一转，他开始讲故事了，然后以此为契机请出了一位嘉宾。

Louie 邀请 Anita 上台，这姑娘开始还紧张羞涩，但随着音乐响起，她也就完全放开了，一曲《冰山大火》，令现场上万观众收起了质疑，送上了掌声，从此也把她送上了功成名就的快车道。报纸头版、电台采访、粉丝追逐……香港，就是这样一个充满了机遇的神奇地方。

Anita 确实具备了成为明星的条件，但很显然，如果没有 Louie 的"神助攻"，她不知道还得耽搁多长时间。那么，全香港的女歌手那么多，Louie 为什么偏偏对她青睐有加呢？这纯属偶然。

头天晚上，一帮人在夜店放松时，为了搪塞一直纠缠自己的富家女（钟楚红饰），Louie 机智地拉过身边的 Anita 当挡箭牌，说是自己的未婚妻。后来两人都喝大了，一早醒来，发觉彼此已经"坦诚相见"。

按说这事过去就算完了，可 Louie 总觉得有所亏欠，才有了上述的华丽一幕上演。但 Louie 并不清楚，Anita 事实上早就爱上了自己。当伴舞女郎时，她当然不敢示爱；当上红歌星后，她发现人家的眼中，依然没有自己。

很多人总喜欢说，张国荣演电影经常是本色出演，惹得荣迷时不时要站出来维护偶像。但《偶然》中的 Louie，还真与张国荣有很多相似之处，他们不光职业相同，在物欲横流的社会中，都依然保持着不合时宜的善良与天真。这样的本色难道不是好事吗？

Louie 完全可以同富家女逢场作戏，但不喜欢就不去招惹（跟旭仔截然不同）；他完全可以不帮 Anita，但总觉得内心有所亏欠，因此全力以赴；Anita 走红之后，他完全可以要些好处，却无意为之。

在《缘分》中，梅艳芳就扮演了一个喜欢张国荣，却与他没有缘分的角色。这一次，张国荣爱的依然不是她。他的世界，已完全被另一个姑娘填满。

在去机场接父亲的路上，Louie 邂逅了一白衣少女。 她淡定地捋了捋秀发，把准备打架的 Louie 直接看傻了，眼光也不由自主地变得温柔起来。

还真应了一句老话：碰上女神是偶然，爱上她就是必然了。 随后，两人在机场又见了面，可惜一不小心，Louie 把人家的裙子给撕破了。

这位名叫 Julia（王祖贤饰）的妹子，身形俏丽，五官精致，举止优雅，衣品考究，显然符合大多数男人的审美观，Louie 也不例外。

轻风拂过草地，他们携手共舞；海水轻拍沙滩，他们并肩躺在一起，沙面上画着巨大的"LOVE"；烛火摇曳之中，他们一同品着咖啡；情不自禁之下，他深情款款地吻住了她……

然而，再见时，Julia 却朝他心口轻轻捅了一刀。 她，居然是他父亲的女友。 自己爱得无可救药、无法自拔的女生，居然要当自己的后母！ 爱得越深，伤害就越大。

遇到 Julia 是偶然，爱上她，为她所伤，却成为必然，谁让你是这样的男人呢？

Louie 并不想向父亲挑明，他已经看出来了，人家爱的并不是他。 在他看来，唯有远走高飞，才是对父亲的最大打击，才是保住尊严的最好做法。

之前一直风度翩翩、温文尔雅的 Louie，却在醉酒后大闹唱片公司。 展现出来的情绪爆发力，让我们看到了张国荣作为优秀演员的基本功。 随后，Louie 就离开了香港。

游荡在巴黎的 Louie，很快花光了所有积蓄。 他既不想向父亲求助，又不能在当地开演唱会，好好的一个红歌星，居然被逼得走投无路。 就在他病倒街头，眼看就要英年早逝之时，导演及时安排第 3 个女人出场了。

偶然路过的越南女孩阮玉诗（叶童饰）为了救他，居然把这个陌生男人带到自己的住处。

Louie 遇到玉诗纯属偶然，他爱上玉诗，当然不乏感恩的成分，但真正令他"沦陷"的，还是玉诗作为女人的吸引力。她固然算不上漂亮，但能做到足够可爱，足够性感，足够有女人味。

和玉诗在一起，Louie 没有理由，也没有时间再苦恼，再为得不到 Julia 而愤愤不平，他已经快乐得不得了了，不会感到任何委屈。

至于 Anita，Louie 从来就没有喜欢过她。就算她再红，又能怎么样呢，跟自己有什么关系呢？

拍片时的叶童其实只有 23 岁，却已是金像奖影后了。和 30 岁的张国荣演起情侣，各种细节令人感动，也让观众忽略了剧情的逻辑问题。

当然，影片肯定不能这么结束，不能让这对情侣过得太舒服。很快，玉诗怀孕了，五年前逃难时留在身体里的子弹，却开始威胁她和孩子的生命。要说这设计是够奇葩的，拍了那么多古龙电影的楚原，就不能设计个更合理的桥段吗？

玉诗病在家中，Louie 也丢了工作，不得已靠捡来的破吉他卖唱。可就在街头演唱《风继续吹》时，一个故人却被歌声吸引，认出了他。

Anita 走遍全欧洲，终于在巴黎找到了落魄的 Louie，并自愿承担起了照顾玉诗的职责，陪她走过了最后的艰难岁月。两个"情敌"之间，没有任何宫斗剧的浮夸戏码，却能产生真诚的友谊，实在让人感动，更令人五味杂陈。玉诗看到了 Anita 对 Louie 的真心，Anita 也明白了玉诗和 Louie 之间的真情。作为女人，她们都明白，都理解、尊重这份感情。

到了生命的终点，玉诗"自作主张"将 Louie 托付给了 Anita："你们中国有一句好古老的话，叫'不如归去'。"

夹在两个女人之间的 Louie，自始至终也没有变心。心里，永远只装着自己的妻子。

回到香港的 Anita，终于在红馆举办了属于自己的演唱会，在现场气氛达到高潮时，她演唱了 Louie 为玉诗创作的《紫色的爱》：

是谁在我彩虹之中　截取了我最爱的色彩

是谁在这人海中　夺走了我的爱

狂哭都变做歌　愿命运难为我改

我要我要继续爱　我要我要约誓永不改

唱着唱着，Anita 就"入戏太深"，泪流满面。 她为玉诗的悲惨命运而哭，为 Louie 的"执迷不悟"而哭，更是为自己的一片真心没有回报而哭。 最终，本应神采飞扬的她，却泣不成声以至哽咽，完全唱不下去了。

怎么收场？

就在此时，观众席中突然传来了充满磁性的歌声，Louie 终于回来了，还出现在她的演唱会。 这是偶然吗？ 当然不是。

"你同我讲过，唱歌同做人一样。 人不可以做一半，歌一定要唱完，来，我会等你的。"这样的安排，显然相当温馨。

影片画风一转，在他俩无比欢快的《再共舞》中结束，也给了我们更多遐想和思考。 这两人最后到底能不能在一起，应不应该在一起，每个观众可以做出自己的判断。 无论怎么选，都不会有对错之分。 这种开放结局，其实还是蛮好的。

1986 年 4 月 10 日，春暖花开之时，《偶然》开始在香港公映，此时，复活节已经过去 10 天了。 但影片只上映了 8 天，票房 451 万。

大导演楚原，当红偶像张国荣，三大女神梅艳芳、叶童和王祖贤主演，这样的票房，似乎对不起大家的付出。 上一年阵容偏弱的《为你钟情》，还卖了 788 万。 但张国荣没有必要太失落，很快，他就迎来了自己更重要的代表作。

《英雄本色》缔造经典，请叫他演员张国荣

如果挑选过去百年的优秀港片，无论以什么样的标准，无论由什么机构发起，有一部作品，绝对是绕不过的，甚至是大多数榜单的第一。

对香港影业来说，这部电影的出现，标志着一个新时代的开始。对导演来说，这部电影的成功，标志着他正式跻身华语电影一线导演，甚至为进军好莱坞铺平了道路。

当时，张国荣已经在歌坛站稳了脚跟，成为全港一人之下数人之上的超级明星。可在影坛成绩就差点意思。即将进入而立之年的他，真的希望能再有一部《烈火青春》式的现象级影片，来实现形象与演技的突破。

张国荣能够主演这部电影，标志着自己成为一名真正的演员，且以此身份家喻户晓。

从此，请叫我演员张国荣。

这部电影，当然就是《英雄本色》。它翻拍自1967年谢贤、石坚主演的同名黑白电影。原本是围绕一对亲兄弟的情谊与责任展开，狄龙和张国荣是男主角。

吴宇森和徐克这对好兄弟，都特别热衷翻拍五六十年代的经典港片，然后又毫不客气地夹带"私货"。今天我们看来，这对香港电影显然是一桩好事。

周润发和《圣诞快乐》中的张国荣一样，原本只是客串一下小马哥。但香港电影的拍摄是非常灵活的，随着吴宇森给周润发的戏份越加越多，又加上剪辑处理，小马哥虽虽不是男一号，但他的戏份却是最抓人的，最后拿下金像奖影帝，也是顺应民

B ► 105

意。

但如果没有这样的大幅改动，很可能就没有《英雄本色》的成功。

这种"客串成影帝"的事情，张国荣自己后来也遇到过。 到底是印证了香港电影工业的不成熟、不严谨，还是说明了香港电影人的不拘俗套、随机应变呢，见仁见智吧。

在当时，吴宇森是不得志的喜剧片导演，狄龙是过气的武侠片巨星，周润发是拍一部砸一部的"票房毒药"。 唯一有海量粉丝的张国荣，在歌坛是没有争议的一线，在影坛却没有什么代表作，而立之年了，还在演青春片。

这么一群失意的人捣鼓出的影片，似乎根本不具备逆袭的条件。

在当时，邵氏风格的古装功夫片已彻底没落，邵氏自己都不拍电影了，全香港都在忙着拍喜剧：许冠文式的底层人物逆袭坑富豪喜剧，成龙式的功夫杂耍喜剧，洪金宝式的穷鬼打架泡妞喜剧，黄百鸣式的人鬼交朋友喜剧……而新艺城的大制作警匪喜剧，真不是随便能学来的，那烧的都是港币啊。

至于说黑帮警匪题材，如果不做成喜剧，真的会有人看吗？

所有人都不相信，其实吴宇森自己也没底。 但是在人生最困顿的时候，在几度想要放弃的时候，徐克却顶住了新艺城高层的重重压力，给了好友足够的信任与支持。 毫不夸张地说，没有徐克，这部电影根本就拍不出来，香港电影史也将会是另一模样。

人生得一贵人，足矣！

2005 年，在香港影评人协会组织的华语电影百年优秀影片评选中，《英雄本色》排在《小城之春》（1948 年上映，属内地片）之后，列第二。 长期以来，它一直被视为最佳港片。 在《回顾香港电影三十年》中，吴宇森的恩师张彻动情地写道：

这部影片，拍出了吴宇森温文尔雅外表之下那种壮烈的浪漫情怀；拍出了朋友之义、手足之情，用流俗的话说，可谓剧力万钧。三位主要人物的性格跃然银幕……张国荣虽已是极红的男歌星，但也因此片在银幕上大红。

但张彻似乎记错了。 张国荣拍完这部电影后，收获的吐槽远多于赞美。

在片中，宋子豪（狄龙饰）和宋子杰（张国荣饰）兄弟俩情深，但当哥的是国际伪钞集团"骨干"，弟弟却考上了警校，一心想维护社会正义。

宋子豪去台湾交易时被出卖并入狱。 小马哥（周润发饰）是与子豪有过命交情的朋友，为替朋友报仇瘸了腿。 而谭成（李子雄饰）却借机上位，取代了于豪。

子豪出狱后回到香港，试图重新做人。 但外有谭成的干涉，内有亲弟弟的误解，让他有走投无路之感，小马哥也处境凄凉。 为了摆脱困境，也为了保护急切立功的弟弟，子豪和小马哥联手向谭成发难，得到消息之后的阿杰也加入进来。 在血与火的较量中，在生与死的考验下，在好友的尸体旁，亲兄弟终于实现了和解，拥有了默契，更彰显了什么才是"英雄本色"。

《英雄本色》改刀剑拳脚为当代枪战，在子弹横飞中诠释男儿的血性与坚韧、义气与豪情。 它之所以能引发如此强劲的震撼，在于无意中暗合了80年代经济起飞、道德滑坡之下，千千万万香港人的心结。

《英雄本色》颠覆了正与邪、善与恶、黑与白的界限，无情揭露了人性之恶，嘲弄道貌岸然的伪君子，又极力讴歌了人性之光，将男人之间的友情刻画得比爱情还动人心魄。 吴宇森更在其中，融入了自己对人生、机遇与宿命的特殊解读，这也将它与普通的动作片区分开来，放射出永久的人性之光。

这位大导演如是说："我根本不当这是黑帮电影，只是把这么多年来，朋友的支持、永不放弃的信念，都带到电影中，化成对白，化悲愤为力量。"

1986 年是国际和平年，长期在台湾生活的吴宇森，巧妙地将罗大佑创作的《明天会更好》植入影片中，并将英文片名定为 *A Better Tomorrow*，但影片主题歌，则是张国荣演唱的《当年情》。在影片的尾声，小马哥正是伴随着这首歌的变奏曲掉转船头，上演了全片最为热血的一幕。

子豪兄弟是幸运的，他们认识了小马哥。吴宇森也是幸运的，不光有徐克这样一位贵人和伯乐，还有狄龙、周润发、张国荣、李子雄和朱宝意等华语电影最为出色的明星演员倾力支持。

为了节约开支，监制徐克和导演吴宇森都亲自参演。徐克客串了一个音乐教授。他本身有着不俗演技，在谭家明执导的《最后胜利》中，他出演的黑老大被很多影迷反复提起，还获得第 7 届金像奖最佳男配角提名。

吴宇森就差点意思。他饰演的是一路跟踪宋子豪到香港的台湾警官，这也是致敬龙刚当年演过的角色。但实拍时，吴导总是被要求重拍，还得张国荣指点他念对白和演戏的技巧。因此，吴宇森本人出演的戏份，就交给了"杰仔"执导。

全香港混娱乐圈的，都管张国荣叫荣少，只有吴宇森不按路子出牌，他就是要叫人家杰仔，一叫就是一辈子——宋子杰的杰，你能拿吴导怎么样？

作为 20 世纪 70 年代邵氏片场的天王巨星，狄龙的演技不用过多强调。他饰演的宋子豪，当然有自身的真实映射："我不做大哥好久了。"更有对角色的精准领悟与解读。所以，我们才能看到一位背负着重新做人的十字架的中年人，平日忍辱负重甚至唯唯诺诺，大是大非面前却极其坚强和睿智。无论弟弟怎样误解、非难和羞辱他，他始终把子杰看得比自己更重要。

而子豪与小马哥的生死之交，更让观众看得热血沸腾。

周润发饰演的小马哥，更为影片贡献了太多名场面。风衣墨镜，手持双枪的风采，不知让多少男生崇拜、多少女生迷恋。用美元假钞点烟，在花盆里藏枪，向伤腿上倒酒，枪林弹雨中旁若无人地咬牙签，都成为华语影史上的经典镜头。

"我倒霉了3年，就是要等一个机会。我要争一口气，不是要证明我比别人威风，只是想告诉人家，我不见了的东西，自己一定要拿回来。"这段台词更是到了人人会背的地步，流行程度堪比"曾经有一段真挚的爱情摆在我面前……"这一席话，何尝不是替导演发声呢？

高潮戏份中，正在数落宋子杰的小马哥突然中枪，满脸是血地倒下的镜头，将影片的悲壮气氛烘托到极致。我们很难想象除了周润发，还有谁能演出这样的宿命感与震撼力。

相比宋子豪历经磨难之后的从容淡定，一直生活在父兄关怀下的宋子杰，诸事太顺，因此难免过于自负和偏激。

曾几何时，他们兄弟俩也是亲密无间、无话不谈，虽说离多聚少，可每一次的相遇，子杰都开心得像个孩子，那份发自内心的喜悦，足以感染每一个重视亲情的观众。

可父亲因仇家的追杀意外亡故，将一切都改变了。子豪在台湾入狱，子杰终于发现了他的真面目。此后，一段交叉剪辑运用得非常巧妙，一边是大哥在监牢内劳动改造，眼望长天，一边是弟弟在警队刻苦训练，弹无虚发。

1986年初电影拍摄时，银幕上的张国荣，满是阳刚之气，像个标准的直男，不会哄女友开心。幸好Jackie（朱宝意饰）对他一直鼓励、包容，甚至迁就。

倾盆大雨中，回到香港的子豪，见到了一直想念的弟弟。他以为会来个紧紧的拥抱，结果子杰冲上前去，不由分说就是一顿猛打。还恶狠狠地说道："不要让我再见到你！"

在酒吧，他又见到了子豪，就把他叫出来，就像审讯罪犯一样连连质问。当哥的哭笑不得，想好好劝劝他："阿杰……"谁知子杰毫不客气地打断："别叫我阿杰，叫阿sir！（警察）"

这也成了子杰为影片贡献的最知名金句。 当然,小马哥的金句是让人膜拜的,子杰的金句是供人调笑的。 可惜当年没有像今天如此发达的自媒体,不然好事者肯定要做成表情包。

余怒未消的子杰回到家中,居然一拳砸在镜子上发泄,换来的当然是满手的鲜血,这下真成了"热血青年"。

因为轻易得到的情报,他很快钻进了别人设下的圈套,被送进医院急救。

即便到了最后,他也因为自己的鲁莽,被谭成的手下擒获,让大哥和小马哥的全部努力差点付之东流。

小马哥毅然掉转船头加入战斗的镜头,将影片气氛推向高潮。 他的骤然中弹,更是让无数观众流下了眼泪。 但经过这场火爆冲突,子豪和子杰已经和解了,不然,当弟弟的也不会递枪给大哥,完成全片最让人痛快的一幕。

香港观众推崇小马哥,敬佩子豪,当然很好理解:他们是真正的英雄。观众痛恨谭成也顺理成章:他将忘恩负义、恩将仇报和小人得志诠释得太真实了,人人得而诛之。 但大家讨厌宋子杰,并非反对他按规章办事,爱憎分明,而是诟病他头脑简单,太自以为是,根本不会换位思考,不懂得珍惜和包容。 当然他的冲动和误判是剧情需要,而且在结尾时,子杰已经改了不少,但似乎还不够。

但是,观众对宋子杰越不待见,越证明了张国荣表演的成功。 如果不是他对角色的气质拿捏到位,性格诠释精准,也不会给观众留下如此深刻的印象。《英雄本色》的各种荣耀,他的贡献不容低估。

换个人,能处理好宋子杰的各种情绪波动和神经质吗?

换个人,能把《当年情》演绎得如此深情吗?

换个人,能和女主角这么有默契吗?

很多时候,我们判断一个角色的重要性,是看导演有没有给其安排情感戏。 张国荣24年的银幕生涯中,合作过很多台湾女星。 论颜值,朱宝意不输任何人;论演技,她也不比谁差太多。 她在大银幕前呈现的那份清新脱俗、优雅恬静，为每一部作品都平添了太多魅力。

1986 年，无疑是朱宝意的巅峰之年。她先是合作周润发，在奇幻片《奇缘》中出任女一号，随后，又成为《英雄本色》中戏份最多的女性角色，与正值颜值巅峰的张国荣出演一对恩爱情侣，羡煞旁人。

1986 年的暑期档，一路领跑的是嘉禾与新艺城"双线联映"的《最佳福星》，2311 万的票房并不算特别成功。之后，进入档期的仅有张艾嘉《最爱》、惠英红《扭计杂牌军》等小片，没有多少市场竞争力。8 月 2 日，《英雄本色》看准时机，在金公主院线开始上映。

之前，很少有人看好这部影片。但它甫一上映，就受到了全港观众的持续热捧。影片连映 61 天，先是超过了《最佳拍档之女皇密令》，成为新艺城最高票房电影，继而又跻身 3000 万俱乐部，随后又让上年冠军、嘉禾《福星高照》3075 万的香港票房纪录作古。

最终，《英雄本色》以 3465 万的惊人成绩，成为 80 年代首个在暑期档拿下年度冠军的影片。这也是张国荣拿到的第一个年度冠军。

11 月 30 日，在第 23 届金马奖颁奖礼中，《英雄本色》一举荣获最佳导演（吴宇森）、最佳男主角（狄龙），最佳摄影（黄永恒）和最佳录音（新艺城）4 项大奖，成为最大赢家。

当晚给吴宇森颁奖的，是歌后徐小凤和电影工作室老板徐克。

在角逐最佳剧情片时，《英雄本色》输给了杨德昌执导的《恐怖分子》。

没有任何提名的张国荣，也随剧组飞到台北，并和蔡琴一起颁发最佳电影歌曲奖项（史撷咏《唐山过台湾》）。

1987 年 4 月 24 日晚，第 6 届金像奖颁奖礼上，最佳男主角当然是备受关注的奖项，狄龙与周润发同时入围。当邓碧云喊出"周润发"的名字时，全场一片哗然。原来，这位新晋影帝，居然穿着浅黄色夹克和旧牛仔裤登台，哪里像个明星，更像个码头工人。不过，发哥并非有意向评委示威，他是从

《江湖龙虎斗》片场赶过来的，走得急没来得及换装。

在最佳导演竞争中，吴宇森输给了执导《美国心》的方育平。 但分量最重的最佳电影，还是归属了《英雄本色》。

这也是自金像奖诞生以来，第一次出现最佳电影授予上年度票房冠军的情况。 直到 15 年后，《少林足球》才复制了这一荣光。 张国荣没有获得任何个人奖项，却为团队取得的成就开心不已。

早在《英雄本色》火爆之时，电影工作室的新项目，就已经开始启动了。这又是一部改写中国电影史的经典。

相比《英雄本色》，它更应该算作张国荣的代表作。

《倩女幽魂》感动天地，人鬼恋成就爱情经典

提起《聊斋志异》，中国人没有不知道的。但在这部短篇小说集的上百个故事中，说起知名度最大的，不会有多少争议。

这就是《聂小倩》，讲述的是女鬼聂小倩与书生宁采臣之间的爱情故事。

但是，这则故事之所以能够"破圈"，家喻户晓，很大程度上并非原著的功劳，而是来自一部电影的推动。

这部电影的男女主角，正是张国荣与王祖贤。

1960 年，知名导演李翰祥将聂小倩的故事搬上了大银幕，由乐蒂、赵雷主演，定名为《倩女幽魂》。徐克对这部电影非常喜欢，但还是想自己重拍一部——简直是跟经典死磕。

1986 年 10 月 10 日，就在《英雄本色》下映后不久，电影工作室宣布开拍《倩女幽魂》，徐克亲任监制，导演定为其得力助手程小东。事实上，徐克才是影片整体风格的把控者，程小东相当于执行导演及武术指导。

正确的选角，无疑是成功的关键。张国荣是徐克心目中宁采臣的不二之选。徐克和吴宇森一样，为张国荣因《英雄本色》受到的奚落而不甘，一心想要为他拍摄一部"正名之作"。

不过，听说是个古装鬼片，要穿奇奇怪怪的衣服，张国荣一度并不愿意参演。徐克告诉他，虽说片中人物穿古装，但电影内核却是现代的，他不需要有任何顾虑。

女主角王祖贤年仅 20 岁，但早就不是新人了。1985 年暑期档，徐克执导、许冠杰主演的《打工皇帝》中，她就是女一号。

B　　　　　　　　　　　　　　▶　**113**

经典一定会穿越时空，绽放出无比璀璨的光芒。

事实上，徐克就像讲述当代男女青年的爱情故事一样，拍出了这部瑰丽奇幻的《倩女幽魂》。

影片中提到的兰若寺、郭北县，其实都是李翰祥的发明创造，徐克只是继承。《聊斋志异·聂小倩》中写道：

> 宁采臣，浙人，性慷爽，廉隅自重。每对人言："生平无二
> 色。"适赴金华，至北郭，解装兰若。

蒲松龄老先生的北郭，愣被李大导演附会成"郭北县"。 而"兰若"是梵语音译词"阿兰若"的简称，指远离村落、安静而适合修行之场所。 通常来讲，有官赐匾额的修行处称寺，私造的就称兰若，这两个词本不应该连用。

但谁在意呢？ 如今我们提起兰若寺，感觉和兰桂坊也差不多，首先映入脑海的，恐怕就是一对对痴男怨女。

与李翰祥老版不同的是，1987 年版《倩女幽魂》融爱情、喜剧、功夫与奇幻为一炉，少了些朦胧的意境和留白的回味，更加"简单粗暴"，更能吸引快节奏下的都市年轻人。 但毫无疑问，爱情是其中最重要的元素。

> 人生路　美梦似路长
> 路里风霜　风霜扑面干
> 红尘里　美梦有几多方向
> 找痴痴梦幻中心爱
> 路随人茫茫

伴随着《倩女幽魂》同名主题歌，史上最经典的宁采臣亮相了。 很多人一定很是诧异，外表过于精致、似乎还有点奶油的张国荣，何以能将这首歌演

绎得如此中气十足、浑厚苍劲？

然而，让我们更加诧异的是，已在香港娱乐圈贵为顶流、以讲求生活品位闻名的张国荣，诠释一个初出茅庐、质朴憨厚的少儿郎，居然如此轻车熟路、举重若轻，看不出有任何"用力过猛"的苗头，更不会有装傻充愣的违和。

这是个看似全无心机，却自带出位表情包的呆萌少年，一个背篓就是他安身立命的所有家当，一点爱心就是他行走江湖讨生活的全部法宝。 走饿了坐下来啃馒头，差点崩掉大牙；愤而用石头砸馒头，崩裂的是石头；绝望之下踢馒头，鞋能踢破个大洞；在清风冷雨中无助地撑开伞，伞上却全是破洞，任由雨水拼命流下。 徐克设计的精巧桥段，与张国荣不着痕迹的表演水乳交融，共同为影片增加了太多喜剧色彩。

宁采臣其实并非赶考的书生，而是收账的——就凭一张小白脸？ 太天真。 他一路收到郭北县，连根毛都没收到，却在街市上看到一幅《美人洗头图》。 宁采臣瞬间被画中的妹子深深吸引。 可惜他囊中羞涩，只能悻悻作罢，还被店家奚落为"品位高，身份低"。

而这幅贯穿全片的美人图，自然也成为推进剧情发展的关键道具，并增加了影片的神秘与凄美气质。

为了攒钱买画，宁采臣坚决不住客栈，偏偏跑到传闻闹鬼的兰若寺。

灼灼的月光之下，一道绵长的栈桥出现在观众眼前。 栈桥后面，是一座轻纱飘浮的"水中居"。 昏暗的灯光之下，一位身形婀娜的白衣少女神态自若地抚着琴。 她，当然就是影片的女主角聂小倩（王祖贤饰）了。

宁采臣走到近处，终于看清楚了。 眼前的妹子，真可谓"云髻峨峨，修眉联娟。 丹唇外朗，皓齿内鲜"。 美得不可方物，眼神中却带有几分幽怨，似有重重心事。

姑娘看到宁采臣手中的刀子，不由得花容失色。 他急忙解释："我无恶意的，我是碰巧经过这里。"接着赶紧扔了刀，却一下扎在柱子上，太尴尬了。

刀身不见了，他转身四下寻找，姑娘却吓得直捂脸——背后的符咒发挥作用了，但他岂能明白，她又怎敢解释？

一片白纱被风吹走，宁采臣毫不犹豫地大献殷勤："我替你捡回来！"对嘛，该出手时就出手。结果泡妞未遂，整个人都泡在水里了。

姑娘将宁采臣捞了上来，试图和他亲近。他却躲躲闪闪。一张嘴，更是那样不解风情：

"小姐，你脸色这么苍白，一定是病了，最好是找个大夫看看吧。"

天晓得，来到这里的男人，不管之前情场经验何等丰富，基本上都把持不住自己，也基本上都保不住自己的小命。而这个钢铁直男，反而因"不解风情"而躲过一劫。当然，不这么演，以后的剧情就推进不下去了。

爱的本源是吸引，爱的真谛，却是尊重。

宁采臣抱着姑娘的琴来到了树林，却不承想和小倩来了个零距离接触，觉得非常不好意思。但看到毒蛇，他陡然来了勇气，将姑娘挡在身后，不要命似的去踩那条蛇，甚至还要帮她引开燕赤霞。片刻之后他又跑了回来，怂了？不，他只是为了交还姑娘的琴。如此心地纯良、设身处地为她着想，让姑娘非常感动。

账本泡湿了。宁采臣回到兰若寺院做假账。一不小心，砚台却掉楼底下了。他只好搭梯子下楼去找。眼前是一片黑咕隆咚，背后是一群想吃他的阴湿鬼，可他总是能准确地踏对步点，让自己平安，令对方吃苦，更令观众忍俊不禁，最后更是稀里糊涂地打开窗户，让一屋厉鬼全部"见光死"。

这主角光环之强大，真让人羡慕，这节奏控制之紧凑，喜剧效果之明显，更让我们捧腹。我们佩服徐克和程小东的脑洞之大，惊叹于用道具做出的小鬼动作之逼真，更折服于张国荣恰到好处的表演，无须逗你，但你就是想笑。

晚上，水中居外巨蛇翻腾，宁采臣却牢记之前的约定，不知死活地闯了进去，顺着琴声找到了小倩。 他不得不藏身于水缸之中，只为躲开姥姥的毒手。 但事情显然没这么简单。

这段戏份中，王祖贤的表现成就影史经典一幕，徐克也给了她充分展现个人魅力的空间。 前有换上大红婚袍时的恬静优雅，后有吻向水下的机智聪慧，更有与男一号同泡一缸的大胆果决。 只有为了自己心爱的人，一个姑娘家才愿意做这么大的牺牲吧。

而张国荣在拍摄时，在水缸里连泡了 3 天，可谓吃尽了苦头。 甚至留下了"拍戏的时候在水缸，不拍戏的时候在病床"的传奇故事。 为了让宁采臣死心，小倩以画相赠，甚至出言讥讽，希望他不要再来。 而憨直的宁采臣居然信以为真。

不过，当宁采臣将燕赤霞误认为是大盗，并认为小倩的处境危险后，还是不顾个人安危地前去告知。 不知他单薄的身躯里，何以能蕴藏这般的能量。而沦为背景帝的燕赤霞，则一边舞剑，一边狂歌。 唱的就是著名的《道道道》。

这一次，姑娘的芳心终于彻底被融化。 外面的风雨再大，也浇不灭彼此心中的热情。 他们再也不必隐藏真实的冲动，再也不想辜负上天的安排，再也不愿浪费如此宝贵的共处。 伴随着叶倩文浪漫凄美的《黎明不要来》，他们紧紧相拥，深情热吻，极尽欢愉……只期待黎明不要来，缠绵不要停，美梦不要醒。 影片也用交叉剪辑，将这边的耳鬓厮磨，与昔日的一幕幕甜蜜瞬间反复切换，见证了这段真情的来之不易，这份真爱的刻骨铭心。

最终，宁采臣明白了小倩的真实身份，也彻底得罪了树妖姥姥，他随时可能毙命在那只巨舌之下。 燕赤霞拼尽全力相助，二人终于艰难地击败了姥姥，并找到了小倩的骨灰坛。

"十里平湖霜满天，寸寸青丝愁华年。 对月形单望相护，只羡鸳鸯不羡仙。"在《美人洗头图》上，这对恋人一人题写一句，留下了最浪漫的爱情见证。 未料到徐克对真爱居然有如此深入骨髓的解读。

B　　▶　**117**

而多亏了张国荣与王祖贤，才能将他的理念用唯美的镜头呈现出来，让我们倍感温暖，又分外遗憾：她不投胎，就永远是孤魂野鬼；她要投胎，就再不能与他相爱。人世间最大的悲剧，莫过于此。

与树妖姥姥的大战，让人觉得就是影片高潮了。万万没想到，徐克和程小东却设计了一个直捣枉死城大战黑山老妖、拯救小倩的大戏。在1987年的5分钱特效加持下，影片却将惊险诡异的氛围营造得特别震撼。

文弱书生宁采臣，居然可以驭剑飞行，砍断锁链，救出心上人，而小倩为了保全宁采臣（当然也有燕大侠），甘愿毁掉自己的骨灰坛，永世不得超生，更有持剑奋勇刺向老妖的场面。爱情的终极使命，在这里展现得分外凄美。

而最让影迷过瘾的是，影片真正让宁采臣起到了男一号"解决问题"的作用，让他最后克服重重困难，不可思议地"一剑定乾坤"，用自己的玩命，拯救了自己的爱人。

不过，影片最煽情的部分，居然还未来到。他们三人从枉死城返回时，时近天亮，一群厉鬼拼命拉扯小倩。燕赤霞被迫推开窗户，小倩只能四处蜷缩躲避光线，而宁采臣只能拼尽全力挡住门窗的光线，那份焦虑，那种关切，那般柔情，隔着银幕就满满地溢了出来。他不能转身，不敢回头，不曾最后再看小倩一眼。是不是太残忍了？可是，看一眼又能如何？

"小倩，你要好好做人，我会永远记得你的。"

"想不到临分手，也见不到最后一面。你要保重啊！"

这是她最后的留言。宁采臣在燕赤霞的保护下回到青华县，遵照之前对小倩的承诺，将她的骨灰坛重新安葬好。两人策马向前，看似奔向新生活，但心中的失落与惆怅，又有谁会明白？

一切历史都是当代史。每个年代的影片，都会打上时代烙印。李翰祥版《倩女幽魂》算得上古装文艺片，爱情戏份并不太多，而且"发乎情止乎礼"，也几乎没有恐怖场面，小朋友可以放心看。 但徐克版尺度明显要大得多，但并不让我们感觉情色，只会沉醉其中，为男女主角的彼此倾心与相互成全所感动。 至于动作场面和特效镜头，更是徐克和程小东的专长，放到 30 多年后也不过时。

一部佳作的出台，确实需要导演、制作和表演班底的珠联璧合，需要天时、地利、人和，绝对是可遇而不可求的事情。

王祖贤之后，再无聂小倩。 张国荣之后，再无宁采臣。 在《偶然》中就有过对手戏的他们，这一次的合作更加自然顺畅。 作为大哥哥，张国荣自然对这位台湾妹妹照顾有加。 在片中，王祖贤叫他采臣，但在片场，却叫他"哥哥"。

张国荣在家是老十，也没有当哥哥的经验，却被这小妹妹如此欣赏，自然也相当开心。 更让他想不到的是，整个香港娱乐圈，居然积极响应王祖贤，都开始叫张国荣"哥哥"了。

从此，这个称谓伴随了他的一生。

7 月 18 日，《倩女幽魂》在金公主院线正式上映。 这也是即将迎来 31 岁生日的张国荣，首次以男一号的身份参与暑期档大战。 就在两天前，德宝上映了周润发、钟楚红和陈百强主演的《秋天的童话》，张国荣和周润发这对好朋友，也不得不面对面地对抗了。

起初，《倩女幽魂》票房并不理想，香港观众对这种古装奇幻并不感冒。无论是发行还是制作方，都为影片口碑营销做了大量工作。 很多影评人也自发站出来力挺。 最终 8 月 12 日下线时，影片票房 1883 万，《秋天的童话》则以 2555 万收官。

1987 年内，32 部粤语片突破 1000 万，《倩女幽魂》只能排在第十五，但它在中国影史中的地位，对之后 30 年古装奇幻片的影响，显然根本不是票房成绩所能衡量的。 此后不久，多家电影公司都把古装鬼片纳入到了自己的拍摄计划之中，并陆续推出了《金燕子》《画中仙》等作品。

在当年的第 24 届金马奖初选中，《倩女幽魂》赢得了 8 项提名，但并不包括男女主角，这实在让人既意外又遗憾。 在 10 月 29 日的颁奖礼上，《倩女幽魂》获得最佳改编剧本（阮继志）、最佳剪辑（新艺城剪辑组）、最佳服装设计（陈顾方）和最佳男配角（午马）4 个奖项，成为获奖最多的影片，但分量最重的最佳剧情片、最佳导演和最佳男女主角，却是一无所获。

也就是说，张国荣、王祖贤、徐克和程小东，这 4 个为《倩女幽魂》付出最多的电影人，通通被金马奖否定了。 不过，35 年以来，《倩女幽魂》作为古装奇幻片的经典之作，一再被模仿、被致敬、被传颂，而那一年的最佳影片《稻草人》，显然没有多少人记得了。

张国荣主演的另一部电影《胭脂扣》有 6 项提名，拿下了最佳女主角、最佳摄影和最佳美术设计 3 个奖项。

转过年，1988 年 4 月 10 日的第 7 届香港电影金像奖颁奖礼上，之前获得 11 项提名的《倩女幽魂》，最终只拿下了最佳美术指导（奚仲文）、最佳音乐（戴乐民、黄霑）和最佳电影歌曲 3 个技术奖项。 不过，令剧组相当开心的是，3 首歌同时入围了最佳电影歌曲，创造了金像奖纪录。

可惜，令荣迷特别遗憾的是，最终得奖的居然不是张国荣演唱的同名主题歌，而是叶倩文演唱的《黎明不要来》。 出力颇多、牺牲颇大的张国荣，又是什么奖项都没有得到。

但忙得连轴转的张国荣，显然不会为这样的事情烦心。 他还有新专辑要发，新演唱会要开，新电影要拍。

《英雄本色Ⅱ》品质欠佳，张国荣成最大亮点

《英雄本色》实现了票房和口碑的双赢，跟风的黑帮枪战题材数不胜数。 按香港电影圈的惯例，不拍续集不是愚蠢，而是犯罪。 徐克力主运作续集，吴宇森却并不热衷。

对徐克来讲，《英雄本色》让他得到了更大的话语权。 以前，他还要依附新艺城，听3个老板指示；从1987年开始，电影工作室直接向金公主汇报，事实上和新艺城平起平坐了。 公司需要扩大规模，而开拍热门影片续集，无疑是最稳妥的办法。

1987年7月，《英雄本色》续集正式开拍。 为了帮助在新艺城郁郁不得志的老朋友石天，徐克将他拉了进来，出演重要角色"龙四"。 为迁就他，不少剧情显得喧宾夺主，也影响了影片的品质。

而吴宇森之所以愿意执导《英雄本色》续集，一个很重要的原因，就是希望弥补对一位演员的亏欠。

如果没有张国荣的加盟，《英雄本色》一是很难拍出来，二是拍出来了也很难上映，三是上映了也很难大爆。 毕竟当时在三大主演中，只有他自带流量。

但出于剧情的需要，吴宇森将子杰的形象，刻画成偏执、弱智，不知深浅、不懂感恩、不够成熟的莽撞少年，与小马哥和子豪形成了鲜明反差。 甚至有了这样的说法：观众有多喜欢小马哥，就有多讨厌宋子杰。

《英雄本色》不仅让周润发"三番逆袭"，此后四年更是三夺香港年度票房冠军，三获金像奖影帝，也让狄龙荣膺金马影帝，

事业迎来第二个高潮。 唯独张国荣，非但没有得到任何奖项，还落了个被满世界吐槽的待遇，这让吴宇森感到非常过意不去。 当然平心而论，宋子杰这么招人恨，反而恰恰说明了张国荣对角色塑造的成功。

因此在《英雄本色Ⅱ》中，吴宇森把最震撼人心的镜头，最催人泪下的戏份，都留给了张国荣。

影片承接前作。 为了调查退隐江湖的前黑社会老大龙四（石天饰），宋子杰不惜假装追求其女儿Peggy（简慧真饰），宋子豪获假释之后，为保护弟弟也进入了龙四的船厂。

龙四被手下高英培（关山饰）陷害，被迫逃往纽约。 在遭遇连环追杀和迫害之后一度精神失常。 在小马哥的孪生弟弟阿健（周润发饰）的帮助下，龙四回到香港，与宋氏兄弟一道对付高英培。 在子杰不幸遇难之后，三人踏着他的血迹，走上了复仇之路。

因为小马哥太受欢迎，影片主创团队就设计了一个新角——他的双胞胎弟弟阿健。 此人在纽约开中餐馆，却有着和哥哥同样出色的神奇枪法，更有着同样感人的傲骨豪情。 但相比前作，周润发和狄龙的戏份显然都有所减少。

这部影片集中了四大明星，虽说给龙四设计了很多剧情，但张国荣才更像男一号。 影片以子杰接近龙四开始，以众人为他报仇结束。 虽没有参与最后的大决战，但他用自己的生命，诠释了有别于小马哥的、英雄的另一重含义。

子杰被黑帮怀疑，被骗到了交易现场。 高英培先是让杀手小庄痛扁他，随后更让子豪干掉他。 哥哥亲手枪杀弟弟，无疑是影片的一场重头戏，也是对演员演技的极大考验。

当一枪难以使子杰毙命时，为了不让高英培再起疑心，子杰用眼神提醒大哥："多开一枪，要不然他不会相信的。 大哥，我们两兄弟，他相信一个就够了。"

枪声响起，子杰骤然倒地，升格镜头将这一过程展现得特别悲怆。 为将犯罪分子一网打尽，宁可牺牲自己，也不暴露哥哥。那种坚毅中有些许胆怯、平静中略显害怕的眼神，给观众以强烈的代入感，让很多人不由得眼眶湿润。

但是，最催泪的戏份还没有到来。《英雄本色》中，张国荣与周润发没有多少对手戏，续集中，他俩的合作多了起来，但剪辑中被剪掉不少，相当遗憾。不过这次合作，也为 3 年后另一部电影的成功，奠定了良好的基础。

两人一起在高英培别墅外隐藏。突然，一颗流星划过夜空。子杰猛然有了不祥之感："当警察的人，看到流量是不吉利的。"那份担忧让人痛心。此时，妻子已经怀孕了。显然，他不想自己有事，不想爱人变成寡妇，不想孩子一生下来就没有父亲。

英雄，不能只是天不怕、地不怕，而更应该明进退，知深浅，有些顾虑，这样才更接地气。

子杰吐槽道："第一次看到你在坟场，第二次和你在一起又看到流星，那么不吉利。"

而放浪不羁的阿健却回答道："做人要潇洒一点，轻轻的我走了，正如我轻轻的来……"徐志摩的诗从他嘴里念出，让这部从头到尾都有流血杀戮的悲情片，多了一抹喜剧色彩。

妻子即将生产，子豪劝子杰不要参与行动，但他还是坚持去了高宅。子杰的辛苦没有白费，他终于找到了伪钞生产地点。可惜，小庄从身后截住了他，一场决战不可避免。

这场殊死较量与妻子的分娩镜头，用平行剪辑呈现出来，来回切换，越发显得惨烈悲壮。

两人的枪同时响了，敌人在暗处，他受了致命伤。幸好被阿健救下。车行到半路，他猛然要求停车，和妻子通话。

身上的血在不停地流，死神在一分一秒地靠近，可听到了妻子的声音，他却彻底放松了。 当知道母子平安时，他比什么都开心。 他有太多的话想说，但上天不会给他机会了。 每说一句，他的痛苦就增加一分，让观众的心情纠结一重。 但他的心却是甜蜜的，甚至还不停向身边的阿健炫耀。 直到为女儿起好了名字"宋浩然"，他终于垂下了头，在阿健怀里停止了呼吸。 而那边，浑然不觉这场变故的妻子，还满脸幸福地等他回来。

这名字并不适合女孩，可能是导演为了表达"浩然正气"吧。

主题歌《奔向未来的日子》也适时响起，更烘托了这种悲壮气氛。

> 无谓问我今天的事
>
> 无谓去知不要问意义
>
> 有意义无意义怎么定判
>
> 不想不记不知
>
> 无谓问我一生的事
>
> 谁愿意讲失落往事
>
> 有情无情不要问我
>
> 不理会不追悔不解释意思
>
> 无泪无语心中鲜血倾出不愿你知
>
> 一心一意奔向那未来日子

在韩国国民大剧《请回答1988》第一集开始时，正是伴随着这首歌，剧集的几位主角围坐在14英寸彩电前，观看《英雄本色Ⅱ》中阿杰临终前与妻子对话的戏份。 这也清楚地证明了：当年，张国荣在韩国真不是一般红。 如今，韩国观众对他的怀念从未减弱。

两部《英雄本色》相比，第一部在叙事节奏、场面控制、思想深度等方面，通通完爆第二部。 但在当年（其实现在也一样），太多的韩国年轻人，无论男女，都更喜欢第二部。 到底是为什么？

除了张国荣，好像实在想不出别的理由了。如果说《英雄本色》第一部贴上了小马哥的鲜明标签，第二部肯定是打上了宋子杰的深刻烙印。

在 1988 年的第 7 届金像奖评选中，正是凭借《英雄本色Ⅱ》的精彩发挥，张国荣得到了生平第二次影帝提名。这也是四大主角得到的唯一一个提名。不过，当时周润发确实风头无两。他以《龙虎风云》《监狱风云》和《秋天的童话》3 部影片获得提名，并以《龙虎风云》荣膺奖项。

为了赶圣诞档期，《英雄本色Ⅱ》的制作显然比较仓促，甚至剧本都存在不少问题。比如非让已结婚的子杰和龙四的女儿 Peggy 谈恋爱，还让子杰将其领回家，与怀孕的妻子对峙，这个三角恋也对推进剧情没有多大帮助，龙四也并未因此与子杰交恶。

子豪枪杀子杰的戏份足够悲壮，但随后子豪居然在黑老大眼皮底下，开车回去救下弟弟，并亲自送到医院，显得有些太儿戏了，也让之前的表演有前功尽弃之感。

最后的大决战，三人翻过沾着子杰鲜血的墙头，对高英培一伙大开杀戒。对方人数至少是他们的 100 倍，可这 3 个老男人，却愣是在如此密集的火力下，一直杀个不停，还坚持活到了最后，摆出了夸张的姿势。

为了保证拍摄进度，吴宇森带着周润发、石天一组人去美国拍摄，徐克则带着张国荣、狄龙等在香港拍摄，大结局则是双方会集香港后完成。这么一来，就无法保证运镜风格的统一。但不管怎么说，这部电影绝对不是烂片，而是无数荣迷相当偏爱的。

《英雄本色》在 1986 年的暑期档刷新各种纪录，作为续集，《英雄本色Ⅱ》放在 1988 年暑期档更加合适，但金公主高层却等不及了。

12 月 17 日，《英雄本色Ⅱ》现身圣诞档。虽说次年 1 月 7 日即宣告落画，只上映了 22 天，但依然以 2273 万拿下档期冠军，并名列年度第六，算是相当不错的成绩了。而在落画当天，张国荣主演的又一部经典电影，开始开画了。

《胭脂扣》甘当绿叶，诠释风华绝代十二少

在 20 世纪 80 年代中后期，新艺城与嘉禾是香港电影的两大巨头。 成龙是嘉禾的头牌，当然不能拍新艺城的电影；而与新艺城有长约的张国荣，却有幸参与了嘉禾一部重量级作品。

1987 年 3 月 3 日，嘉禾子公司威禾（成龙为老板）投资的文艺片《胭脂扣》正式开镜。 这是一部当时香港影坛难得的"大女主"电影，女一号如花是 20 世纪 30 年代的红牌妓女，由梅艳芳出演。 张国荣饰演的是富家公子，人称"十二少"的陈振邦。 导演是关锦鹏。

继《缘分》《偶然》之后，张国荣与梅艳芳实现了第 3 次合作。 威禾在郑少秋辞演十二少之后，曾希望刘松仁出演。 显然，他们选择的都是人到中年的成熟明星。 但梅艳芳坚持要求由张国荣出演。 这样的两人，似乎更有情侣的默契感。

当时，张国荣已经是新艺城的合约演员，这家公司是嘉禾的"死敌"，怎么可能放他参演？ 不得已，张国荣将参演此片，作为与新艺城续约的唯一条件，令后者不得不破例放行。 后来，梅艳芳又主演了新艺城的《开心勿语》和《英雄本色Ⅲ：夕阳之歌》，被张国荣笑称为"交换人质"。

原本十二少的戏份很少，后来，李碧华修改剧本，给张国荣大量加戏，他的拍摄期也由原定的 10 天增加到 20 天，真正起到了一个"男一号"的作用，也让影片平添了更多魅力。

在拍摄过程中，关锦鹏表现出了扎实的题材驾驭功力，他精心设计的叙事方式，令 80 年代与 30 年代在镜头下来回切换，今日的孤寂与昔日的缠绵对比鲜明，如花的痴情女形象，与十二少

的负心汉人设，自然也被诠释得入木三分。

生活在 30 年代旧香港的如花，是石塘咀的红牌妓女。 她虽说没有倾国倾城的容貌，却有着脱俗的气质和特殊的才艺，令很多堂客迷恋。 有一天，她女扮男装，演唱了一曲南音《客途秋恨》，一身男装将身形衬托得飒爽英气，幽怨婉转的曲调沁人心脾，令碰巧路过的富二代陈振邦眼前一亮，从此开始了对她的猛烈追求。

这难道真是巧合，还是有意设计？ 也许世间所有的邂逅，都是有备而来。

1987 年正值梅艳芳的本命年，当年 24 岁的她，早就是香港歌坛的"大姐大"。 经过几年大银幕历练，梅艳芳的演技也愈发纯熟。 她将一个堕落青楼却依然相信爱情的坚强女性，诠释得血肉饱满，令人信服。 那段着男装唱歌的戏，似乎也是为之后的剧情埋下了伏笔。

拍戏时的张国荣还不满 31 岁，正是颜值巅峰期。 镜头下的他眉目俊朗，衣着考究，带着浑然天成的贵族气质。 影片特意安排了一个十二少上楼时，楼下两个姑娘向他抛媚眼的场景。 男主角优雅转头微微一笑，真称得上"回眸一笑百媚生"，这份气度，令在场的所有异性黯然失色。

在进行了一系列撩妹行为后，当我们逐渐有了代入感，镜头一转，直接是高楼林立，汽车川流。 这是穿越了吗？

如花来到报馆，找到编辑袁永定（万梓良饰），希望登一个寻人启事：

十二少，三八一一，老地方等你。

如花

如花的行动诡异，让袁永定相当吃惊。

B ► **127**

袁永定走到哪，如花都能准确地跟到哪，让他怎能不害怕。 终于，她说出了实情："我和十二少吞鸦片殉情自杀，约好了手拖手走过黄泉，永不分开，岂料我先到，找也找不到他，等又等不到，我忍不住，所以上来找他。"

原来，如花并未穿越到了当代，而是早就成了鬼，又返回人间了。 梅艳芳之所以凭此片一举成名，正是她将做人的清新高贵，与做鬼的执着倔强，都表现得非常到位。 影片并没有令人毛骨悚然的恐怖场面，更不会有鲜血淋漓的复仇镜头，一切都在不疾不徐的节奏下推进。

尽管非常害怕，袁定方还是收留了如花。 他心软，十二少一样心软。 但是，原本相爱的两个人，为什么非要殉情，尘世不值得留恋吗？ 为什么死后又无法相见？

镜头再次切回了 20 世纪 30 年代。 如花知道自己的身份，哪怕做小也乐意。 可就这，十二少的母亲也不答应。

早于《霸王别姬》5 年，张国荣就穿上了戏服，脸上画上了油彩，出现在舞台上。 看来，为了能够自食其力养活如花，十二少是豁出去了。 但很显然，他并没有成为名角的潜质，甚至连养家糊口都做不到。 离了父母，他还真不是无所不能。

3 月 8 日，11 点，他们一起吞鸦片自杀。 这才是"三八一一"的真正含义。

自始至终，都是如花在主动。 作为男人，十二少学戏不成，只能以抽大烟来排遣郁闷。 即使这样，如花也没嫌弃他，没有抛弃他。

但是，他们真的有必要走上绝路吗？ 两位优秀的演员，将吞鸦片毒发之后的痛苦表情，将面对命运压迫的万般无奈，诠释得相当传神，让我们看后五味杂陈，不知道说什么好。

袁永定为如花登出了寻人启事，却没有等到人。 但他无意中得到的一张旧报纸，却坐实了十二少的动向，令如花无比伤心。

他偷生，他丢下我一个！

当然，也解释了她等了53年，也没有等到他的原因。

十二少并没有死，奇迹般被救活了。影片把悬念维持到了最后一刻，让年近80岁的十二少最后出场。

导演也足够残忍，给他安排了一个"咖喱啡"【注：意指临时演员，是香港影坛通行已久的特有代名词】的身份。这么老的龙套，求生欲还这么强，对比两人的殉情自杀，实在是天大的讽刺。这是张国荣唯一一次扮演老头，活在一个不属于他的年龄。

卑微、懦弱、怕死……所有人性的弱点，恐怕都被这老头集于一身了。这样的一个人，居然还能"心安理得"地苟活。

的灰老师认为，如花在酒里放安眠药属于谋杀，她失去十二少根本就是咎由自取。对此，笔者不能苟同。既然承诺一起赴死，如花怕他吞鸦片不死，多加一道保证，也算不上"谋杀"：毕竟殉情是他同意的，甚至是自愿的。

在如花死后，十二少被抢救过来时，作为一个男人，他应该信守承诺。而且，如此凄凉落魄、苟延残喘的53年，真还不如死了痛快。

"你睇斜阳照住个对双飞燕。"听到这段南音，十二少猛然清醒，颤颤巍巍地站起，哆哆嗦嗦地走到如花面前。可迎接他的是什么呢？

"十二少，多谢你还记得我，这只胭脂扣，我挂了53年，现在还给你，我不再等了。"

如花决绝地转身，梅艳芳演唱的同名主题歌骤然响起：

> 誓言幻作烟云字
> 费尽千般心思
> 情像火灼般热
> 怎烧一生一世

延续不容易

"如花，原谅我……"这是他发自内心的声音。 可怜之人必有可恨之处。

"又留下我，让我受罪……"这句话淹没在了歌声中，听起来更令人感伤。 十二少其实并非不愿陪她殉情，只是造化弄人，他偏偏被救活了，活受了 53 年罪。 当时的特效化装水平有限，张国荣不得不戴上石膏脸模，将一个落魄老人的忏悔与失落，呈现在了观众面前。

相比《倩女幽魂》中男女主角以生命相托，留给观众太多感动与美好回味，同为"人鬼情"的《胭脂扣》，却让我们特别纠结。 如花肯定有不妥之处，但十二少的抉择，确实也无法让人叫好。

电影上映时的 1988 年，香港社会受传统文化的影响还比较深，女权思想远不如今天大行其道，但即使这样，人们也普遍同情如花，质疑十二少。 到如今，他恐怕只能和许仙一样，成为负心人的典型了。 但张国荣诠释的这个儒雅精致却又相当懦弱被动的十二少形象，也足以令无数女孩同情心泛滥。

如果把《缘分》《偶然》《胭脂扣》归成"张梅缘分三部曲"，发现 3 部影片最大的共同点，就是两人都没有能在一起，注定没有缘分。

在前两部影片中，男主角都只把 Anita 当哥们儿，从来没动过别的心思。《胭脂扣》中，两人终于恋爱了，真不容易，可惜恋情不为世俗所容，相约自杀都没有成功。

唯有在非院线的《烟飞烟灭》中，两人才成了夫妻。

现实生活中，他们虽是特别要好的朋友，但始终没有机会擦出爱的火花。

2003 年，两位巨星相继告别人世，令人唏嘘不已。

张国荣的很多电影，都被人说成是本色演出，如《霸王别姬》《金枝玉叶》《春光乍泄》等。 但其中角色的性格气质，难道和生活中的张国荣高度一致？ 其实差得很远。 至于《倩女幽魂》中的呆萌书生宁采臣,《锦绣前程》的底层混混林超荣,《枪王》中的变态杀手 Rick,和张国荣本尊的差别,更是天上地上。

相对而言,《胭脂扣》中的十二少,与张国荣的性格气质倒是有很大的相似之处。 他虽不是霍启刚、何超琼那样的顶级富二代,也是贵公子出身,是在保姆用人的伺候下长大的,加上自己从小重视衣品与保养,举手投足自然就有隐藏不住的贵气。 但这并不能说明,十二少的角色好演。 光那个吞鸦片戏份,就够考验人的了。 毫无疑问,张国荣的表演相当成功,却又没有抢夺梅艳芳的风头,称得上是最佳对手戏演员。

《胭脂扣》和《倩女幽魂》一同参加了第 24 届金马奖评选,却晚一年参选金像奖。

这是为什么呢？

它是 1988 年 1 月 7 日才在香港上映的。 经过 41 天,最终票房达到 1748 万,列年度第十三。 对一部文艺片来说,成绩非常理想了。

1989 年 4 月 9 日,第 8 届金像奖颁奖礼在香港文化中心举办。 在 14 个奖项之中拥有 9 项提名的《胭脂扣》,最终获得包括最佳电影、最佳导演和最佳女主角等在内的 6 项大奖。

这部电影,让梅艳芳拿下了金马、金像和亚太影展的影后,实现了大满贯,成就了她在影坛最大的辉煌。

这部电影,见证了张国荣为帮衬好友梅艳芳所做的努力与牺牲,见证了他们在银幕上的高度默契和现实中的可贵友情,见证了张国荣第 3 次拿到金像奖影帝提名。

《胭脂扣》落画不久,张国荣在新艺城的一部新片又开始拍摄了。 这一次与他组搭档的,是无数香港宅男的“梦中女神”。

《杀之恋》牵手钟楚红，票房惨淡却让人怀念

　　《胭脂扣》大获成功，张国荣的身价也随之大涨，片约不断。但在 1988 年，他的主要精力仍在歌坛，只参演了两部电影。一部是新艺城的贺岁大片《新最佳拍档》，另一部就是与钟楚红合作的《杀之恋》。

　　再发，发不过周润发；再红，红不过钟楚红。这位女星被誉为"香港的玛丽莲·梦露"，有着与生俱来的精致与浑然天成的性感。更难得的是，她的戏路宽泛，能够诠释各类角色，而绝非只能做花瓶。钟楚红与周润发的合作特别有默契，被媒体誉为最佳银幕情侣。1987 年由德宝出品的《秋天的童话》，更是以 2555 万刷新了文艺片的香港票房纪录。

　　3 月 5 日，《杀之恋》正式开拍。导演梁普智此前执导的《等待黎明》，一举将"票房毒药"周润发送上金马奖影帝的宝座。在《英伦琵琶》中，他又让钟楚红演盲女，很好地磨炼了她的演技。

　　之前在《偶然》中，钟楚红只是偶然客串了一下。这一次，张国荣和红姑终于可以演情侣了，这无疑是很多粉丝翘首期盼的事情。即便这部电影品质不高，很多人还是愿意一看再看。担任影片执行导演的，是 2020 年去世的著名电影人陈木胜。

　　继 4 年前的《缘分》之后，张国荣又戴上了金边眼镜，演起了打工仔戚近荣。不过，他已经是个高级白领，有房有车，还不至于到火车站去扛麻袋。

　　一天夜里，戚近荣独自悠然自得地开车在郊外转悠，没想到

出大事了。伴随着诡异的背景音乐，他差点一下子开到坡下去。

惊魂未定的戚近荣坐回车上，却从后视镜上看到了一个人影，令他又惊喜又惊吓：白衣美女一枚。但这妹子来得也太蹊跷点了。

姑娘在后座各种搔首弄姿，阿荣在前面各种心猿意马，当然要走神，当然要差点与人相撞。

他停车观望时，却发现姑娘的纱巾搭在车门上，上面还印着她的芳名 Cecilia，人却不见了。一阵风吹来，将纱巾吹上了天，他赶紧拼命追赶，打算像宁采臣一样讨好妹子。哪里想到，一不小心就与人家撞了个满怀。

那还客气什么？两个人不由自主地吻在一起。正甜蜜间，却被警察无情打断。戚近荣这才明白过来，原来一切都是幻觉。正失望间，他在河边又见到了姑娘，他们一起去了夜店，不过人又神奇地不见了。

从此，阿荣就对她深深迷恋。他身边有一个爱慕者 Ann（柏安妮饰），对他的好感从不掩饰，可他从来不会有兴趣。

梁普智毕竟是知名导演，影片的拍摄剪辑都相当考究，转场画面也颇见功力。但随着剧情的推进，真相总算浮出水面了。先前的诡异场面都是人为操作，或者说是故弄玄虚。

阿荣好不容易找到了 Cecilia（钟楚红饰），就敢拿一朵玫瑰搭在人家香肩上，还大刺刺地和她坐在一起。换个颜值不过关的来演，肯定猥琐得不得了，可张国荣就能展现得相当浪漫。只是后来发生的事情不太和谐。Cecilia 的同居男友曹立三（黄锦燊饰）看到之后，立即让手下阿豹（郭振锋饰）一顿招呼，阿荣随后就躺到医院去了，这真是爱的代价。

当然，阿荣不会就此放弃的。曹立三的渣男做派，也让 Cecilia 越来越讨厌。

阿荣提醒她："你跟着那个坏蛋，不是更失败？"显然戳中了她的痛处，却让她更舍不得这个真诚的大男孩。

B ► **133**

第二天一早，两人又一起乘大巴离开，去乡下看望她的爷爷。

原来，这样一个浑身洋溢着时尚感觉的女孩子，居然是在乡下长大，并且有着不幸的童年。这种人设与钟楚红本人的经历，多少有一些相似。据说她在 19 岁参加港姐竞选之前，都没有穿过高跟鞋。

Cecilia 让阿荣冒充她的未婚夫，耄耋之年的爷爷非常开心。与爷爷相处的时光，迅速拉近了两个人的距离，Cecilia 对阿荣的礼貌谦恭相当满意，后者也发现了她善良懂事的一面。

似乎是天公不作美，他们一同滞留在海边，一同来到 Cecilia 小时候生活过的木屋里，实际上是老天成全。在熊熊燃烧的篝火边，淋过雨、换过衣的姑娘，显然更能让男人冲动，而愿意这样对他的女孩，显然也愿意交出一切。

"你不可以比我早死，不然谁来照顾我？"她用餐刀抵住阿荣的脖子，声音却是尽显温柔。他冲动地将她揽入怀中，忘情地亲吻起来，不求天荒地老，只愿今夜缠绵。而她的回应也非常炽热，让他更加疯狂。主题歌《浓情》及时响起，甜蜜抒情：

> 浓而暖的情
>
> 盖在柔弱的生命
>
> 一刹的安详
>
> 是我在聆听着你轻震的心境
>
> 缘尽似飘云
>
> 那样无助地相认
>
> 可变的将来
>
> 可会仍是我因你变得更起劲

这段戏份，两位明星将氛围表现得非常浪漫，并不逊色于《倩女幽魂》和

《白发魔女传》。他们俩真应该多合拍几部电影，钟楚红也真应该多活跃几年。

就在回城的路上，Cecilia 讲述了他委身曹立三和扮女鬼的缘由，让他对这份爱更有了信心。

虽说不是标准的喜剧片，但影片的搞笑桥段也相当不少。

在夜店的包间门口，阿荣神气活现地等 Cecilia 出来，想给她一个最酷的造型，甚至准备当场亲上去。结果门一开，是一个特别丑的中年女性，惹得观众大笑不止。

在曹立三家楼下，因为叫不动 Cecilia，阿荣居然放声高歌："哦哦哦，无心睡眠；哦哦哦，脑交战。"然后撒娇似的躺在车头上，自己致敬自己。

在被曹立三手下打住院后，Cecilia 去看他，望着女神的背影，他狂叫："我一定再去找你。"然后端起稀粥要喝，结果一勺子粥全飞到眼镜上。

完成这样的戏份，对张国荣来说已经是轻车熟路了，甚至看不出刻意表演的痕迹。

两人私订终身，曹立三岂能答应？最后的结局，还是有些令人伤感。

Cecilia 与阿荣相约逃跑，但还是被曹立三捉住。

也许是觉得"有情人终成眷属"的戏码太俗套了，就来了个催泪版的。不过对这样一部搞笑的影片来讲，确实没有必要。

8 月 11 日，《杀之恋》接棒周润发、王祖贤主演的《大丈夫日记》，作为新艺城的种子选手杀进暑期档，对战嘉禾 7 月 30 日上映，周润发、梅艳芳主演的《公子多情》。《英雄本色》大火之后的这几年，无疑是周润发的巅峰时代，张国荣不是与他合作，就是同他竞争，显然也是地位与能力的体现。

《公子多情》连映 34 天，票房 2357 万，列年度第八；《大丈夫日记》以1942 万位居第十一。而《杀之恋》仅仅上映 9 天，就被新艺城以林岭东《学校风云》替换，最终票房仅 560 万，排名第六十六。 这成绩甚至还不如 1985 年的《为你钟情》。

没有对比就没有伤害。 相比之前的《英雄本色》《倩女幽魂》和《胭脂扣》三大经典，在影坛顺风顺水的张国荣，拍出《杀之恋》这样相对平庸的爱情片，似乎有点不应该。 但这锅也不能由他一个人背。 此时的新艺城，确实已经逐步走上了下坡路，无法像 20 世纪 80 年代初那样推陈出新、大杀四方了。

虽说票房失利，新艺城并未对男一号失去信心。 恰恰相反，随着许冠杰的逐渐老去，他们更离不开张国荣。 眼看春节档就要到来，虽说黄百鸣靠《八星报喜》为新艺城赢得了年度冠军，但麦嘉和石天并不希望他接着做续集，有钱大家赚嘛！

他俩的决策，直接影响了新艺城的命运，甚至影响了香港电影之后多年的走向。 当然，也深刻影响了张国荣的演艺道路。

《新最佳拍档》联手偶像，见证超级 IP 的衰落

2021 年，春节档票房破 70 亿元，成为历史第一（2022 年春节档破 60 亿元，2023 年春节档破 67 亿元）。内地春节档的火热，令全球片商无比眼红。

很多观众大概并不清楚，内地的春节档，正是由 2013 年周星驰的《西游·降魔篇》开启，并由 2016 年《美人鱼》《西游记之三打白骨精》和《澳门风云》3 部大片彻底带火的。

回溯 20 世纪 90 年代，张国荣、成龙和周星驰这三位华语影坛的代表人物，曾展开了将近 10 年的"贺岁大战"，为香港电影在世纪末彻底衰落之前，写下了非常精彩的一页。当然，也可以说是最后的辉煌篇章。

香港春节档的繁荣，"始作俑者"不是成龙，不是麦嘉，当然更不是张国荣。而是一位我们意想不到的知名导演。

如今的内地，各家院线来者不拒，哪怕是竞争对手的影片也没关系，区别只是排片的多少。而在当时的香港，邵氏、嘉禾和金公主等院线，都只是放自家或者卫星公司出品的影片。

1976 年 1 月 30 日，正值除夕，嘉禾院线推出了吴宇森执导的粤剧片《帝女花》，结果大受欢迎，21 天票房 345 万，列年度第四，开了春节上映大片的先河。这部电影翻拍于 1959 年的同名经典，原是个男女主角双双殉情的悲剧，为了适应喜庆气氛，吴宇森就机智地设计成他俩在天堂双宿双飞、逍遥快活。

此后，越来越多的重量级影片试水春节。

1980 年 2 月 9 日，距猴年春节还有一周。成龙主演的《师

C ► **139**

弟出马》在嘉禾院线隆重开画，并以 1103 万打破香港影史纪录。 这是港片首次突破千万大关，25 岁的神奇小子成龙，从此坐稳了一线宝座，一红就是 40 年。

次年 1 月 30 日，还是嘉禾操盘，许冠文、许冠杰兄弟主演的《摩登保镖》，又以 1777 万改写纪录。

1982 年，更是上演了四大公司鏖战春节档的佳话。

这一年春节是 1 月 25 日。 为了抢占先机，《最佳拍档》果断地定在 1 月 16 日开画，从此就一路领先，一骑绝尘。 将香港影史各种纪录收在囊中。 最终成绩是不可思议的 2604 万。

5 天之后，成龙执导并主演的《龙少爷》(票房 1794 万)、刘家良执导的《十八般武艺》(票房 991 万) 和李连杰主演的《少林寺》(票房 1616 万) 同天上映，4 部强片鏖战春节档，在华语影史上写下了辉煌一页。

《最佳拍档》的大获成功，是新艺城群策群力的成果。 它模仿借鉴《007》《星球大战》等好莱坞大片，结合本土经验，巧妙融喜剧、动作、科幻、冒险等热门元素于一体的超级大片，是香港电影人无穷创意与无限活力的充分体现，更是香港电影黄金年代的一座丰碑。

此后两年，这个系列的第二、三集继续统治春节档。 1984 年由徐克执导的《最佳拍档之女皇密令》，科幻元素更多，笑点也更加密集，创造了 2929 万的新纪录，助力新艺城全面压制老牌巨头邵氏和嘉禾。 在电影大获成功之后，徐克与施南生迅速组建了电影工作室，从此逐渐摆脱了三位老板的控制。

到了 1985 年春节，新艺城似乎有点"忘乎所以"，居然用谭咏麟、石天的小成本喜剧《恭喜发财》，迎战嘉禾的全明星贺岁大片《福星高照》，结果输得很惨。《恭喜发财》以 1842 万仅列年度第七，《福星高照》则以 3075 万取得年度冠军并改写影史纪录，将港片带入了 3000 万时代。 谭咏麟和新艺城的缘分，从此也就结束了。 张国荣则开启了与这家公司的长期合作。

新艺城亡羊补牢，1986 年推出《最佳拍档 4：千里救差婆》，起用新锐导演林岭东执导，并让许冠杰和歌后叶倩文谈恋爱，以吸引年轻人进场。 这次 2701 万的成绩也算不错，但仍以微弱差距输给了嘉禾群星云集的《富贵列车》。

随后，香港影史上荒唐的一幕上演了。 已经跳槽到嘉禾的曾志伟，把麦嘉和张艾嘉游说过来，拍出了一部颇有"蜘蛛侠大战超人"风范的《最佳福星》，让两大头部公司的头号 IP 合体。 但很多时候，1 加 1 未必一定大于 2。 该片暑期档上映后，票房和口碑都相当一般，更是直接伤害了《最佳拍档》的金字招牌。 幸亏吴宇森的《英雄本色》争气，为新艺城抢回了一个年度冠军。

1987 年春节，新艺城推出许冠杰、王祖贤主演的科幻片《卫斯理传奇》，迎战成龙、谭咏麟的《龙兄虎弟》。 事实证明，离开了"最佳拍档"这个顶级 IP，许冠杰根本不是成龙的对手。《龙兄虎弟》拿下 3547 万，再破香港影史纪录。《卫斯理传奇》仅收 1871 万，列年度第十六，不及张国荣的《倩女幽魂》。

到了 1988 年，黄百鸣操盘《八星报喜》，请回老搭档高志森执导，并集结了周润发、张学友、郑裕玲、冯宝宝等八大明星，组团秀恩爱撒狗粮。《八星报喜》其实只是高仿《圣诞快乐》和德宝两年前的《八喜临门》，但演员阵营更豪华，特别是有发哥倾力出演，喜剧桥段设置也更合理，营销力度更强劲，市场反应也就更好。

这一次，《八星报喜》以 3709 万创造香港新纪录，也打败了成龙同档期的《飞龙猛将》。

黄百鸣当然是扬眉吐气，但金公主高层非但没给他派发大红包，反而要他用盈利充抵《城市特警》的损失。 黄百鸣想趁热打铁搞续集，也没有得到批准：大家得轮着来，共同富裕嘛。

最终，新艺城决定在 1989 年春节重启搁置两年的《最佳拍档》，希望为 80 年代画上一个圆满句号，为即将到来的 90 年代奠定良好的基础。 公司让张国荣参演这个顶级 IP，显然有培养他代替许冠杰之意。

9月26日，第五部《最佳拍档》正式开拍。 林岭东不再继续执导，著名武指刘家良接棒。

说起来，刘家良和《最佳拍档》系列也很有缘分。 最早两部的导演曾志伟，曾经是刘家班的替身演员。 他力主由昔日恩师出任动作指导，两人的合作也相当成功。

到了第三部《女皇密令》，导演换成了徐克，武术指导也改成了元奎。 第四部《千里救差婆》由林岭东执导，刘家良也没有参与。

这一次，刘家良拿起了导筒，刘家班的武师们自然全面负责动作场面，特效继续由柯受良团队负责。

在影片中，利智与张国荣饰演一对姐弟，他们自称新最佳拍档，冒充真的最佳拍档金刚（许冠杰饰）与光头佬（麦嘉饰），从犯罪组织白手套处抢走了秦王剑。 内地警方派出武术高强的中国蓝波（李元霸饰），到香港捉拿金刚与光头佬。 经过几番较量，新旧最佳拍档与内地公安联合起来，与盗窃兵马俑的匪徒展开了最终对决。

新艺城想借兵马俑来制造噱头，可惜时机不对。

1984年4月29日，在《最佳拍档3》中被恶搞的美国总统里根，从北京飞到西安，下到兵马俑坑参观，为"世界第八大奇迹"做了一次免费广告。 但到了1989年，兵马俑的热潮早已褪去，剧组也并没有到西安实拍。

1989年的春节是2月6日。 1月28日，在万众期待之中，《新最佳拍档》强势开画。 嘉禾则在同天上映胡慧中主演的"大女主"动作片《神勇飞虎霸王花》，并没有安排成龙出场，显然是未战先怯。 不过，后来发生的事情证明，新艺城高层高兴得实在太早了。

开篇盗取兵马俑和秦王剑的过程，还是比较抓人眼球的。 在货柜码头，白手套匪徒制造车祸，抢走了装有兵马俑的车辆。 阿姐和阿弟则化装（换替身了！）抢走了秦王剑。 在水泥管中穿梭、搏斗和用大炮飞人跑路，还是体现了一定想象力。 驾驶摩托车的镜头，张国荣负责在镜头前摆姿势，小黑负责开着车玩命，尽显刘家班和柯受良特技队的水准不俗。 可惜的是，刘家良放弃了《最佳拍档》一直坚持的西方科幻风，严重弱化了这个系列招牌式的追车、极限运动和枪战场面，加入了过多硬桥硬马的传统功夫片套路，这可以说是最大败笔。 搞笑部分则表演生硬，有强行给观众挠痒痒之感。

相比麦嘉、许冠杰的老态尽显，张国荣的加盟，显然为这个系列带来了新鲜感。 他的帅气与活力，正是春节档电影特别需要的。 相比人到中年的麦、许二人，张国荣的颜值太突出了，一举一动都成为焦点。 但有他们在，张国荣的戏份不可能太多，也没有给安排女朋友，发挥演技的空间也相当有限。

利智比张国荣小 6 岁，却要演他的姐姐而不是情侣。 来自内地的利智虽是业洲小姐冠军，很多香港观众并不待见她。 利智曾对张国荣说："我很怕观众嘘我。"而张国荣的回答，让她觉得分外暖心。

张国荣说："别怕，人们嘘到嘴巴累了，便不会再嘘。"宝丽多时代的张国荣，正是一路在嘘声中愈挫愈奋的，他也乐于分享经验，给有类似心境的人。

最后的大决战，居然放弃了现代兵器，用传统刀剑打了十几分钟，简直是在 80 年代末拍 70 年代的邵氏功夫片。 唯一让人记得住的，恐怕只剩下伪装成兵马俑卖萌的匪徒了。 这样的影片不受年轻观众欢迎，也在情理之中。

即使导演换成杜琪峰或林岭东，只要不换剧本，也无法让它起死回生。

但是，《新最佳拍档》对张国荣来说，有着非常特殊的意义。 这是他从影 10 年来，首次亮相最重要的春节档，并为 90 年代的"三国杀"，做了一次不成功的热身。

虽说《杀之恋》票房惨败，新艺城高层对他还是抱很大希望的。 张国荣也得以同自己的偶像许冠杰同台，零距离感受这位歌神的魅力。 两人还合作了电影主题歌《我未惊过》。 与刘家良、柯受良的合作，也丰富了张国荣拍摄动作片的经验。

《神勇飞虎霸王花》只拿下1815万。《新最佳拍档》是不是躺着都能赢？

不是这样的。 这部群星云集的大片票房也仅2003万，创造了系列片的最差成绩，最终排名年度第六。 考虑到通货膨胀因素，更让新艺城高层上火，甚至触发了两年之后的公司歇业。

而许冠文主演的《合家欢》，在1月21日上映后，居然玩出了"DS【注：法国汽车工业顶级设计豪华品牌，进入中国后，该品牌常年亏损】逆袭"，以3125万拿下春节档冠军，最终列年度第三。

更让麦嘉和石天尴尬的，《合家欢》的编剧和男二号，居然是他们的老熟人：新艺城三老板黄百鸣。 导演则是上一年刚执导了《八星报喜》的高志森。

不过，想想麦嘉跑到嘉禾去拍《最佳福星》的往事，真应了那句"你做初一，别怪我做十五"。 可这么一来，新艺城的人心，还能不散吗？

张国荣退出歌坛，与新艺城及关联公司新艺宝的歇业，似乎也有着相当微妙的联系。

在这一年里，因为忙于告别演唱会的各种事情，张国荣仅仅参演了一部《倩女幽魂Ⅱ：人间道》（下称《人间道》），而且再没有其他新片上映。

在80年代的最后一年里，有116部港片上映，创造了自1969年以来的新高。 但总票房却仅有8.79亿，相比上一年出现了不小的滑坡。

就在这一年里，王晶执导，周润发、刘德华主演的《赌神》选择圣诞档上映，以3630万为永盛赢得了首个年度冠军。 这也是周润发四年里第三次折桂。 至少在香港本土，他已经牢牢压制了成龙。

许冠杰、谭咏麟和钟镇涛这些唱而优则演的红星，因为年龄关系，不可避免地要淡出影坛。 梁家辉、梁朝伟和任达华等新一代明星，票房号召力还相当有限。 市场需要巨星，也有能力推出巨星。 周星驰在1990年的"横空出世"，看似极度不可思议，其中却有合理成分。

已经退出歌坛的张国荣，难道还要退出影坛，开启全面的退休生活？

《纵横四海》票房口碑双赢，书写最浪漫黑帮片

20 世纪 90 年代的第一个春节档，成龙和许冠杰都没有新片推出，坊间以为周润发会轻松胜出，结果还真冒出了黑马。 德宝的《三人新世界》以 2328 万笑傲档期，金公主的《吉星拱照》仅有 2029 万，嘉禾院线上映的《富贵兵团》拿下 1753 万。 3 部影片的市场表现，让人有倒退回 1982 年的感觉。

不过，到了复活节档，一部基本上由内地演员出演的古装奇幻片，却取得了 2099 万佳绩。 它的导演，正是执导了两部《倩女幽魂》的程小东。 影片的女一号巩俐，男一号张艺谋。 这部影片，也为张程二人 20 世纪初合作 3 部武侠巨制奠定了基础，这 3 部电影都带有浓郁的港片风格。

张国荣和陈凯歌有不少合作。 都说一笔写不出两个张字，他却从未出演过张艺谋的电影，和巩俐倒是有不少缘分。

这一年，在结束了告别演唱会之后，张国荣大部分时间住在温哥华，但香港媒体却依然不缺对他的报道。

暑期档的《人间道》，展现了张国荣不俗的票房号召力；圣诞档的《阿飞正传》，则彰显了他愈发纯熟的演技。 这样的一位实力明星，如果彻底归隐，无疑是香港电影的重大损失。

这一年，原本名不见经传的周星驰，凭《赌圣》《赌侠》拿下了年度冠、亚军，将香港电影带入了 4000 万时代。 不过，《赌侠》名义上的男一号，还是永盛"一哥"刘德华。 与此同时，成龙没有新片上映，周润发只有一部票房不佳的《吉星拱照》。

两位 60 后明星周星驰和刘德华，在当时，都已有超过 10 部影片上映，展现了极为强烈的上升势头。 新的 10 年，会成为

成、周、刘三人的天下吗？ 次年的春节档，果然看出了一些苗头。

话说回来。 自从参演了《英雄本色》，张国荣就将吴宇森视为最崇拜的导演，对他如同大哥一般尊重。 而吴宇森更是对张国荣另眼相看。 自打《倩女幽魂》之后，整个香港娱乐圈都叫这位巨星"哥哥"，吴宇森偏要坚持叫他"杰仔"，这不是任性，而是情谊。

闲暇时间，张国荣与吴宇森吃饭聊天，这位大导演认为，杰仔很有做导演的天分，希望未来能一起执导。 听到这番话，张国荣怎能不高兴。 1989 年 3 月，张国荣拍摄了自己的第二部音乐电影《日落巴黎》。 作为事实上的导演，张国荣为了拍好作品，邀请吴宇森特别出演，并担任导演顾问。

而在筹拍《纵横四海》时，吴宇森第一时间就想到了周润发和张国荣。

这是他们三人，自《英雄本色Ⅱ》上映近 3 年后的再度携手。

1990 年暑期档，吴宇森的心血力作《喋血街头》撞上了周星驰的《赌圣》，被压制得不成样子。 票房惨败之后，在好朋友张家振和谷薇丽的支持下，这位名导又组建了新里程影业，继续作为金公主的卫星公司。

吴宇森特别喜欢法国新浪潮爱情片《祖与占》。 它讲述的是两男一女跨越时间的爱情传奇。 吴宇森期望改编成一个中国故事，加入动作枪战元素。

但金公主高层让《喋血街头》给整怕了，坚决反对再搞悲情题材，建议拍成喜剧片，在 1991 年春节档上映。 于是，吴宇森邀请张国荣的老熟人高志森共同创作剧本。

1990 年 10 月，在完成了《阿飞正传》的戏份后，张国荣飞往巴黎与剧组会合，一个月后又返回香港继续拍摄。 因为要在次年 2 月初上映，时间相当紧张，但整个剧组的氛围非常融洽。

此时，张国荣的父亲张活海，以及陪伴自己 30 余年的六姐都相继去世。 张国荣心情非常难过，但他从来不把情绪带到工作之中。 钟楚红在拍完这部影片后正式息影，吴宇森和周润发打算进军好莱坞，张国荣则打消了彻底退休的念头，并把工作重心放在香港。

1991 年 1 月，张国荣飞回温哥华，直到 5 月，张国荣又飞回香港，连第 10 届金像奖颁奖礼都没有出席，也就错过了唯一一次捧走小金人的机会。《纵横四海》上映之后的火爆程度，他当然也无法领略。

1991 年的春节来得特别晚，居然是情人节之后的 2 月 15 日。 2 月 2 日，《纵横四海》在金公主院线各大影院正式上映。 同一天，由王晶执导，周星驰、刘德华和关之琳主演的《整蛊专家》接棒《赌侠》，在新宝院线开画。

5 天之后，成龙主演的《飞鹰计划》，在嘉禾旗下影院上映，加入战团。

这么一来，全香港甚至是整个华语世界身价最高、粉丝最多的五大电影巨星，在羊年春节档集体亮相，并奉献出了 3 部水准不俗的佳片。 就冲这一点，1991 年就应该在香港和华语电影史上，占据一个重要位置。

而张国荣的角色，在他的全部电影中，也是一个相当特殊的存在。

过往几年，张国荣的大银幕形象，往往是"桃花过处，寸草不生"的情场浪子，凭着帅出太阳系的颜值与花样繁多的撩妹手段，把一个个妹子迷得昏天暗地，哭着闹着要陪他一起吃苦，给他做贤内助，把一个个备胎气得呼天抢地。 但《纵横四海》中的阿占，严格来说也是一枚"备胎"，但人家就是能上位，而且上得正大光明，让人挑不出毛病。

阿祖（周润发饰）、阿占（张国荣饰）和红豆（钟楚红饰）三人组成了高颜值的"最佳拍档"，专门盗取价值连城的艺术品。 他们之所以不担心买家，在于有一个手眼通天的好老爹老周（曾江饰）。

开篇的盗画戏份，虽是"正餐前的甜点"，场面却不亚于 10 年后新鲜出炉的《速度与激情》，更将三人的性格气质，诠释得活灵活现。

阿祖潜入货柜车，按红豆做的记号偷出画，交给钻到了车下的阿占，让他

C ► **147**

骑摩托车先走，自己则用降落伞逃生。 三人配合得珠联璧合、天衣无缝。 赃物则由老爹负责卖出。 完美！

阿祖与红豆是一对情侣，与阿占又是好兄弟。

红豆渴望婚姻，希望过上安定的生活，但阿祖整天一副吊儿郎当的样子，套用张国荣的一句歌词，那叫"如不羁的风不爱生根，我说我最害怕誓盟"。明知道红豆喜欢浪漫，他却从来不认真配合，喜欢有事没事捉弄佳人。

阿占也爱着红豆。 不过，那是自己好兄弟的女友，怎么敢越雷池半步？

红豆一心想让他们（主要是阿祖）收手，省得自己总是提心吊胆。 但所谓"上贼船容易，下贼船难"，当一笔200万美元的买卖摆在眼前时，他俩又怎么能不动心？

不过这一次，抢先行动的是阿占。

阿占独自杀入尼斯古堡，准备盗取《赫林之女仆》，明知凶多吉少，他还是义无反顾。 在漆黑的夜里，他忧郁地抽着烟，与其说是思考行动方案，不如说是思念红豆，担心自己永远再也见不到她。

阿祖岂能让兄弟一人冒险。 他正准备出发，红豆却悄悄走了过来："不要去，他没事的。"看到这里，我们会不会觉得她冷血呢？ 但笔者认为，这番话更像是在试探阿祖的决心。 否则，她早就和无数女人一样，当场翻脸，大哭大闹了。 而绝不会温柔地说："你们俩都要平安回来。"

红豆不能把爱情分给阿占，那是世间唯一不可分割的珍贵礼物；她却和阿祖一样，把阿占当成了自己的亲人。

古堡行动，堪称影片中最精彩的连环大戏。 它以轻松写意开始，以惨烈收场，并决定了故事后半程的走向。 当然，影片中存在很多问题，但鉴于精妙的创意、流畅的剧情及两大巨星的精彩表演，观众也就不计较了。

阿占身轻如燕，用绳钩攀上城堡，闪转腾挪尽显帅气。 身形壮硕的阿祖居然出现在他身边，天晓得这爷们儿是怎么上来的，一切全凭脑补。

盗宝之途岂止险象环生，分分钟能让人送命，各种机关防不胜防，集中两人的智慧与经验，当然比一个人管用得多。

他们幸运地打开大门，通过吊灯惊险地摘得名画。 阿占的灵动与阿祖的笨拙，似乎形成了鲜明反差，但一出城堡，先中枪的却是阿占。

即便在给阿占取子弹时，两人依旧抬杠。 阿占一本正经指责阿祖对红豆不好："你把她当木偶似的扯来扯去，忽冷忽热，这也叫好？"而阿祖依然没有正形，发表了一番经典评述："其实爱一个人，并不是要她一辈子跟着你。 我喜欢花，难道非要摘下来？ 我喜欢风，难道非要让风停下来，让我闻闻？ 我喜欢云，难道非要叫云飘下来抱着我？ 我喜欢海，难道让我去跳海？"

这活脱脱旭仔附体了，而阿占倒成了歪仔（张学友演的备胎）。 阿祖接着说，他追求的是刹那的光辉，阿占毫不客气地撑过去："你知不知道，刹那的光辉不代表永恒。"

两人争执之时，形势骤然紧张，子弹横飞，烟火弥漫。 随后，枪战与飞车又巧妙地整合在一起，营造的氛围堪称险象环生。 阿祖开着轿车，霸气地撞翻了对方几辆车。 而阿占骑着摩托带着画，一路奔向码头，挡不住一艘游艇上的密集火力，只能驾车逃生，画就这么丢了。

即便随时有丧命之忧，阿占依然冷静地击毁了几辆车子，还忙里偷闲，救下了一个小男孩。 这场景展现了吴宇森的侠义情怀。

眼看阿占支持不住，阿祖驾车直奔向游艇，冲天大火之下，绝望的阿占只能赶往机场去接红豆。

在极其哀伤的气氛中，阿占努力安慰悲痛不已的红豆。《风继续吹》慢慢响起：

C ► **149**

我看见伤心的你　你说我怎舍得去

哭态也绝美

如何止哭　只得轻吻你发边让风继续吹

不忍远离

心里极渴望　希望留下伴着你

伴随着张国荣低沉浑厚的歌声，曾经的一幕幕快速闪过，他们三人留下了太多快乐的瞬间，也制造了太多完美的窃案，阿占也一直对红豆无比迷恋。阿祖已死，认清现实的她，终于和阿占好上了。备胎终于成功上位了，她亲他终于没有负罪感了。只是恍惚之间，她的眼前，还会出现阿祖的影子。

心思细密的阿占，怎么可能看不到这一点？终于在超市中，阿占居然发现了阿祖的身影，他没有死，却双腿残疾，坐上了轮椅。阿祖是怎么死里逃生的，影片并没有交代。他之前已找过老周，希望对方能收留，结果惨被推下了台阶。而阿占见到阿祖后，也并没有马上告诉红豆。

那么问题来了。阿占到底是害怕红豆重回老情人怀抱，还是不忍她看到生性好动的阿祖坐上轮椅？这是个见仁见智的问题。而对红豆来说，此时她选择谁，都是自己的自由，别人都没有资格评头论足。但红豆之后的做法，显然体现了吴宇森导演的爱情观。

老周抢到了《赫林之女仆》并交给拍卖行。他居然要阿占再偷出来，好让画再升值几倍。阿占当然知道风险有多大，但他没有推辞。而身为人妻的红豆，居然"好意思"去劝阿祖帮助阿占。

和上次一样的是，阿占不想麻烦阿祖。和上次不一样的是，阿祖并不知道这回事。

至于红豆，完全无意于回到阿祖身边，难道是因为他失去了双腿？当然不是。我们可以看出，这时的她已经真正爱上了阿占，从此就只会把阿祖当朋友。 就算这个人什么都没少，她也不会放弃阿占的。 当好强的老公不想拖累老友时，她还要主动请阿祖帮忙。 这行为算不算自私，也是见仁见智。

盗取拍卖行保险库钥匙的过程，居然是通过一场舞会搞定的。

红豆摸到钥匙后，又很快与阿占跳在一起，在众人的羡慕目光之中，赃物已经传递，而阿占印下钥匙模后又火速塞还给胡所长，整个过程干脆利落又让人忍俊不禁。

月黑风高之夜，枪火肆虐之下，生死瞬间之时，两人还有闲情抬杠，并用眼花缭乱的暗语手势，营造出了强劲的喜剧效果。

终于到了最终清算的时刻。 老周提着钱箱来换画，却要对阿祖痛下杀手，朝他连开数枪。 随后，老周又将枪对准了阿占。

此时，全片最令人亢奋的镜头上演了。 刚才还在轮椅上奄奄一息的阿祖，居然腾空飞起，做出了古装武侠里才能出现的高难度动作，一脚把老周踹到了墙根底下。 原来，他的残疾是装出来的，他的身上是有防弹衣的，他的苦肉计骗了所有人。

严格说来，这段剧情也是硬伤满满，但没有人会在意，反而觉得痛快淋漓。 两年前，《英雄本色 II 》的大决战，张国荣并没有参与，这一次，他终于可以和周润发一起，潇洒干一回了。

别看对方人多势众，兄弟俩并不慌乱。 先有阿占用微波炉烤篮球制造爆炸现场，后有阿祖卧在滑板上连续射击。 阿占可以鹞子翻身蹿上房顶潇洒点杀，阿祖也能把冲锋枪玩得比古代兵器还花哨。

编剧高志森依然发扬了他喜欢出镜的好习惯，扮演一个笨杀手。 伴随着《斗牛士进行曲》，他被阿祖用长杆耍得脑袋如陀螺一般旋转，人家都停了他还不停。 当然给人印象更深的，无疑是把扑克牌当成飞镖玩的白人帅哥，以及"这么多 A，你得艾滋啊？"的经典台词。

用扑克当武器，显然也是吴导向古装武侠致敬的经典戏码。 笔者记得很清楚，当年看过这部影片后，学校商店的扑克都脱销了。 很多男生都拎着新牌苦练，就是为了在女生面前露一手，顺道吓唬一下男同胞。 两年后的《城市猎人》中，黎明饰演的高达也致敬了这一角色。

作为一部贺岁喜剧，结局注定是美好的。 老周受到了应有的惩罚，三人金盆洗手，过上了平静安稳的生活。 阿祖也成为 3 个孩子的契爷和男保姆。最后的那个扔孩子的镜头，实在是过于夸张，友情提示，千万可别模仿。

3 月 6 日，《纵横四海》连映 33 天后落画，票房 3340 万，《飞鹰计划》则以 3905 万改写了《八星报喜》的档期纪录，《整蛊专家》也有 3314 万进账。 3 部大片差距不大，可以说没有输家，而三大巨头之间的竞争，势必愈演愈烈。

而从这一年开始，周润发将进军好莱坞当成了最重要的目标，对抗嘉禾与永盛，挑战成龙与周星驰的重任，更多要落在张国荣的肩上。 但在连续 8 年的贺岁大战中，张国荣 6 次与成、周二人展开正面较量，基本上不落下风；一次和周星驰联手。 能做到这一点的，全香港以至整个华语影坛，确实也找不出第二人了。

相比之下，在整个 90 年代，梁朝伟和李连杰只有一次亮相春节档，刘德华有过两次。 很大程度上，这就是他们影坛地位的真实体现。

张国荣是"歌王"加"戏王"，周星驰是"喜剧之王"，虽说王不见王是传统，但如果双王联合起来，会产生什么样的特殊火花呢？

放眼香港电影圈，谁又有这个本事，能把双王拉到一起？

《家有喜事》双王霸榜，缔造合家欢喜剧巅峰

1992 年，是中国传统的猴年。 36 岁的张国荣，即将迎来人生中第 3 个本命年。

12 年前，凭借《岁月山河之我家的女人》中的精彩表现，他赢得了第 16 届芝加哥国际电影金奖和第 1 届英联邦电影电视银奖。 并通过《喝彩》中的出色发挥，为自己争取到了多部电影合约。

过往的 12 年，他不停努力，默默争上游，褪去青涩，抛弃浮华，摆脱偶像包袱，并将自己对人物性格和命运的理解，注入每一个角色中，赋予他们鲜活的生命。

过往的 12 年，全香港、全亚洲甚至是全世界，见证了张国荣从青涩偶像和失意歌手，向天王巨星和资深戏骨的华丽蜕变。

过往的 12 年，香港电影实现了空前繁荣和超常规发展，港片市场规模由 1979 年的 1.33 亿，扩张到 1991 年的 10.38 亿。

但唯有 1992 年，才是香港电影产业的最高峰。

这一年，香港电影票房达到 15.73 亿，其中华语片份额为 12.4亿，占比接近八成。 相比之下，拥有 10 亿多人的内地，2002 年全年票房也仅有 9.2 亿。

这是个空前绝后的纪录，同时，自 1982 年以后，港产片再度包揽了前十。

从 1993 年起，由于台湾片商联手放开了西片限制，开始大力引进好莱坞电影，港产片开始了不太明显的滑坡。 而随着 1997 年亚洲金融危机的冲击和大量电影人才的外流，"东方好莱坞"的辉煌，伴随着 20 世纪的离开，一起消失在历史长河中了。

因此，对于无比辉煌的1992年，我们当然无比怀念。

在周星驰粉丝眼中，这一年是"周星驰年"。他有7部电影上映，2次改写香港影史纪录，包揽了年度前五，以及12部"3000万俱乐部"成员中的6部。

在成龙粉丝眼中，这一年依然是"成龙年"。《双龙会》和《警察故事Ⅲ：超级警察》屈居香港票房榜前十中的最后两位，但论及全球收入，这两部却比周星驰那7部之和还高。

在林青霞粉丝眼中，这一年是"林青霞年"。她主演了《新龙门客栈》《笑傲江湖Ⅱ：东方不败》《鹿鼎记Ⅱ：神龙教》《绝代双娇》4部票房口碑俱佳的武侠片，在全亚洲掀起了东方不败旋风，还主演了被文艺青年封神的《暗恋桃花源》。

在资深影迷眼中，这一年是"程小东年"。香港票房榜前五名中，有4部是古装片，其中《审死官》《鹿鼎记》《鹿鼎记Ⅱ：神龙教》，都由程小东出任武术指导。他还是两部《鹿鼎记》的第二组导演。此外，程小东还担任了杜琪峰《踢到宝》和李惠民《新龙门客栈》的动作导演。但他这一年的代表作，仍非亲自执导的《笑傲江湖Ⅱ：东方不败》莫属。

在电脑特技还未普及的1992年，程小东在徐克的帮助下，将浪漫唯美的诗意美学与石破天惊的震撼场面完美融合，令观众全程紧张又大呼过瘾，让无数同行深感惭愧和绝望。

当然也有人认为，这一年更应该是"徐克年"。程小东再厉害，也不过只是电影工作室的高级打工仔，徐克不光是他的老板，更是他的"导师"。《新龙门客栈》和《笑傲江湖Ⅱ：东方不败》导演并不是徐克，事实上却和《倩女幽魂》三部曲一样，完全可以称为"徐克作品"，是他从头到尾亲自把控的。两位导演事实上只是"执行导演"。

此外，徐克还联手李连杰，亲自执导了黄飞鸿六部曲中最好的一部《男儿当自强》，又与林岭东共同执导了成龙主演的《双龙会》。

但在笔者看来，这一年更是香港电影年。光荣属于每一位从业者，属于台前星光熠熠的演员、指挥调度的导演，属于导演的得力伙伴——摄影和剪辑、美术指导和动作导演，也属于幕后默默付出的灯光师、音效师、服装设计师，等等。

这一年的辉煌，当然也是香港市民用一张张电影票买出来的。没有他们的热情支持，东方好莱坞的神话就不能书写，最热烈的掌声，应该送给他们。

这一年的张国荣呢？

表面上看，他只有《家有喜事》和《蓝江传》两部电影上映，成绩单似乎远不如上述那几位漂亮。但别忘了，《霸王别姬》是次年元旦就在香港上映的，也就是说，这部最佳华语电影，正是张国荣在 1992 年拍摄完成的。

此外，他还参与了《东邪西毒》《东成西就》的拍摄，年底又加入了《花田喜事》剧组。这一年的日程，排得也是满满当当。

正是从这一年起，张国荣结束了加拿大半退休式的生活，开始在影坛全力冲刺，这才有了 1993 年到 1996 年，4 年奉献 15 部佳作的出色业绩。

而他的下一个本命年，所有的影迷、歌迷都无法等到了。

1992 年的春节是 2 月 4 日，与立春同天。1 月 25 日，《双龙会》在嘉禾旗下院线隆重上映。该片虽由成龙领衔主演，但并非嘉禾出品，而是由香港导演会牵头，思远、寰亚出资，全港电影工作者集体参与的贺岁喜剧。

在影片中，成龙一人分饰一对双胞胎兄弟，他演出了两个角色性格、气质的差别，并营造出了不少喜感。可惜在春节档中，这部电影居然只能以 3323 万排在第四。只能说，它的对手实在太强大了。

就在同一天，在新组建的永高院线，高志森执导的《家有喜事》也同步开画。许冠文和黎明主演的《神算》，则提前一天，于 24 日在新宝院线上映。由金公主投资，周润发、郑裕玲主演的乡村喜剧《我爱扭纹柴》，明智地推迟到了 2 月 1 日开画，避开这几部大片的锋芒。

作为一家刚组建的电影公司，永高敢于跟成龙对着干，显然不是黄百鸣头脑发热的自杀性冲动，他有自己的撒手锏。

1991 年 11 月，在新艺城歇业之后，黄百鸣与澳门商人罗杰承合组永高，并从邵氏处接手了租约到期的德宝院线旗下戏院，改组为"永高院线"。

如此一来，香港电影市场就成了嘉禾、新宝、金公主和永高四大院线并立。 永高的开业之作，就是大手笔。

1991 年五六月间，内地爆发了严重水灾。 香港演艺界开展了多起募捐筹款活动。 在影视圈有着超强人脉的黄百鸣，很快组织了 200 多位影视演员，仅用 10 天时间，就拍摄完成了一部《豪门夜宴》。

一向关心公益的张国荣，也特意从温哥华飞到香港参加拍摄。 这位帅哥一进片场就嚷嚷："没我怎么成事呢？"

他的戏份实在少得可怜，但支持公益的心和大家是一样的。

11 月 30 日，《豪门夜宴》在永高院线开画，连映 32 天之后进账 2192 万，列年度第 14，可以说取得了漂亮的开门红，也让黄百鸣坚定了做大做强的信心。

1988 年春节档的《八星报喜》曾取得了巨大成功。 在签下张国荣作为"第一基本演员"之后，黄百鸣与老朋友高志森谋划，准备拍摄一部类似情节的三兄弟追爱合家欢喜剧。 当时，周润发已经没有了档期，永高打算邀请林子祥和郑裕玲演大哥大嫂，黄百鸣亲自出演老二，吴君如演表姑妈。

按黄百鸣和高志森最初的设想，可以把老二设成女里女气的娘娘腔，表姑妈设计成《最佳拍档》中张艾嘉那样的男人婆，通过两人的身份错位来营造喜感。 至于张国荣，他最经典的角色是花心大萝卜旭仔，可以演一个 90 年代的新潮情圣，负责推倒各路美少女，并与老搭档张曼玉继续合作。

可以看出，这是将《八星报喜》中方剑郎的人设（花心娘娘腔）一分为二，由老二老三分别继承。而作为男一号，张国荣肯定要扛起最重的戏份。

但计划赶不上变化，林子祥在加州的私宅突然失火，他因此也无心参演，郑裕玲也因事告假。

黄百鸣见过的大风大浪太多了，这点困难根本难不倒他。他很快就与一位超级明星取得了联系。

过去两年，香港电影市场的吸金之王，是因主演《赌圣》《逃学威龙》蝉联年度冠军的周星驰。幸运的是，这一年永盛没有安排他的贺岁片。

当时，张国荣和永高的合约，不过是 300 万一部。周润发在金公主的片酬，据说也只有 500 万。而周星驰的要价，"居然"达到了 800 万，相当于这两位大佬的总和。但根据过去两年周星驰的市场号召力，以及贺岁档期的紧迫性，黄百鸣认为自己可以接受。

论"挨宰"，黄百鸣经验丰富，他干这种事又不是头一回了。10 年前，他就用一部 200 万的天价，签下许冠杰主演《最佳拍档》系列，助力新艺城打败了嘉禾与邵氏。10 年后，他当然还想复制当年的奇迹，让永高打败嘉禾和永盛。

1991 年 11 月 10 日，张国荣由温哥华飞到香港，与黄百鸣、高志森商量拍摄细节。周星驰年龄比黄百鸣和张国荣都小得多，肯定只能演老三。这样一来，黄老板又和四年前一样演老大，倒也算轻车熟路。他和吴君如演一对夫妻。

他们之间是如何商量的，我们不得而知。能看到的结果，是周星驰最后演了情圣，但在演员表上，张国荣排在了第一位，也就是"一番"。

不能不说，这是个双方都有台阶可下的理想结局。如今张国荣已经不在了，我们能看到的说法，大都是说他主动选择了"娘娘腔"，但事实可能并非如此。影片的成功，是所有参与者的成功。

这部在华语影史上占据特殊地位的影片，居然只拍摄了 13 天，今天听起来似乎难以置信，但在那个"七日鲜"的香港电影全盛时期，还真的不算特别仓促。剧本有创意，导演有水平，八大明星更是全情投入、全力以赴，不摆架子、不甘人后。

《家有喜事》围绕着一家三兄弟各自的感情问题展开。老大常满（黄百鸣饰）是企业高管，嫌弃老婆程大嫂（吴君如饰）没有生活情调，自然要找小三。老二常舒（张国荣饰）什么都好，却是个娘娘腔，还跟"男人婆"表姑妈梁无双（毛舜筠饰）八字不合，两人都经历情感挫折后，彼此的感觉却发生了微妙变化。老三常欢（周星驰饰）是知名 DJ，也是陈福水一样的少女杀手。但自打碰到何里玉（张曼玉饰）之后，他的生活却也有了很大不同。就算摔坏了脑子，居然还有人愿意守护他。

程大嫂离家之后自食其力，反而让常满想到了她的好；小三变正房后，把好好的家搞得乱七八糟。痛定思痛的老大，在一家人的白眼下，终于有了良心发现的举措。而老二与老三，也都收获了自己的爱情。

而三兄弟的父母，则由 TVB 老戏骨关海山和李香琴出演。

在张国荣 1983 年拍摄的《恋爱交叉》MV 中，华星安排一个"小粉丝"与张国荣演情侣。这位幸运的姑娘正是吴君如，她比张国荣小 9 岁。

在《家有喜事》中，吴君如要和大自己 19 岁的黄百鸣演夫妻，还要演张国荣和周星驰的大嫂。

张国荣出场的第一个镜头，就是跑进厨房，悄悄地蒙上大嫂的眼睛，让她猜猜是谁。大嫂一惊："啊，老公你回来了？"信息量好大，既说明她想念丈夫，又说明两人缺乏感情，否则连这点默契都没有。常舒失望地说："我的手跟大哥的手，你都分不清吗？再摸摸看。"随后傲娇地一抬手说："又白又嫩。"轻描淡写之间，一个娘娘腔的人设就鲜明地立起来了。

梁无双明明也不算丑，却留着短发，穿着皮夹克、牛仔裤，浑身上下没一点女人味。 常舒很不喜欢她："专挑人吃饭的时候来。"

编剧谷德昭让"男人婆"与"娘娘腔"组搭档的设想，营造的反差萌还是非常有创意的，当然更关键的，是两位演员放得开，演得好。

两人都在成人教育中心任职，标准的同行是冤家。 一同乘坐电梯时，都要相互整蛊。 常舒来自己的插花班一看，学生都让梁无双撬走了。 遂过去找茬，配乐居然是张国荣的《倩女幽魂》。

结果，他被梁无双当场绑了起来，不过可不是按摩，直接棒球棒抡上去了，被修理得惨无人道，只能悲愤地哭喊：

"十三点【注：吴语、江淮官话词汇，意为傻得可爱，用以形象那些轻浮或言行不合理的人】，一棒子打不死，你再来一棒子啊。"

梁无双修理校长，搞得学生全退学。 她骑着哈雷摩托去找常舒算账。 这一段，毛舜筠演得特别嚣张，张国荣演得极其脆弱，当然又让人笑个不停。结果，两个人分别收到各自所爱——婉君和家明的来信，他们又都期盼美好的爱情能够到来。 而婉君和家明这俩名字也设计用心，代表着淑女与才子。

大嫂离家出走，小三上位变成嫂子。 而常欢也因脚踩两只船翻船，摔成脑震荡，何里玉名义上是上门照顾他，实际上是想收拾他。 只有常舒没有感情困扰，一门心思等婉君。

由于小三的一顿操作猛如虎，家里终于停电了。 常舒去修个电，姿势都性感得有点夸张，却被路过的梁无双取笑。 常舒对她不客气："你有你的家明，我有我的婉君，我们两个不会通电的。"

"跟你？"正在拨弄电表的梁无双突然一拉他，两人真的被电在了一起。从此，他们的关系似乎有了微妙的变化。

转眼是二老的六十大寿，高朋满座是必然的。 常舒和梁无双两人分别穿上最喜欢的衣服，兴冲冲地盼来了家明和婉君，以为可以好事将近。 结果，好事确实是近了，正是人家二位的好事。你就说气人不气人吧。

送走了客人，赶走了大哥的小三，常舒躲在房里哭成了泪人，却碰到了梁无双。两个一直看不惯的人，此时却同病相怜。他们又回忆起上次电击的事，于是取下了灯泡……

从此之后，两人似乎就像互换了身份，常舒变得很有阳刚之气，而梁无双也越发温柔妩媚了，更要命的是，两人还总是腻在一起舍不得分开，完全不考虑单身狗的感受。

盘点下来，《家有喜事》是张国荣和周星驰唯一一部真正合作的电影（《豪门夜宴》和《97 家有喜事》不能算），他们也留下了很多经典的同框镜头。

对于到底谁是影片男一号，两大巨星的粉丝肯定要辩论一番。但我们现在能看到的第二个版本，明显增加了张国荣的戏份。

两部《英雄本色》与《倩女幽魂》，令张国荣在韩国成了最受欢迎的华语明星。因此在《家有喜事》还未拍摄完成时，韩国片商就积极联络永高购买版权，但要求必须有张国荣的枪战戏，这就尴尬了，气场完全对不上啊。

不过，高志森好歹也是跟吴宇森混过的人，他找来功夫巨星梁小龙……的弟弟梁小熊担任动作设计，愣是搞出了一场枪战大戏。

于是我们就看见，一出大戏在上演。

程大嫂从夜总会下班时，因为拦不到车，还想秀一把性感，结果被却 3 个匪徒盯上了。他们绑了程大嫂，准备向常家要一大笔赎金过年。驱车回家的三兄弟，正好也看到了这一幕。不知为了什么，他们哥仨居然把连裤袜套在头上，一路驱车追到树林，跟绑匪们展开了激烈的枪战。

当老大和老三被团团包围、生命垂危之时，一个人影举着冲锋枪、荡着绳索从天而降，划出漂亮的弧线，枪声响起，众匪徒纷纷倒地。真是不够收拾的。

随后，此人脱去头上的连裤袜，露出一张帅呆了的俏脸，自然是张国荣了。有了这段戏份，高志森也就不害怕韩国朋友不买账了。这个半岛特供版中，张国荣更像是男一号，所有荣迷真的不应该错过，就别管剧情合不合逻辑了。

作为一部新合家欢电影，《家有喜事》的大结局，当然只能是皆大欢喜，4对"新人"身着结婚礼服齐贺岁的场面，确实非常温馨的，也很让香港观众相当受用。

让人唏嘘的是，周星驰 30 年后依旧孑然一身，张国荣却离开了我们 20 年。在三位年轻女性中，毛舜筠年龄最大（当时 32 岁），却是少女感最强、穿上婚纱最美的一个。如果当年她答应了张国荣，不知道又将是什么样的情景？

但不管怎样，影片带给我们的欢乐和感动、思考与震撼、温情及浪漫，可以一直持续下去。

1992 年 1 月 9 日凌晨 12 点多，发生了震惊香港娱乐圈的"抢菲林事件"。数名持枪歹徒闯入了新加坡的东方冲印公司，抢走了 3 盒《家有喜事》胶片。但幸运的是，他们抢走的只是重拍前的镜头和韩国版枪战戏份。

这么大的阵仗，应该不可能是永高的营销手段。但"抢菲林事件"，确实为公司争得了很多同情分，影片上映之后也备受关注。这也许是黄百鸣自入行以来，赢成龙赢得最轻松的一次。

《家有喜事》自 1 月 25 日上映以来，一直轻松领跑，先是超过《飞鹰计划》，比成龙更早突破了 4000 万大关；接着超过了 4383 万的《逃学威龙》，刷新了香港影史单片纪录；到 3 月 6 日下线时，票房 4899 万，几乎已经触到了 5000 万的天花板。

这是继《英雄本色》之后，张国荣时隔 6 年再破香港影史纪录，也是周星驰自《赌圣》以来的第三次创新高。

一个春节档，居然同时出现了四部 3000 万+影片。《我爱扭纹柴》票房 3647 万，仅次于《八星报喜》。《神算》票房 3640 万，超过了《合家欢》，发哥和文叔都创造了生涯新高。 成龙《双龙会》排在第四，也有 3322 万。

很多人估计，《家有喜事》锁定年度冠军的概率非常大。 它也确实领跑了大半年。 7 月 2 日，大都会【注:邵逸夫旗下电影公司。邵氏影业在 1985 年已歇业】推出了周星驰主演的首部古装片《审死官》，女主角是张国荣好友梅艳芳。 它用 39 天时间拿到了 4988 万，再破纪录，《家有喜事》只能屈居第二，张国荣也遗憾地错失了《英雄本色》之后的另一个年度冠军。

在完成了《家有喜事》的拍摄之后，张国荣应永盛老板向华强的盛情邀请，在《蓝江传之反飞组风云》中饰演阿飞仔白荣飞，向华强则饰演男一号蓝江，导演为上年执导了两部《五亿探长雷洛传》的刘国昌。 周慧敏出演女一号梁小敏，这也是她在大银幕上与张国荣唯一一次合作，也是张国荣首度出演永盛电影。

影片在 5 月 14 日上映之后，用两周时间拿下 1286 万，靠的主要就是张国荣的人气和《雷洛传》《跛豪》建立起的题材热度。 向华强还凭这个角色，光荣获得了次年的金像奖影帝提名。

1992 年，张国荣只有两部电影上映，还都不是绝对的一番。 但他的工作日程，事实上是排得很满的。 次年，他就一口气上映了 4 部作品，有 3 部还是在当年前两个月开画的。 相比《霸王别姬》和《射雕英雄传之东成西就》（下称《东成西就》），笔者还是更青睐另外一部。

《花田喜事》以古讽今，古装喜剧玩出新高度

　　《家有喜事》取得了巨大成功，却让一对中国合伙人各奔东西，谁啊？

　　嘉禾的邹文怀与何冠昌？ 想多了，人家好着呢。 我说的是一起创办永高院线的罗杰承和黄百鸣。 由于理念差距太大，黄百鸣 5 月宣布辞职，8 月退股。 随后，他仅用一周时间，就光速圈下 20 多家影院，组建了香港第五条院线——东方。

　　黄百鸣给人的印象总是温文尔雅，办起事来真是快准狠。 香港电影巨头向氏兄弟，都没有自己的院线，只能到处租别人的，这不得看别人眼色吗？

　　由于张国荣是东方"一哥"，黄百鸣还顺利拿下了一部重磅电影的发行权。

　　1993 年的第一天，这部影片在东方院线独家上映，19 天进账915 万。 不怎么样？ 但这是一部文艺片。 片名说出来，中国人没有不知道的——《霸王别姬》。

　　新的一年是农历鸡年，这一次春节来得特别早，1 月 23 日就是大年初一。 14 日，周星驰、梅艳芳主演的《逃学威龙 3 之龙过鸡年》（下称《龙过鸡年》）率先在新宝院线开画，片名起得还真是应景。

　　两天之后，由嘉禾出品，成龙、王祖贤主演的《城市猎人》隆重上映。 两部电影的导演，都是快枪手王晶。

　　就在同一天，梁朝伟与杨紫琼主演的《新流星蝴蝶剑》在永高院线开画。 这是梁朝伟 90 年代唯一一次现身春节档。 也可以

看出，这位"影帝中的影帝"，当时还算不上一线明星。

1月20日，东方影业的《花田喜事》才姗姗来迟。没办法，得照顾《霸王别姬》嘛。次日，金声院线（前身是金公主）开始上映林青霞、王祖贤的《东方不败之风云再起》。

虽说五大院线各有套路，但《新流星蝴蝶剑》和《东方不败之风云再起》从一开始就是陪跑。真正有竞争力的，只是嘉禾、永盛和东方三大电影公司，以及他们的头牌男星成龙、周星驰和张国荣。

因为得不到排片，刘镇伟执导的《射雕英雄传之东成西就》只能推迟到2月5日，即元宵节前一天上映。这是一部与《花田喜事》有类似之处的古装恶搞喜剧，集结了10位一线和准一线明星。唯一一个两部都参与的明星，正是张国荣。

回到正题。《花田喜事》的创作灵感来自哪里？据黄百鸣回忆，他离开永高后，就移民至新加坡了。亚洲电视老板邱德根之子邱达成在当地开了一家规模很大的"唐城"，邀请黄老板去参观。黄百鸣真是有心人，在这里闲逛时，他突然有了拍摄古装贺岁片的冲动，于是马上电话联系高志森，让他安排人写剧本，并飞到加拿大找张国荣，自己则回香港联络许冠杰。

影片故事背景定在了宋朝西京洛阳，同样是由3对年轻人的情感戏份组成的。周吉（吴君如饰）好赌成瘾，每遇麻烦就找老哥周通（许冠杰饰）收拾烂摊子。周通武功虽高，却喜欢惹是生非。兄妹俩极度轻视与周吉指腹为婚的穷小子林嘉声（黄百鸣饰），逼得他连夜逃走，并认识了母夜叉（毛舜筠饰）。

魔术师大卫·高柏飞（张国荣饰）是个钻石王老五，在元宵灯会表演时，与女扮男装的白雪仙（关之琳饰）一见钟情。但白父（吴孟达饰）却将周通误认为高柏飞，试图让他做女婿，从而上演了一出"王老虎抢亲"式的闹剧。但峰回路转之下，所有人都收获了自己的幸福。

这部电影仅有一个半小时，但情节非常紧凑，笑点特别密集。不能不佩服导演高志森和编剧谷德昭的恶搞能力，他们既有把全港男女明星调侃一通的本领，也有把各种现代名词植入古代的法力。什么传呼蛙、计程马，饭店里的鸡尾酒、轿子上的安全带，都不是故弄玄虚，而是与剧情巧妙融为一体，加上一众明星丝毫不顾个人形象地疯狂恶搞，让影片成为华语古装喜剧的永恒经典。

作为影片的第一主角，张国荣姗姗来迟，在第 30 分钟才出场。不过，他一亮相，就牢牢锁定了观众的目光。

美国魔术师大卫·科波菲尔（港译大卫·高柏飞）比张国荣还小 4 天，却早早就闻名世界了。张国荣出演这个与世界第一魔术师同名的角色，其实还是有不小压力的，但舞台表演经验丰富的他，显然能经得住考验。

花田灯会上，各路卖艺的使出看家本领，舞龙、顶碗、蹬伞，气氛相当热烈。然后，一个蓝袍帅哥出场了。他举手投足都派头十足，上来就变了 3 个戏法，赢得了周遭阵阵喝彩。一双电眼更是勾魂摄魄，虽说略显浮夸，却是这种喜剧最需要的。方圆百米之内的异性，恐怕只有乖乖就范的份儿。

不过，尴尬的事情却发生了，女孩子们纷纷扑向场边一位"大眼哥哥"，索要签名。让高柏飞醋意大发——最见不得别的男人比自己还有异性缘了。于是，他不怀好意地把这位仁兄拉来配合演出。此人就是女扮男装出来找对象的白雪仙。

这段剧情，换两个演技不过硬的，势必各种猥琐与违和，但在张国荣和关之琳的配合下，呈现出的却是浪漫和精妙。他偷走了一件东西，顺便还偷走了妹子的心。

随后的庙堂求神，也是花样连连，让人叫绝。她直接掏出烟来抽（别考证那年代有没有），一副混不吝的太妹样。突然，高柏飞现身了，慌不择路的她只能跪下装作拜神，把烟直接吞到嘴里（别好奇姑娘烫伤了没有）。

高柏飞跪在旁边一边唱，一边用眼光挑逗白雪仙。后者居然也唱着应和，郎情妾意，甜蜜得不行。两人唱到开心处，居然就在佛门净地跳开舞，

C ►

脸都快贴到一块了，惹得丫鬟像喝了一桶醋那般极其不满。镜头一闪，一对对男女居然都在庙里跳上了交谊舞，太后现代了吧。

《唐伯虎点秋香》致敬了这段戏份。秋香拜神时，唐伯虎也觍着脸凑了上去，不过显得不太浪漫，倒有点猥琐。周星驰也致敬了这首神曲，不过刚唱了俩字，就飞向半空了——是被人一脚踢出去的！

相比唐伯虎追秋香的一波三折，高柏飞与白雪仙的一见钟情，有些太快太刻意了。但没有办法，面对这样的帅哥，有几个女孩把持得住？面对这样的缘分，有几个女孩还会矜持呢？

周通想找高柏飞给老娘变魔术，结果两人却打起来了。这场戏也是设计感满满。高柏飞抖动方巾，花样百出，一变猪八戒，二变老大爷，第三次，居然变出了蝙蝠侠！不过他只离开了一会儿，就真出事了。

为了和高柏飞在一起，白雪仙就蒙骗父亲说自己有了；

为了女儿的幸福，白父去找高柏飞，结果把周通带回家了；

为了和白雪公主一般的白雪仙成亲，周通就把白府给围上了；

为了解救白雪仙，高柏飞穿上女装混进白府了。

香港男演员基本上都有个基本功，那就是反串女生来制造笑料。但论及扮相最精致、最能以假乱真的，张国荣称第二，一时还真找不出第一来。

当时，白父居然想装扮成女人顶替女儿出嫁，结果一看高柏飞，眼都直了。此时，《倩女幽魂》的配乐骤然响起，眼前坐着的这位"姑娘"，皮肤细腻，秀发乌黑，樱唇皓齿，媚眼如丝，还自带娇弱无力的表情包，令人怜惜。事实上他只是坐轿子吐了一路。搞得白父差点动了春心，晚节不保。而高柏飞变魔术出逃的桥段，也设计得非常巧妙，让观众绝对能笑个不停。

高潮戏份中，高志森把一段平行剪辑玩得很厉害，这边是母夜叉"替天行房"折腾小霸王，打得不亦乐乎；那边是高柏飞和白雪仙喝起交杯酒，场面极其温馨，羡煞围观群众，让我们又相信爱情了。不过，既然是新春贺岁片，要吸引小朋友买票，也不能有不可描述的内容，镜头语言还是很干净的。

毛舜筠不愧是美女中最会搞笑的，笑星里最性感的。她自毁形象毫无压力，抢大刀、剃腿毛，恶搞热播剧《包青天》，以及与周通亲热前后容貌的惊人反差，都表现得收放自如。吴君如和黄百鸣自《家有喜事》后再演欢喜冤家，也又一次展现了不俗演技。在香港电影的巅峰年代，《花田喜事》确实是古装贺岁喜剧的巅峰之作，没有之一。

结尾部分，又是高柏飞通过魔术，帮助周吉得到了老公。说什么覆水难收？真是想太简单了，人家照样有办法。

和《家有喜事》一样，3对男女最终都有了归宿，彰显出以爱为本的主题。可见，这个魔术师设定不是噱头，而是实实在在地起到了推动剧情发展的关键作用。要说美中不足，只能是在这样的群戏喜剧中，高柏飞的戏份太少了。

如果我是黄百鸣，恐怕要趁热打铁，策划一部以高柏飞和白雪仙为主角的古装魔术电影，在暑期档再赚一笔。不过，东方影业拍摄的，却是武侠片《白发魔女传》。

《花田喜事》一上映就大受欢迎，2月17日下线时票房3548万，从此领跑了票房榜大半年，直到被暑期档的《唐伯虎点秋香》超越，最终名列华语片年度亚军。《城市猎人》以3076万占据第五，《龙过鸡年》以2577万屈居第九。

值得强调的是，《花田喜事》是香港影史上第一部拿下春节档冠军的古装喜剧片【注：1976年春节，吴宇森执导的粤剧片《帝女花》并非喜剧】，它的出现，带动了古装动作、喜剧和奇幻电影的大量出现，绝对称得上是一部有示范意义的标杆作品。别的不说，当年永盛的《唐伯虎点秋香》，很大程度上就是在借鉴《花田喜事》的成功模式，只是做得更夸张、更癫狂。

而张国荣参与的另一部古装喜剧《东成西就》，虽说"格调不高"，也有着不俗的市场表现。

《东成西就》十星报喜，男一号戏份有限也出彩

随着邵氏的歇业，以张彻、楚原为代表的古装武侠片低迷了相当长一段时间，直到一部电影的成功。

1990 年 4 月 5 日，由徐克监制、胡金铨执导，许冠杰、叶童主演的《笑傲江湖》在复活节档上映，取得了 1605 万佳绩，位居年度第十二。从此，香港影坛开始大量翻拍金庸、梁羽生和古龙三大武侠小说巨匠的作品。

文无第一。但论及影视剧改编的频率，金庸作品显然是最高的。

《射雕英雄传》是金庸 15 部小说中影响力最大的一部，堪称武侠小说里的《阿甘正传》，也是影视公司最喜欢翻拍的作品。

1992 年，一位大导演买下了《射雕英雄传》版权，还一口气签下了 8 位一线和准一线大明星，准备拍一部打上自己风格的武侠片。结果拍了大半年，投资人要求交片的时间都到了，他却要把之前拍的推倒重来，让男一号换角色。

这是玩笑吗？不，是真事。这位大导演，正是靠《阿飞正传》一鸣惊人的王家卫。

而他的打算，就是让之前演东邪黄药师的张国荣，换成演西毒欧阳锋。这也太任性了吧。

只用了区区 27 天时间，还用眼前的这班人，完成了一部与王家卫导演作品风格南辕北辙的爆笑喜剧，作为贺岁片对付金主。

其中，他还停工了 5 天，给李连杰的《方世玉》写剧本。

这位导演，就是以《赌圣》帮周星驰打破香港影史纪录，用

《92黑玫瑰对黑玫瑰》把梁家辉送上影帝宝座的刘镇伟。

拍了将近两年的正片，1994年上映后只收获了902万票房；拍了不到一个月的交差之作，却以2238万跻身1993年香港华语片前十，为投资人实现了有效止损，不至于排队上天台。

而两位导演能用同一拨演员，拍出风格迥异的两部作品，也成就了香港影史一段佳话。在豆瓣前250部优秀电影中，这两部双双入围。

这就是1993年2月上映的《射雕英雄传之东成西就》，以及1994年9月上映的《东邪西毒》。而且，"应付差事"的《东成西就》的评分反而更高，气不气人？

张国荣和刘镇伟的缘分，始于谭家明执导的《烈火青春》。在很多人眼中，谭家明算得上王家卫的师父，而刘镇伟是这位大导演的贵人。

当王家卫因剧本创作又慢又差，先后被新艺城和永佳扫地出门时，多亏刘镇伟介绍，才使得他在影之杰再就业；当王家卫拍《阿飞正传》票房惨败、前途堪忧时，多亏刘镇伟的帮助，他才有机会组建泽东公司，并得到台湾的资金拍摄新片；当王家卫在香港折腾了大半年也没有结果，眼看没法向投资人交差时，又多亏刘镇伟的出手，拍出《东成西就》应付金主，才能令《东邪西毒》不至于半途而废，还有了去榆林拍外景的资金。

1993年2月5日，贺岁大战即将进入尾声，《城市猎人》《龙过鸡年》已离收官不远时，《东成西就》隆重开画。从哪个角度来讲，它都不应该被视为"黑马"。自打香港有了院线电影，恐怕再也找不出这么豪华的阵容，连《八星报喜》和《家有喜事》都黯然失色。

《东成西就》保留了《东邪西毒》的八大主演：张国荣、梁家辉、张学友、梁朝伟，林青霞、王祖贤【注：王祖贤因合约到期，最后没有出现在《东邪西毒》中，她的戏份由杨采妮顶替】、张曼玉和刘嘉玲，又加入了刘镇伟欣赏的钟镇涛和叶玉卿，堪称"十星报喜"。

五大女星之中，林青霞、王祖贤和张曼玉稳居一线，刘嘉玲和叶玉卿也是准影后级别，但男星这边，戏份最少的钟镇涛已属过气，二梁拿奖很多但票房号召力有限，张学友是被唱歌耽误的影帝，真正坐稳一线的，只有张国荣一人。

在《东邪西毒》里，张国荣的角色被王大导演换成了欧阳锋，但《东成西就》中，他演的还是黄药师。

影片沿用了 1976 年版佳视连续剧的主题歌《谁是大英雄》，由张学友演唱。"绝招，好武功，问世间多少人能上高峰；成功，威风，男儿有多少真的是英雄……"这样铿锵有力、正能量满满的歌曲，放在这么一部三观尽毁、侠义精神缺失的无厘头电影里，更增添了太多荒诞意味。

刘镇伟将香港电影巅峰时代的"尽皆过火，尽是癫狂"发挥到了极致，一众身家数千万的大明星，就像普通人一样毫无拘束，放飞梦想，满嘴跑火车。相比后来的《东邪西毒》，《东成西就》的服化道也相当艳丽浮夸，营造了荒诞气氛。

影片的剧情也不复杂。 金轮国国舅、西毒欧阳锋（梁朝伟饰）勾结奸妃（叶玉卿饰）谋朝篡位，想加害三公主（林青霞饰）。 后经糊涂国师（张曼玉饰）的调查，欧阳锋立即乘飞天金靴追杀三公主，但靴子无意插死了中神通王重阳（钟镇涛饰），师弟周伯通（刘嘉玲饰）决意报仇。

三公主去桃花岛拜见九宫真人。 真人派出弟子东邪黄药师（张国荣饰），陪她去丹霞山九阴白骨洞取《九阴真经》。 喜欢黄药师的小师妹（王祖贤饰）也偷偷跟了去。

大理国王子段王爷（梁家辉饰）本与三公主结亲，却一心想得道成仙，并来到中原寻找"真心人"。 三公主与黄药师取经书未果，小师妹却遇到了想娶自己过门的表哥——丐帮帮主洪七（张学友饰）。 这哥们儿表白被拒后试图自杀，却碰见了欧阳锋，好一番折腾。

所有人不约而同住进了大东客栈。 周伯通为给师兄报仇，使出了"三花聚顶"神功，导致时空逆转，自己也精神错乱，却无意间帮段王爷找到了真心人。

《九阴真经》和三公主落到了欧阳锋手中。 天下英雄团结起来，与他展开了最后决战。 奈何大家技不如人，眼瞅着一个个都将被西毒送上西天之时，一个神仙从天而降……

张国荣和林青霞是名义上的男女主角，他们的名字也在演员表中排在最前面，但刘镇伟似乎更偏爱跟自己合作默契的梁家辉，因此段王爷更像男一号。 此外，梁朝伟和张学友的戏份也相当多。 但张国荣对此也并不在意，简直有甘当绿叶的架势，整个剧组也相处得非常融洽。

刘镇伟最先拍的，就是梁朝伟和张学友的戏份。 那个经典的"香肠嘴"，还被周星驰的《功夫》致敬了一回。

梁、张二人过去已多次合作，这次出演一对活宝，制造了无数笑点。 最好玩的一幕，莫过于洪七失恋之后，一心希望欧阳锋杀死自己。

他说不还手，可看着欧阳锋使出蛤蟆功，不由自主地用降龙十八掌迎战，把人家打得脑袋朝地里插进去，洪七却说这是自己的本能反应。

然后，他闭上眼睛，保证不还手，欧阳锋再使绝招时，又被打了个四脚朝天，直骂洪七是个没信用的卑鄙小人。 洪七马上道歉，说是你内功太好，引发了我体内真气的还击。

为表示诚意，他干脆把自己双手绑起来，这下想死就能死了吧。 可惜，当欧阳锋绕到洪七身后想使坏时，他本能地飞起一脚，把这伙计直接踢飞了，还给踢哭了。

这段剧情，其实是改编自《玫瑰玫瑰我爱你》中梁家辉和叶玉卿的戏码，当然梁朝伟和张学友的演绎更加夸张，更没有底线。

将近18分钟时，黄药师才终于出场。 伴随着舒缓的音乐，他和小师妹正在摆弄兵器。 两人与其说练武，不如说在跳舞；与其说跳舞，不如说在调情。 他们练的就是"眉来眼去剑"嘛，当然要相互抛媚眼才有效。

但这个套路，似乎有模仿上年《绝代双骄》"郎情妾意剑"之嫌，反正是相互借鉴。 桃花岛上还有情意绵绵刀、干柴烈火掌，都是让人浮想联翩的招数。

小师妹国色天香，黄药师怎么可能不喜欢？ 不过，这种爱慕的基础，是建立在他7岁就上岛，从没见过别的女人的前提下。 这不，刚刚还和小师妹腻歪，三公主骑着马就过来了。

黄药师立即上前，激动得半天说不出话来，搞得小师妹醋意大发："他已经名花有主，跟我定过亲了！"黄药师躲在小师妹背后，用手指给三公主指路的镜头，看得人实在捧腹。 随后，在师父和三公主的交流中，黄药师又站在师父身后当起了哑剧演员各种搞怪，两人又像在表演双簧。

当时，张国荣和王祖贤已是四度同框，他们的默契感很足，但对观众来说，新鲜感就差了一些。 至于华语第一女星林青霞，拍片时已经38岁，居然是与张国荣的首次合作。 以林大美人的江湖地位，王家卫邀请她加盟时，自然要允诺女一号的角色，跟男主角张国荣搭戏，不然人家肯定也不答应啊。

都说成名要趁早。 1973年，张国荣还在英国留学时，林青霞就凭《窗外》一举成名，当上了台湾玉女掌门。

都说林青霞是被美貌耽误的戏骨，她能诠释好各种形象。 但有两类影片，她参与得很少，一是港式无厘头喜剧，二是尺度太大的爱情片。

因此拍摄《东成西就》时，林青霞也是吃了不少苦头。 好在她的基本功扎实，性格又好强，因此也没有拖后腿。 一招"大海无量"，就像段誉的六脉神剑一样不靠谱，被她玩得也是喜感满满。

当时与张国荣都住湾仔的会景阁公寓，还是楼上楼下，每天搭剧组小巴开工收工，就这样成了好朋友。

林青霞回忆说："有一次乘车途中，他问我过得好不好，我没说两句就大颗的泪珠往下滚。 沉默了几秒，他搂住我的肩膀说他会对我好的。 从那一刻起，我们就成了朋友。"

在片场，张国荣的朋友太多，林青霞干脆给他起了个"万人迷"的绰号，后者坦然认领。

11 月 3 日是林青霞的 38 岁生日，张国荣定制了蛋糕，为女神隆重庆生。

在《东成西就》刚开拍时，《东邪西毒》并没有停工。这些明星白天跟着刘镇伟一起疯狂耍宝，晚上又跑到王家卫那里拼命玩深沉，好在没搞得精神分裂。

大东客栈出的大事，绝对不逊色于《新龙门客栈》。

所有主角基本上都到了，房间有限，欧阳峰和洪七只能在柴房打地铺。

周伯通是为师兄报仇来的。三花聚顶神功一用，什么事情都能反过来。亏刘镇伟也能想得出来，亏刘嘉玲也敢演。这比《西游记第 101 回之月光宝盒》（下称《月光宝盒》）早了 2 年，更比大神诺兰的《信条》早了 28 年！

其中，格外精彩的戏份：半梦半醒之间的黄药师，把段王爷看成三公主，开心得不得了，恨不能马上入洞房，做人世间最快乐的事。两人眉来眼去，心手相连，大唱《做对相思燕》：

> 我三世有幸能遇侬面　痴心早与你相牵
> 咁两相牵　今晚舞翩翩
> 舞翩翩　我俩手拖手　爱比金坚　共处相思店
> 哎呀哠　共处这酒店

张国荣自然不需要替身。梁家辉演什么像什么，跳舞也不在话下，至于唱歌嘛，还得由黄霑代唱。这段表演根本不可能有剧本，全靠两人即兴发挥，歌词都是张国荣填的。

半天情意绵绵之后，黄药师终于说了两句"我爱你"，段王爷激动得浑身抽搐，腾空而起。同时烟雾四起，很有仪式感嘛。

可惜，段王爷只有一个脑袋在天上飞，只因对方少说了句"我爱你"，他只能再去求黄药师。结果就在走廊上，被黄药师和周伯通看到，两个人使出看家本领，把段王爷当足球来回踢。

最终，段王爷还是成仙了，三公主却被欧阳锋抓走。

为了解救三公主，众人赶到金轮国，与王后的手下厮杀起来。这也是武侠电影大结局的常规路数。

欧阳锋练成了《九阴真经》，所有人加起来都不是他的对手，都被打得要么满地乱爬，要么爬都爬不动了。这时候我们应该知道，大反转就要来了。通常能解决问题的才是男一号，可惜黄药师已经完全不灵了。

伴随着浮夸的背景音乐，一个和尚摇着扇子从天而降。济公？原来是成仙的段王爷。他与欧阳锋斗在一起，动作却更像是跳舞，显得很不严肃。两人还玩起了隐身游戏，做出各种搂抱动作，完全没有武侠片应有的紧张气氛，摆明了恶搞嘛。

欧阳锋肯定得被收拾，不然没法收场；不过他的结局还不算惨，毕竟大过年的，不至于赶尽杀绝。被打死的士兵都满血复活了，排着队从段王爷那里领糖果。随后，这位王爷又模仿济公，从身上现搓药丸救人。在一片喜庆气氛中，黄药师与三公主终于搂在了一起，失意的小师妹也接受了洪七，而周伯通也看到了王重阳，好一派欢乐祥和的局面。

2月28日，《东成西就》在上映24天之后落画。票房的成功，让王家卫也有了继续拍摄《东邪西毒》的资金和机会。为了保证影片质量，他带着一大帮香港明星，浩浩荡荡地开拔到了陕北榆林，只为拍摄出一部带有浓厚王氏标签的力作。

而张国荣在《东邪西毒》中的新造型，甚至呈现在了他接拍的次年贺岁片之中。

《大富之家》充当外客，见识到爱情最美的模样

对大多数港人来说，春节是休假，是团聚，是恋爱，是饭局；但是对电影从业者来讲，却是忙碌，是档期，是票房，是竞争。

贺岁档因为其特殊性，一些热门影片品质往往不会太高，远的像嘉禾的《五福星》系列，近的如周星驰主演的《整蛊专家》，都有着浓重的拼凑痕迹和赶工姿态。但1994年的春节，却是佳作频出，注定要在香港和华语电影史上，写下极为漂亮的一页。

新年第一天，高端时尚期刊《ELLE她（国际中文版）》自创刊以来，首次邀请一位男性明星作为杂志封面，一时引起了不小轰动。这位明星，当然就是上年以《霸王别姬》惊艳戛纳的张国荣。

1月24日，第51届美国电影金球奖评选揭晓，《霸王别姬》不负众望拿下"最佳外语片"奖杯，同时也成为当年奥斯卡最佳外语片的最大热门。

这个荣誉，显然也为张国荣的1994年带来了好运。

这一年春节是2月10日。1月29日，由刘镇伟导演、周润发和吴倩莲主演的奇幻喜剧《花旗少林》，率先在金公主院线上映。讲述的是特工张正与大陆女孩小菁在少林寺发生的浪漫故事。

2月3日，嘉禾的《醉拳2》与大都会的《破坏之王》同时开画。

过去两年拿下档期冠军的东方影业，却选择了 2 月 6 日上映《大富之家》。出品人还是黄百鸣，导演还是高志森，男一号还是张国荣。只是编剧不再是谷德昭，换成了杜国威。谷德昭在周星驰拍完《家有喜事》后不久被挖走，他也是《破坏之王》的主力编剧。

1993 年 11 月 11 日，一部文艺片低调上映之后，居然能连映 64 天，票房3115 万，名列年度第三，实在令所有电影人刮目相看。这就是由袁咏仪、刘青云主演的《新不了情》。

黄百鸣再度展现出了自己的人脉和效率，签下影片男女主角出演狗年贺岁片，还让他俩甘心只演配角。

也许正是有这两位年轻明星的加入，相对过去两年令观众爆笑不断、却被影评人吐槽格调不够高的《家有喜事》和《花田喜事》，《大富之家》的笑点相对有些克制，却更加温情，更有文艺范儿，为观众制造的浪漫、惊喜和感动，也更为持久。

《大富之家》的演员阵容，当然不及《东成西就》那样豪华，但也足够亮瞎观众的眼睛了。主要演员中，张国荣、梁家辉和刘青云都至少拿了一次金像奖影帝，毛舜筠、袁咏仪和郑裕玲也都有金像奖影后加持。冯宝宝没有小金人，知名度却超过大部分影后。

继 1986 年《最佳拍档 4：千里救差婆》之后，关德兴和曹达华又一次实现了同框，出演家中的爷爷和父亲。黄飞鸿和梁宽又在大银幕上团聚了。李香琴也回归饰演母亲。

任大宽（曹达华饰）一家四世同堂，表面上看似和和美美，但家庭矛盾和问题也不少。

老大求富（黄百鸣饰）忙于工作，忽略了妻子月容（冯宝宝饰）和女儿，正陷入离婚麻烦。

老二求贵（梁家辉饰）是个放浪不羁的画家，在父亲的严厉管制下变成了口吃。

老三求安（毛舜筠饰）从巴黎返港，带来了满脸胡子拉碴、不修边幅的罗伯特（张国荣饰）。

更过分的是，这伙计居然在接风宴上与求安亲热，让一直追求她的表哥孝忠（刘青云饰）火冒三丈。对，她和他，都是故意做给孝忠看的！

老四求其带着二哥创作的漫画上学，却被训导主任何守贞（郑裕玲饰）发现，从而引发了求贵与守贞妹妹守洁（袁咏仪饰）的相识。

而被人甩掉的孝忠，很快又发现了新的目标……

在现实生活中，张国荣是对待感情非常认真的人，但在大银幕上，他却演了一个又一个渣男浪子，把一个又一个女孩子的心彻底伤透。当然，渣也得有渣的本钱，不是吗？

不过，在《柠檬可乐》上映 12 年后，在这个狗年春节，他终于扮演了一个充满正能量的好男人，让无数单身狗很不适应。

作为一个能用颜值为剧情显著加分的超级明星，张国荣在片中的形象，却让人大跌眼镜。他皮肤黝黑，头发又长又土，胡子拉碴，从头到脚散发着普通人的气质，居然还好意思自称画家。落魄的程度，让人很容易联想到《喝彩》中的陈百强……他叔。

张国荣之所以要如此出镜，除了当时还在补拍王家卫的《东邪西毒》，必须要蓄须之外，他也希望挑战一下自己，不靠刷脸，照样能打动观众。

1993 年 12 月 4 日，在第 30 届金马奖颁奖礼上，张国荣就以这个造型亮相，为成龙颁发了影帝奖杯。他没想到的是，自己居然还得奖。那就是以《白发魔女传》主题歌《红颜白发》拿下最佳电影歌曲。这也是张国荣唯一一次在金马现场领奖，颁奖人是赵雅芝和凤飞飞。

全香港都知道张国荣是靓仔，但如果年复一年地耍帅，观众难免会有审美疲劳。但这个新角色——《大富之家》中有着杀马特发型和络腮大胡子的罗伯特，其完美塑造一度让观众忘记了演员本人。

影片篇幅不长，却要讲述 3 对年轻情侣的恋爱，以及一对中年夫妻的破镜重圆，难度其实还是不小的。 为了和《家有喜事》有所区别，虽说黄百鸣继续扮任家大哥，却安排了一对正年轻的兄妹和一个中学生弟弟。

最爱演戏的老板黄百鸣，自《八星报喜》之后与冯宝宝再组 CP。 他的角色，是个因工作忙碌忽略了妻女的企业高管。 为了追回分居的老婆，他机智地男扮女装致敬《窈窕奶爸》，化身俄国女工莎朗进入老婆家中，与黄霑饰演的情敌律师几番较量。

演什么像什么的梁家辉，把一个口吃愤青画家诠释得喜感满满。 而新晋影后袁咏仪扮演的守洁，扑面而来的青春气息和文艺范儿，实在让太多男生无法不着迷。 两人的恋情，无疑很好诠释了"真爱催人奋进"的主题，致敬《侏罗纪公园》的戏份也很应景。

"深情朱古力"刘青云和"郑九组"郑裕玲这对影帝影后，片中戏份有限却相当吸引人。 两个失意之人的"火速勾搭"看似荒唐，却是真正活出了通透感。

罗伯特不是任家成员，毫无疑问却是全片的核心，这一次，张国荣无须极尽癫狂地耍宝，而是轻描淡写地营造笑点。

他还用自己的经验与智慧，鼓励和帮助了几乎每一个人，改变了他们的生活，也影响了他们的世界观。

而对他自己，也终于勇敢了一回。

他和求安原本并不是情侣，彼此以哥们儿相待。 在完成冷落表哥的任务之后，他本就可以离开，可就在这时，两人的关系却发生了微妙的变化。 而张国荣和毛舜筠这对银幕情侣，将这一过程展现得相当自然，也发人深思。

当求安请他陪自己回香港时，她事实上就是在委婉地表达爱意；

当罗伯特愿意跟随她回到香港时，潜意识中对她已有了情愫。

而一周之内见证的恩恩怨怨、纷纷扰扰、离离合合，恰恰在这份感情中起到了催化剂的作用。度人，当然也是度己。

影片的高潮戏份极有设计感，也特别温馨感人。

眼看明天就大年初一了。大哥还追不回大嫂，二哥让守洁误会，罗伯特收拾行李要走人，还管求安叫兄弟。好好的"大富之家"，搞得是天下大乱。

"你们再不珍惜，什么都没了！"这是任老爷的绝望呼喊。

放年夜饭的桌子上，丰富的菜肴已经摆满，可偌大的屋子却空空荡荡，留下的人心里都满是酸楚。可就在这时，反转终于来了。

随着一声声门铃响起，一对对情侣出现在镜头中，快乐的气氛一次次被点燃。连大嫂都带着女儿回来了，只有求安怅然若失。就在此时，门铃再次响起，她开门一看，是送财神的。正准备关门，伴随轻柔的音乐，好大一束玫瑰挡在了她面前。玫瑰后面显然有一个人。

这是谁呢，卖花的？

当鲜花移开，人脸露出时，名场面上演了。一个发型时尚、面容精致的大帅哥，带着自信而略显狡黠的微笑，出现在了镜头前。

不要脸红，不必怀疑，这一天，这一刻，这一瞬间，她就是世界上最幸福的女孩。虽说情人眼里出潘安，满脸胡子拉碴也不失男人本色，但还是不如真正的潘安好使，带给姑娘的不光是虚荣心爆棚，更是少女心荡漾。

笔者第一次看这部电影，还是上大学之时。我清楚地记得，放到这个时候，同学们就默契地开始鼓掌了，当然，肯定有情侣趁机搂在一起，勇敢地秀恩爱。

大富之家，以爱为贵。世界上真正的富有，是有亲人的牵肠挂肚，更有爱人的不离不弃。而有了真爱，再简陋的家，也分外值得留恋。

真情是可以传递的，快乐是可以传染的，而经典的电影，肯定是可以永远流传下来的。再过 10 年，20 年，100 年，这样的影片都不会过时。

3月10日，《大富之家》在上映33天之后下线，3738万的成绩超过了上年的《花田喜事》。但略显遗憾的是，东方这一次没有守住春节档冠军，嘉禾的《醉拳2》以4097万胜出，这也是成龙大哥首部破4000万的影片。

3月16日，张国荣由温哥华飞往洛杉矶，参加第66届奥斯卡颁奖礼相关活动，其间还与李安和张艾嘉商谈了新片合作事宜。不过最佳外语片的最大热门《霸王别姬》意外落选，没能成为首部获奖的华语片，小金人被西班牙影片《四千金的情人》摘得。直到7年之后，李安执导的《卧虎藏龙》，才为中国电影首次取得这个奖项。

1994年，张国荣全面发威，交出了《大富之家》《金枝玉叶》《锦绣前程》和《东邪西毒》4部差异明显但都有很高水准的影片。

周星驰则用《破坏之王》《九品芝麻官》和《国产凌凌漆》三部佳作实现票房过亿，还回到内地拍摄了代表作《西游记》上下部【注：内地版的片名为《大话西游》】。

成龙仅有一部《醉拳2》上映，却在积极积攒能量，为杀进好莱坞做准备。

新的一年，三巨头又有什么新招呢？

《金玉满堂》用武侠方式拍美食，更有别样浪漫

1995 年是世界电影诞生 100 周年，而在这个特殊的年份中，香港电影市场呈现出了"高开低走"的态势。

周润发淡出香港电影圈之后，成龙、周星驰和张国荣之间的竞争越来越激烈。 当然，他们三人的竞争是君子之争，不会用下三烂的手段。 这是他们三人之幸，更是华语电影之幸。

1 月 15 日，由王晶执导，周润发、梁家辉、邱淑贞和吴倩莲主演的《赌神 2》，在热映 32 天之后下线，并以 5253 万改写了华语片影史纪录。 按照惯例，这部影片成为 1994 年的年度冠军。

尽管发哥已决定远走好莱坞，架不住观众的情怀泛滥。 永盛的成功运作，也是票房成功的保证。 这个成绩，显然也让留在香港的电影人受到了鼓舞。

1995 年的春节是 1 月 31 日。 这月 21 日，成龙在纽约拍摄的动作大片《红番区》、周星驰在内地宁夏完成的古装奇幻片《月光宝盒》同步开画。

《红番区》是香港影史首部投资过亿的超级大片，成龙也在其中完成了不少挑战人类体能极限的危险动作，虽不是 3D 电影，场面也极其真实、震撼。 而刘镇伟执导的《月光宝盒》，将中国传统神话《西游记》进行了颠覆性改编，让孙悟空变成了至尊宝，还爱上了白骨精，其中很多后现代的处理方式，让香港观众似乎无法接受。

1 月 28 日，东方影业推出了自己的贺岁片《金玉满堂》，来迎战"一成一周"。 这时候，高志森已经自立门户，黄百鸣邀请了老朋友徐克出马执导。

影片由张国荣、袁咏仪、钟镇涛和赵文卓等联袂主演。这也是张国荣和袁咏仪自《金枝玉叶》之后再演情侣。

之前，张国荣已经主演过4部电影工作室的作品，老板徐克全都挂名监制。《金玉满堂》是两人首次真正意义上的合作。

经过上千年的演化和改良，中国的烹饪技术已经上升为一门艺术，并形成了多种菜系，足以令饮食习惯单一的老外，看得眼花缭乱，目瞪口呆。

全中国最重要的节日是春节，春节最有仪式感的活动是吃年夜饭，最重要的事情是宴请亲朋。所谓民以食为天，无数中国人都自封吃货，无数男人最热衷的是参加各种饭局，无数女人最担心的是应酬太多，减肥太难。

而一道道让人脑洞大开、口水直流的美食，如果在大银幕上呈现出来，产生的视觉冲击，可不是一般的大。1992年，于仁泰执导的《伙头福星》，让元彪像耍杂技一样炒菜做饭，非常炫酷。1994年，台湾大导演李安的《饮食男女》，将各种美食在大银幕上鲜活地呈现出来，更是赢得了广泛好评。

徐克有没有受仁泰和李安的影响？这当然不能主观臆测。不过，《金玉满堂》对美食的解读方法相当巧妙。作为全中国、全世界最会拍武侠片的导演，他将中国传统的武侠精神注入到了饮食文化之中，将烹饪大赛变成了一系列惊心动魄的高手对决。整个过程，如同武侠片一样惊心动魄，更展现出了厚重的人文情怀。

影片一开始，张国荣并没有出场。在全国烹饪大赛中，代表广州的廖杰（钟镇涛饰）和代表香港的龙昆保（赵文卓饰），为赢得冠军进行了激烈角逐。原本平淡无奇的蒸米饭，都能让两人呈现得像变魔术一般花哨。之后，龙昆保的冰雕长城已经够夸张了，廖杰直接拿出一块豆腐，泡在水里雕弥勒佛。

前两轮战成平局之后，第三局的决战就更加紧张刺激了，但就在此时，廖杰却得到妻子难产的消息，只能当场弃权。

镜头一转，是在香港举办的厨师选拔比赛。所有参赛者都穿着白色厨师服，奋力挥着锅铲争分夺秒。只有一位伙计，居然身穿皮夹克，留着鸭尾头，戴着蛤蟆镜，活脱脱像走错了片场——他应该去刘伟强《古惑仔》剧组报到才对嘛。

他不光打扮出格，举止更是夸张，动不动就大呼小叫，还整得现场烟雾腾腾，怎么看怎么不像个好厨子。可就这种人，居然成功入围了，你说气不气人？

不过，这哥们儿高兴过了头，举手欢呼时，身上噼里啪啦掉出了几包菜。他参赛的菜品，居然全是用事先做好的菜包偷换的！怪就怪考前检查太马虎了，根本不怪他，对不对？

这段短短的戏码，就将男主角的顽劣、任性、浑不吝，展现得淋漓尽致。之后他再玩出多夸张的事情，观众应该都有心理准备了。

江湖人称徐克为"老怪"，这一次，他让38岁的张国荣"返老还童"，演起了小混混陈港生。而且，张国荣的扮相居然比《大富之家》中的罗伯特还要年轻，似乎回到了《纵横四海》年代，但人家保养得就是好，并没有强行装嫩的违和感。

阿生不当大哥要当大厨，可惜不是那块料。他听说偶像山口百惠去了加拿大，就想学成手艺，好去加拿大追星顺便开餐馆。在龙昆保介绍下，阿生去了欧兆丰（罗家英饰）的满汉楼酒店当小工。

欧兆丰和龙昆保之前有过节，因此就起劲整蛊阿生。先是让他配菜，配出50份宫保鸡丁，满头大汗的小陈好不容易做好，老板又发话了：再把食材分开。可怜的古惑仔当场石化。

欧兆丰的女儿欧嘉慧（袁咏仪饰）靓丽，一心想闯荡娱乐圈，不想守在酒楼。为了让老爹将自己赶走，她整天打扮得跟个小太妹似的，还和老爸讲英语——反正也无法交流。 不过，这妹子对阿生倒是另眼相看：男人长得帅就是麻烦啊。

尤其经过抓鱼事件后，嘉慧反而更喜欢阿生了。

嘉慧想当歌手，可她的歌声实在无法和相貌匹配。 在 KTV 里，嘉慧跟阿生的前女友（樊亦敏饰）争唱《卡门》，拼了个不亦乐乎。 搞得人家带着现男友上门找事。 阿生的现场表现让嘉慧相当喜欢，却令欧兆丰忍无可忍，遂将他赶了出去。

商业片肯定是一波未平，一波又起。 刚想过太平日子的欧兆丰，很快被人上门找麻烦了。 这一次，一辆非常招摇的加长房车停在了满汉楼下，跳下来一个霸气外露的凶汉，这不就是《黄飞鸿》中的名角鬼脚七（熊欣欣饰）吗？ 这一次，他倒混进了上流社会，成了超凡集团董事长黄荣。

在满汉楼里，黄荣与欧兆丰来了个现场比赛。 黄荣用杂技一般的好身手，变魔术一般地搞出了一盘脆皮干炒牛河。 接下来，黄荣向欧兆丰约战，进行一场满汉全席比赛，宴开三晚，分别用象鼻、熊掌和猴脑做主菜，邀请美食家做评判。 欧兆丰输了交出店面，赢了就有 5000 万拿。 老谋深算的老欧当然要犹豫，但架不住手下员工的使劲起哄，还是在文件上签字了。

天下没有免费的午餐，原来，那些员工早就被收买，不但忽悠他签约，更一个个都跑到超凡上班去了。 可怜的老欧当场心脏病发作，却被讥笑为装病。 最后，还是阿生将他送进了医院。 到了这个时候，老欧才明白了阿生的仗义，嘉慧才明白了老爸的甘苦。

嘉慧和阿生根本不会做满汉全席，根本对抗不了黄荣。 龙昆保向他们介绍了廖杰。 两人赶到广州，发现曾经何等意气风发的他，却落魄到了让人不忍直视的程度——光棍的日子没法过。 为了激发廖杰的好胜心，嘉慧和阿生给他的炒河粉里使劲加"料"，可这哥们儿一点不在乎，即便吃出象棋、钉子、瓶盖和衣服夹，依然照吃不误，活脱脱一个混吃等死的标本。

莫非，世界上只有爱情能让他怀念，能令他羞愧，能使他奋进？ 无奈之下，嘉慧和阿生去找廖杰前妻（倪淑君饰）。 阿生梳了个土气的分头，戴着夸张的眼镜，再配一件过时的夹克，妥妥的皮包公司经理形象，想以谈生意为由把廖杰前妻哄出来。 可惜人家见多识广，根本不相信他。 关键时候，还是嘉慧的招数好使，伴随着浓厚苍劲的主题曲《漫漫人生路》（不是邓丽君的《漫步人生路》），还真的让这对冤家见面了。

廖杰来到了香港，可惜已是五觉全失，龙昆保等人不得不帮助他恢复体力和味觉、嗅觉、听觉、视觉和触觉。 这个过程相当严苛，但剧情安排得却是笑点满满。

最令人感动的，还是廖杰前妻不顾工作辛苦，亲手为他做了几道菜，深情地鼓励他："为了我，你一定要做好满汉全席。"廖杰当然要认真地回答："我一定做到。"

还是前妻的话好使，说一句顶一万句。

这样的一部影片，按理说是不需要武打场面的，但为了吸引观众，徐克还是让自己的爱将赵文卓和熊欣欣干了一架，让我们的阿生当了次背景板。 之后，没有硝烟、只有炊烟的决斗开始了。

尤其，最后一天比试猴脑，成败也在此一举。 可比赛时间到了，廖杰他们迟迟不到，只留下廖杰前妻焦急等候。 黄荣人虽烂，做菜真有两把刷子，他做的是"齐天大圣会虎鲨"，用鱼翅来中和猴脑的骚味。

就在所有人都觉得黄荣要稳操胜券时，龙昆保却推着餐车赶来了："真正的猴子脑，一定要吃新鲜的，生滚用不了3分钟，金晶火脑！"阿生也推车过来了："各位，吃新鲜其实是不用任何烹调的，因为最主要的是吸取它的天然味道，加点滚油就可以上桌了。"

龙昆保一勺浇下去，果然听到了猴子的惨叫声。 这也太强了吧，三位评委一致对生滚猴脑赞不绝口。 正要宣布比赛结果时，渔农署和动物保护协会的人来了，黄荣悄悄地露出奸笑，显然，这事是他干的。 廖杰他们真的会用热油浇活猴脑吗？ 看过电影的人，当然会明白。 没有看过的，笔者也不剧透了。 只能说，最后的这个反转，还是非常有创意的。

劲敌打跑了，酒楼保住了，男女主角也终于在一起了。 一部电影，亲情、友情与爱情，都得到了很好的诠释，特别适合合家欢的氛围。 那些琳琅满目的精美菜点，当然让我们为之动容，但是，还是要和心爱之人一起分享。

要说笔者对这部电影有什么意见，那就是徐克胆子没有再大一点，让张国荣在最后的决战中，顶替钟镇涛出战并赢得冠军，主角就应该有主角的样子，就应该成为最关键时刻解决问题的人，这样观众才会看得过瘾，代入感才会更强烈。

在拍摄《鹿鼎记》续集时，王晶不惜魔改，愣让本不会武功的韦小宝成为天下第一，承担起最激烈的打戏。 相比之下，《金玉满堂》的处理方式就过于保守了，陈港生只是和袁咏仪一起当助理跟班，多少削弱了主角光环。 而且，主题歌《漫漫人生路》也由钟镇涛演唱。

3月2日，《金玉满堂》以3112万收官，虽说获得了春节档亚军，但离成龙《红番区》差距遥远，也不及周星驰两部《西游记》之和。 张国荣加徐克，并没有产生1加1大于2的效果。 随后，它又被暑期档和圣诞档的3部影片超过，最终只名列年度第五。

《红番区》则一口气上映到3月29日，最终票房是惊人的5691万。 不光为成龙夺得了自1987年之后的又一个冠军，更是打破了周润发刚刚创造的华语片纪录。

对于这样的结果，黄百鸣和徐克会满意吗？

《大三元》出演最靓神父，助人为快乐之本

《金玉满堂》票房不算特别好，但口碑相当不错，于是黄百鸣与徐克在新年继续合作，继续安排张国荣和袁咏仪主演。

但徐克居然学起了王家卫，一边拍戏一边写剧本。

1995 年 12 月 11 日，《大三元》在澳门开镜。

为了赶春节档期，《大三元》每天的拍摄时间基本上都达到了 16 小时，有时甚至超过 20 小时，搞得演员相当疲惫。张国荣的手指一度受伤，要靠木板夹直，后来双腿也扭伤了。导演徐克都累病了——连轴工作能轻松吗？但效果显然不好。

按徐克自己的话说，如果迟半年再拍就好了。可档期不等人，影院也不等人。于是，《大三元》只能仓促上阵了。以这样的状态，怎么能挑战成龙？

1996 年的春节是 2 月 19 日，鼠年没有了情人节。

2 月 10 日，成龙推出了远赴乌克兰拍摄的《警察故事 4：简单任务》。导演依然是老搭档唐季礼。这是成龙将自己最重要的《警察故事》系列首次放在春节档，全程海外拍摄也充分彰显了国际视野。

5 天之后，《大三元》在东方院线起片，这么做显然是为避开成龙的锋芒。次日，永盛的《大内密探零零发》也杀入档期。

"大三元"其实是麻将用语，指红中、发财和白板三张牌。也对应了影片 3 个主角角色钟国强、刘青发和白雪花。但张国荣饰演的男一号，却是一位神父，这么命名有点无厘头，可这就

是徐克，要不他怎么得到"老怪"的封号呢？

基督教是世界上信徒最多的宗教。基督徒结婚，一定要去教堂找神父公证。心情不好的时候，他们往往还要去教堂告解。这个题材，其实也不算小众。

4年多前拍摄的《倩女幽魂Ⅲ：道道道》，徐克都让和尚和女鬼谈恋爱了。那神父交女友，算不算大逆不道的事情呢？大家都知道，新教的神父是可以结婚生子、组织家庭的，天主教的神父却只能像个苦行僧，真有点不公平，为什么就不能让他们也冲动一回呢？

影片以倒叙方式开启。风度翩翩的神父钟国强（红中，张国荣饰）要主持白雪花（白板，袁咏仪饰）和陈俊男（陈豪饰）的婚礼，却看到新娘的眼神充满无奈。他们可不是陌生人，3个月之间就有过很多交集了。

白雪花年轻貌美，却只是个坐台小姐，她欠了黑社会头子高利泰（熊欣欣饰）10万高利贷，又被男友忽悠，多认领了10万债务。为了躲避追债，白雪花一路逃到了圣芳济教堂的告解厢，正巧遇到了钟国强为信徒告解。

获悉白雪花的遭遇，又拾到她留下的地址之后，钟国强有了一个大胆的计划，他穿上了20世纪60年代致敬猫王的夸张服饰，去乐桃桃公寓租下房间，准备用实际行动帮助她脱困。

白雪花并非独居，而是与3个姐妹合租。她第一次见到钟国强的背影时，居然当是自己的男友上门。

他为她们联系银行，帮她办理了贷款，来偿还高利贷。

他给她们介绍了工作，穿上干净的制服，销售爱克发胶卷。

他单枪匹马找高利泰，要求给白雪花宽限日期。

他甚至买来了音乐设备，鼓励她们尽情唱歌，组个乐队。

张国荣坐在音箱上弹吉他的造型，实在是帅。白雪花对钟国强一见钟情，也就显得非常合理。对于这样看似没有正形，其实相当可爱的妹子，神父一样有了特别的感觉。

钟国强从不缺桃花运，可他也和唐僧一样善于装糊涂。 表妹 Mary（洪欣饰）是一位心理医生，一直企图跟表哥"交往"，可一直得不到机会。

说白了，不是唐僧不会动心，只是他一直没有动心的对象。

而警官刘青发（发财，刘青云饰）和助手阿鸿（陈锦鸿饰）为了找到卖淫团伙头目恐龙（钟景辉饰）的犯罪证据，一直盯着白雪花姐妹。 可惜，他们一直智商欠费，一直在闹各种笑话。

Mary 为了让表哥无处可逃，不惜也在乐桃桃高价租房，却无意间邂逅了阿发。 按理说，两人一个粗狂一个精致，一个逗比一个妖艳，他们居然能擦出火花，实在令无数宅男大呼不值，还不如选我。

事实上，一段感情值不值，得看当事人自己的意愿。

吃过亏的高利泰上门寻仇，绑走了白雪花。 钟国强不顾一切地前去搭救。 两个警察也随后赶到。 男女主角被困在唱歌房，因为地板倾斜，他们不由自主又吻在一起了。 这场面相当温馨，和《金玉满堂》中的借鱼亲嘴，有异曲同工之妙。

最后，当然是搞笑匪徒被捉拿归案，憨豆特工完成任务，而神父与小姐，终究能不能在一起呢？ 大家可以想一想。

日常，张国荣开解朋友时总喜欢说"凡事不要太认真"。 但他拍起戏来，却是认真得有点强迫症倾向。 演《鼓手》时反复磨炼鼓技，拍《霸王别姬》时苦练旦角走位，演这样一部《大三元》，也要反复学习揣摩神父的生活细节，最终呈现在大银幕上的主持婚礼和为教徒告解等场面，才显得相当专业。

而以钟国强的盛世美颜和优雅气质，新娘现场放弃新郎选他的镜头虽说离谱，还是有很强说服力的。 说他是"史上最靓神父"，当然也不夸张。

袁咏仪以香港小姐出道，以"靓靓"闻名，已经连拿了两次金像奖影后了，却愿意出演这样不太讨喜的角色，而且放得特别开，确实令人敬佩。 而她每一次与张国荣合作的影片，都是默契十足，能擦出强烈的火花。

刘青云继《大富之家》后再与张国荣合作，把一个憨憨又仗义的警官演得很有喜感。 洪欣以拍电视剧为主，这部影片应该是她的高光时刻，在港姐袁咏仪面前，她的容貌也不吃亏。 两人的对手戏，也是既好笑又温馨。

饰演大反派恐龙的钟景辉，正是将张国荣带入丽的的贵人。 他上一次接触电影，还是十年前张艾嘉导演《最爱》的时候。 在徐克的诚邀之下，他将一个阴险狡诈但自带表情包的卖淫团伙头目，塑造得相当传神。 熊欣欣当然也不含糊，徐克偏爱他是有道理的。

著名的老戏骨"鲍叔"鲍汉琳在片中出演德高望重的约翰神父，钟国强的同事。 这一年他已经过了80岁生日，但看来就像60来岁。 比张国荣只大一岁的"大傻"成奎安，也客串了罗宾神父。 黄百鸣这次的戏份不多，出演刘青发的上司麦警司，在有限的戏份中，依然展现出了搞怪天赋。

虽说演员们的表演都很投入，但《大三元》相对平庸的品质，决定了它走不远。 面对成龙和周星驰精心打造出的力作，难以招架也是非常正常的。

3月15日，《大三元》在上映30天后落画，票房仅2522万。 这也是6年来，张国荣主演的春节档大片首次跌破3000万。 而《大内密探零零发》却一直上映到了当月28日，票房3605万；《警察故事4》更是一口气放映到4月3日，以5752万打破《红番区》上年刚刚创造的港片纪录。

这年春节，可以说是成龙在香港的巅峰时刻，他进军好莱坞之强势，确实无人能抵挡。 不过，四年来第一次输给周星驰，让东方影业不太开心了。

《大三元》这点票房，在1992年只能排到第十三，1996年却高居第四，仅次于成龙和周星驰的3部大片，实在令人哭笑不得。

票房失利的黄老板，看了看明年的日历，猛然又有了灵感。

《97 家有喜事》关注回归，贺岁影史最华丽的客串

"终于等到你，还好我没放弃。"

张信哲这句经典情歌，特别适合荣迷，特别适合解读他们看《97 家有喜事》时的心情。

很多人难免心生疑惑：自 1992 年到 1996 年五年间，张国荣连续五年主演黄百鸣的贺岁喜剧，可以说功勋卓著。到了 1997 年，在香港回归的这一年，原本有很多话题可做，有很多概念可打，为什么只让人家客串一下呢？

对黄白鸣米讲，显然也有自己的苦衷。

当时，张国荣已不再是东方影业的合约演员。想要签他，片酬就不可能再是之前的 300 万，至少得翻一倍了。受成本制约，加上张国荣要办演唱会，黄百鸣只能着手安排替代人选。

1995 年，张国荣重回歌坛。就在这一年年底，他早早向红馆递交申请，准备在 1996 年底到 1997 年 1 月，做"跨越 97"演唱会。

自打 1989 年告别歌坛，张国荣已经 7 年没有在红馆现身了，无数歌迷，肯定会将他开唱的那一天，视为自己的节日。

而这个时间点，恰恰正是黄百鸣一年一度拍摄贺岁片的日子。如果没有张国荣助阵，东方根本无法与嘉禾及永盛两大巨头抗衡。

恰恰就在 1996 年贺岁档，周星驰表现不俗。他亲自执导的《大内密探零零发》，轻松战胜了东方的《大三元》。一想到 1992 年的辉煌，黄百鸣也就产生了重启《家有喜事》，与周星驰

再度携手的念头。

香港市场已经大不如从前了。1991 年，港产片票房高达 10.38 亿，1995 年，在票价明显上涨的情况下，数据反而下降到 7.85 亿。

周星驰的影响力也大不如前，已经被成龙压制了好几年。1994 年他有 3 部电影破 3000 万，次年却只有一部——《百变星君》。而且，他自组彩星影业损失惨重，创办星辉影业筹投拍创业作《食神》，急需大笔资金。跟东方联手，也许是他摆脱困境的唯一路径。

因此，当黄百鸣主动上门时，这位喜剧之王也不客套，直接开出了 1500 万的天价。这就意味着，即便香港票房达到 4000 万，分账收入只够给他一个人开片酬。但在权衡了利弊得失之后，黄百鸣终究还是答应了。

张国荣的替代人选，黄百鸣选择的是在《古惑仔之人在江湖》中演靓坤非常出彩的吴镇宇。

不过，张国荣并没有缺席《97 家有喜事》，影片最后他还是现身了。据黄百鸣回忆，这还是张国荣主动要求的，没有收片酬。

为了结尾出场不到一分钟的亮相，很多荣迷愿意"忍耐"将近两个小时。

1997 年的春节是 2 月 7 日。1 月 31 日，成龙主演的《一个好人》率先在嘉禾院线上映。影片全程在澳大利亚拍摄，彰显了强劲的国际视野。次日，李连杰主演的《黄飞鸿之西域雄狮》在新宝院线上映，这是他自 1986 年《南北少林》之后再次亮相春节档，也是首次为永盛征战贺岁档。

2 月 6 日，大年三十，《97 家有喜事》才开始在东方院线上映——黄百鸣真是怕成龙啊。虽说有炒 1992 年版《家有喜事》冷饭的嫌疑，但无论如何，这部新片都不能算烂，至少与《八喜临门》《八星报喜》一个级别。

影片以一个典型的香港"大富之家"为切入点。老老头（乔宏饰）丧偶鳏居，还摊上了 3 个不省心的活宝。

老大老良（黄百鸣饰），是事业有成的公司高管，见多识广之后，难免嫌弃缺少女人味、不懂浪漫的老婆贤淑（伍咏薇饰）。但出人意料的是，老婆居然暗恋起了著名摄影师郎梦（周华健饰）。

老二老非（吴镇宇饰），是个只会死读书的傻小子，居然看上了根本和自己不搭的飞车小太妹金慕玲（李蕙敏饰）。为了达到目的，他居然还请来自北京的小倩（吴倩莲饰）扮女友，以让家人觉得金慕玲还不错。

老三老恭（周星驰饰）。他颜值出众又心地善良，终日忙于帮助无知少女领略人生中最美妙的活动，还不收她们的学费。但他因被人陷害而欠下百万债务，不得不扮成痴呆。在认识了同样装痴的小萱（钟丽缇饰）之后，老恭的人生才有了根本性的变化。

不难看出，《97 家有喜事》与 5 年前的《家有喜事》有个少相似之处。老大都是追求浪漫的成功人士，其老婆都是抠抠搜搜的黄脸婆，婚姻都游走在解体边缘。而老三，都是段位很高的情场浪子，都以收集少女的第一次为乐，还都成了精神病人。扮演这俩兄弟的演员，还是 5 年前那两位。但影片还是努力营造出了不少差异，避免观众一定会有的审美疲劳。

最大的变化，当然就是老二了。他不再是讲究生活品位的娘娘腔，而是渴望爱情的超级学霸。他最终选择的女友，则是非常应景的"北妹"。

《97 家有喜事》在香港回归前的春节上映，其实很有纪念意义。吴倩莲的角色，是一位从北京到香港创业的女孩小倩。香港马上要回归了，北京人居然还要往香港跑，还会被个别香港人看不起，显然是有些夸张。

但是，影片对香港回归的强烈期望，对内地观众的真诚讨好，还是相当明显的。毕竟 12 亿人的大市场，购买力再不行，也远远胜过 600 万人的弹丸之地。光靠售卖正版 VCD，都是东方的一笔不小收入了。

影片的最后，两家人将长洲的店铺打通，定名为"一家亲"，肯定是在寓意两边一家亲，一定程度上也拔高了贺岁片的境界。

影片接近尾声时，新开张的快餐店嘉宾云集，但最耀眼的 C 位，只能留给一个人。 当时，老恭和小倩正在聊天，看到来了那么多客人，不觉相当吃惊。 小倩小手一指做惊喜状："哇，你看那边，那边是谁啊？"周星驰一见，不觉双手抱头，大惊小怪："哇……"

不过他看到的，只是一个红衣人的背影，人家还戴着墨镜，就这都能认出来，也太夸张了吧？ 这位先生可没过去和星爷打招呼，而是径直去和黄百鸣握手："老板，恭喜你啊。"

黄百鸣乐得合不拢嘴。

随后，红衣人左右顾盼了一下："咦，你老爸和老弟呢？"

"在里面招呼客人呢。"

"那我去找你老爸了。"

这句话可不是白加的，体现的是尊重长辈的意思。

随后，就是最隆重的剪彩仪式了。 全体嘉宾站成一排，镜头从左向右扫过，停留在这个红衣人身上，在他的旁边，是打手机的老恭。 随后，镜头又从右到左再扫一遍，又停在了此人身上。 然后画面拉远，剪彩开始，红衣人还是焦点，还得他先动剪子，星爷只能躲在他身后打手机。

不得不说，导演张坚廷这个安排相当巧妙，让两大巨星都保住了面子。

影片在欢快的气氛中落下了帷幕，也充分利用了张国荣宝贵的亮相时间。只是，实在是看不够啊！

1982 年，3 部春节档电影跻身年度前四，象征着香港电影进入黄金时代。

1997 年，3 部春节档大片包揽了年度前三，却成了香港电影告别巅峰期的标志。

不是这年的春节档真的有多强，只是其他档期更没法看了。

《黄飞鸿之西域雄狮》仅进账 3027 万，在 1992 年都进不了前十，1997 年却高居第三。 过去两年连破华语片纪录的成龙，成绩也明显下滑，《一个好人》以 4542 万收场。

《97 家有喜事》在 3 月 13 日下映，票房 4016 万，与成龙也就差了五百来万，这已经不是不能追赶的差距了。

1997 年，港产片从上年的 6.86 亿降到 5.47 亿，在总票房中的占比，自 1982 年来首次跌破 50% 大关，仅有 47.02%。但《97 家有喜事》却能比《大三元》多出将近 1500 万，加上中国台湾和东南亚票房，影片最终也获得了盈利。

如果黄百鸣魄力能再大一些，再砸个五六百万，请张国荣出山代替吴镇宇，在营销上再多下点功夫，那年度冠军很可能就是他的了。毕竟这种贺岁片二三十天就能拍摄完成，并不需要演员投入太多的精力，张国荣又对表演风格相当熟悉，与很多演员及幕后团队都很有默契，参演并不会影响"跨越 97"演唱会的筹备。

20 世纪 90 年代内地一年一度有春晚，香港一年一度有贺岁喜剧大战。从 1991 年开始，更有成龙、周星驰和张国荣的"三国杀"。巧合的是，事实上缺席了 1997 年贺岁档的张国荣，从此也就告别了影坛一线的地位。但他依然在坚持自己的艺术追求，并积极向导演和制片人方向转变。

他和黄百鸣的缘分到头了吗？两位老友还会合作吗？

《九星报喜》再演古装喜剧，最后一次亮相新年档

香港回归之年，张国荣错过了《97家有喜事》，年内只有一部票房惨淡的《春光乍泄》上映。这让黄百鸣感到有愧于老搭档。因此在筹备新一年的贺岁片时，他首先想到的还是这位传奇巨星。

当年11月12日，《九星报喜》在香港的西贡成丰片场举行了开机仪式。能够吸引多家媒体，全因为一个人的现身。

张国荣其实已经不打算接拍这类贺岁片了，但碍于黄百鸣的情面，他又一次答应出演，还打了个友情价。

当时，任贤齐的《心太软》已成为家喻户晓的国民神曲，这首歌也应该送给张国荣。对待朋友，他总是心太软。

《九星报喜》并非原创，而是改编自意大利喜剧作家卡洛哥尔多尼的《扇子》。早在1978年，《扇子》就曾被香港青艺剧社改编为《锦扇缘》。可见，扇子必然是其中的关键道具。

黄百鸣之所以起这么个片名，估计也是为了致敬10年前的经典。1988年的《八星报喜》可是破了香港影史纪录的。

继1993年《花田喜事》之后，东方再拍古装贺岁片。此次，黄百鸣和老朋友高志森也做了大胆创新，将影片打造成首部歌舞贺岁片。当然，《花田喜事》中也有歌舞，可那只能算点缀，不是主流。

《九星报喜》的女一号，是《夜半歌声》中与张国荣有过默契合作的吴倩莲。在刚刚过去的一年里，吴倩莲不光主演了东方的贺岁片《97家有喜事》，还携手黎明主演了《半生缘》。坚强

独立的曼桢，与儒雅敏感的世钧，都成为许鞍华电影中的经典形象。

以"小倩"成名的王祖贤淡出影坛之后，人称"小倩"的吴倩莲，不但与张国荣有了多次合作，似乎也成为东方影业的首席花旦。

1997年，亚洲金融危机对香港经济造成了严重破坏，带来股价、房价持续大跌，令很多家庭背上了沉重债务，很多人的资产一下子跌到负值。万万想不到的是，这里面居然包括歌神级别的钟镇涛。他因投资不慎，欠下的债务超过了两亿，妻子章小惠也和他离婚了。

都说男人只有穷一次，才能知道谁对自己好。但只要条件允许，谁也不想真的有这么一天。在无数人都躲着钟镇涛，或者看他笑话取乐时，张国荣却推荐钟镇涛一起参演《九星报喜》，黄百鸣自然也爽快地答应了。

曾几何时，我们坚定地相信，雪中送炭的好事只会出现在电影里，但1997年底的钟镇涛，却发现这种事居然也会发生在现实中。即便他的片酬高不到哪里去，肯定也能解燃眉之急。

而且，以《表错七日情》《青蛙王子》出名的钟镇涛，演喜剧是轻车熟路的，归根结底，还是他有这个能力。但个人以为，以钟镇涛当时的年龄和相貌，他不应该演男二号锤子哥，而应去演三兄弟中的老二。

3年前拍《金玉满堂》时，徐克慷慨地给了钟镇涛很多戏份，还让他唱主题歌，让张国荣和袁咏仪两大巨星演他的助手。但张国荣却没有不满，并不在乎这些虚名。

两人之前交流不多，此后反倒成了好友。钟镇涛还经常去张国荣家串门。在很多人眼中，普通朋友根本是不能请到家里的，更不能说来就来，得预约。但贵为顶尖明星的张国荣，似乎不想遵守这些繁文缛节。

吴倩莲、黎姿和李蕙敏三位女星都参演了《97家有喜事》，她们都有着比较好的唱功，也都发过唱片，出演这样的歌舞片倒是非常合适。

1998年，香港回归后的第一年，离新千年越来越近。曾笑傲亚洲的香港

C　　　　　　　　　　　　　▶　**197**

电影，却变得越来越艰难。

这年春节是1月28日。当月16日，周星驰主演的《行运一条龙》亮相春节档，王晶担任出品人。这又是三兄弟组团泡妞的老套路，被观众亲切地称为《98家有喜事》。次日，成龙在非洲拍摄的冒险动作片《我是谁》隆重上映。

1月22日，刘伟强执导的《98古惑仔之龙争虎斗》在东方院线【注：因效益下滑，黄百鸣在1997年放弃了东方院线】上映。《九星报喜》没有戏院可以排片，只能一等再等，完美复制了《东成西就》当年的尴尬。

直到2月14日情人节当天，《九星报喜》终于得以上映。当天，作为欧洲三大电影节首个华人演员评委，张国荣已飞到了柏林。

《九星报喜》虚构了一个世外桃源一般的彩虹村。这里民风淳朴，民众善良，路不拾遗，夜不闭户，男人不用出卖灵魂，女人不用出卖身体，小孩子不用上钢琴辅导班，老年人也不用咬牙攒彩礼，一派安乐祥和的景象……反正是虚构，陶渊明可以，黄百鸣为什么不可以？

可惜，新知县马麟大（黄百鸣饰）及其兄弟的到来，不但打破了村民的宁静生活，还让他们坚持的价值观，一下子土崩瓦解。

马麟大为人狡诈、贪得无厌，最见不得好人有好报；二弟马麟举（周文健饰）力大如同李逵，好色如同李治，是大哥的好打手；三弟马麟祥（张国荣饰）英俊潇洒又放浪不羁，耻于跟两个哥哥为伍，遂四处游荡，却对相国夫人（陈洁灵饰）的侄女紫云（吴倩莲饰）一见钟情。

紫云的闺蜜阿香（黎姿饰）和锤子哥（钟镇涛饰）是热恋中的情侣，一天到晚腻歪得不行。马麟祥委托阿香送给紫云一把绢扇以表明心迹，谁知阴差阳错，竟引出了太多误会，并导致了连锁反应。为了挽回爱情，拯救村民，马麟祥使出了自己的绝活……

平心而论，相比四五年前东方贺岁片的神仙打架阵容，《九星报喜》的演员阵容显然要弱了不少。 也就张国荣和吴倩莲有票房号召力。 这个九星也不是九个明星的意思，影片最后给出了解释。

片中那个活蹦乱跳的男一号，本身就保养得好，加上拍摄打光得力，看起来依然年轻帅气。 其实张国荣拍片时已经 41 岁，妥妥的中年人了。 但是给不知内情的说他 31 岁，也有大把人信。

马麟大兄弟认为，自私贪婪才是人的本性，好色淫荡才是男人做派，他马麟举恨不能在全村开满赌馆和妓院，搞肥自己，搞坏人心。 两兄弟更要与相国夫人打赌，谁输了谁就得离开。

镜头一切，相国夫人发包子时，马麟举过来捣乱，戴着面具的马麟祥过来制止，两人打在一起。 老二一心想把对方的面具摘下来，老三死活不让摘。马麟举就拿出匕首对付他。 紫云一看身形就知道是心上人，忙扔出扇子相救，结果把扇子搞坏了。

为了讨好紫云，马麟祥准备送扇子。 他找阿香帮忙，两人一同在锦扇上题诗。

我从他乡来，爱闯天涯路。

紫霜怜过客，云里觅归途。

阿香半夜给紫云送扇子，结果人家不让进门，还将扇子遗落在门外。

锤子哥拾到扇子，想找相国夫人问上面写的什么——原来他是文盲啊。结果却搞得没脸见阿香了。

侍女姣姣（李蕙敏饰）拾到扇子，却扔到新交的男友马麟大那里了。

马麟祥来找紫云。 姑娘为了气他，居然把路过的锤子哥拉过来，说是她的爱人。

好好的彩虹村，让马家两兄弟搞得乌烟瘴气。

相国夫人眼看要赌输，只能黯然收拾东西。 阿香和锤子哥说出了真相。紫云思念成疾，相国夫人于是贴出告示，寻找扇子与贤婿。 马麟大兄弟俩当然不甘人后，都想娶紫云过门。

到了影片高潮戏份，扇子的谜底被揭开，紫云却说自己嫁给谁都行，一个满脸胡子的大汉打倒了马麟举，恢复了本来面目，还愿意吃下作为惩戒的巨大朝天椒饭团，紫云也愿意陪他吃。 他当然就是男一号马麟祥，有情人终于在一起了。 马家两兄弟也改邪归正。 影片在欢乐的气氛中结束，高志森也跳出来刷了个存在感。

网上流传，张国荣演过 17 个孩子的父亲。 真的吗？很多同学肯定一头雾水。 不过，就给张国荣攒孩子这一点而言，哪部影片也没有《九星报喜》重要。

只有看到最后，你才能明白片名的来历，九星，就是马麟祥和紫云两口子，加上他们生的七胞胎（正好能组个北斗七星阵了）。

不过，这剧情真是够无聊的，做成歌舞片更令观众尴尬，比街道文工团新年演出的水平是高一些。 张国荣自己岂能不明白，但看在黄百鸣的交情上，他也只能尽力演出了。 有了他的参与，我们再看《九星报喜》时，还真不至于看不下去。

1992 年，破 3000 万的港产片多达 12 部。 到了 1998 年，只剩下了两部，连周星驰的贺岁喜剧《行运一条龙》，票房都只有 2773 万。 成龙《我是谁》也只有 3886 万，还被暑期档《风云》以 4153 万超过，未能追平周星驰之前的四连冠。

《九星报喜》更是仅有 1003 万，非但大幅度刷新了东方影业贺岁片的最低纪录，甚至还不及 1996 年的小制作《色情男女》。 但这样的成绩，居然能名列华语片年度第十，实在令人哭笑不得。

张国荣是个对自己严格要求，对朋友尽心尽力的人。 这样的结果，他当然觉得愧对黄百鸣的信任。 说来让人唏嘘，这成了他们合作的最后一部影片。

今天看来，《九星报喜》可谓生不逢时，惨败有多种原因。

首先，是香港金融危机对市民消费愿意产生了严重影响，令春节观影气氛大不如前，去影院看电影毕竟不是刚需，再说 DVD（数字影碟）也普及了。

其次，黄百鸣已经出售了东方院线，在排片上远不如之前方便。《98 古惑仔之龙争虎斗》占据了春节黄金档期一直不下片，黄百鸣着急跳脚也没有用。

再次，《九星报喜》本身质量实在平庸，剧情浮夸，笑点牵强，与之前东方的经典作品差距明显。

最后，不得不承认的是，经历"月亮代表我的心"事件【注：张国荣在"跨越97"演唱会的最后一天，借演唱《月亮代表我的心》的契机，公开了自己和同性情人唐鹤德的关系】之后，虽说张国荣的歌迷没有流失，但票房号召力还是受到不小影响。 香港毕竟是个相当保守的地方。

黄百鸣并不是轻易认输的人，与张国荣分手之后，他先后又投拍了《爱情梦幻号》和《大赢家》，但入账更加惨淡。 他因此也暂时放弃了贺岁片市场，转而扶持甄子丹和古天乐等年轻演员。

从 2009 年开始，黄百鸣联合内地片商，连续推出了《家有喜事 2009》《花田喜事 2010》《最强喜事》《八星报喜 2012》，希望能在内地贺岁档成为领导者。 他虽说也取得了一定成绩，但最终还是不了了之。

不过，就在黄百鸣收手的下个春节，周星驰的《西游·降魔篇》在内地揽下 12.45 亿，从而彻底激活了春节档。 到了 21 世纪第二个十年，内地观众排队去影院观影的盛况，绝对不亚于 20 世纪八九十年代的香港同胞。

张国荣是没有机会看到了。 但每年 4 月 1 日，无数内地影迷却自发悼念这位天王巨星。 说他已经实现了不朽，绝对一点儿也不夸张。

笔者最期望看到的，是有贺岁片能用张国荣的歌曲做主题歌，能够有缅怀他的戏份。

　　20 世纪 90 年代早期和中期，是这位巨星在影坛的最高光时刻。在春节档，他是东方贺岁大片的"头牌"，是成龙和周星驰唯一的对手；在其他档期，他主演的多部影片票房也都能大卖，实现收益与口碑的双赢。

《倩女幽魂Ⅱ：人间道》大卖，从此站上影坛一线

香港电影的巅峰时代，起于 1982 年，终于 1996 年。 而张国荣无疑是幸运的。 从一开始，他就不是旁观者、仰慕者，而是亲历者、参与者，甚至是缔造者。

1982 年，以一年之内在 3 部电影中担任男一号为标志，张国荣坐稳了香港影坛顶级青春偶像的交椅。《烈火青春》《鼓手》《缘分》等影片，至今依然受到广泛推崇。

1986 年，通过主演《英雄本色》拿下年度冠军，张国荣上升为实力明星。 此后的《倩女幽魂》《胭脂扣》《英雄本色Ⅱ》等作品，无论票房还是口碑，都处于港片的前列。

更重要的是，这 4 部影片，直接带火了黑帮枪战片、古装奇幻片和爱情文艺片三种类型，彻底改变了时装喜剧片、拳脚功夫片在香港电影中的压倒性优势，为香港真正成为"东方好莱坞"起到了重要作用。

1989 年退出香港歌坛后，张国荣在影坛的地位，得到了进一步的巩固和提升。 也正是从这一年开始，他成为全港屈指可数的票房担当之一。

这年 9 月 17 日，刚刚过完 33 岁生日的张国荣，突然宣布要告别歌坛，绝对打了所有媒体一个措手不及——没有心理准备啊。

当时，他还欠了电影工作室一部电影。 在紧张筹备告别演唱会的间隙，张国荣与徐克、程小东和王祖贤等《倩女幽魂》的"老战友"，在大屿山一起摸爬滚打，终于完成了这部从影以来

拍得最为辛苦的电影。

《倩女幽魂》是 1987 年暑期档上映的。 按徐克的规划，续集原本应在 1988 年初拍摄，同年暑期档再上院线。 但张国荣先是拍了《杀之恋》，7 月又在红馆开了"张国荣 1988 百事巨星演唱会"。 因此续集一直没能拍成。

此时，徐克准备跳开《倩女幽魂》，不讲人鬼恋，由梁家辉和王祖贤拍摄一部古装奇幻片《人间道》，主人公定为周阿炳和傅清风。 事实上，程小东已经拍了一些镜头，但投资方根本不买账，一定要张国荣来演才放心。 没有办法，徐克只能机智地将《人间道》的故事和《倩女幽魂》嫁接起来，这就有了《倩女幽魂Ⅱ：人间道》。

这部影片的特效场面比第一部更多、更震撼，后期制作也很费时间，因此只能在 1990 年上映了。

这年的暑期档，没有了成龙和周润发两大超级巨星，各大公司的竞争倒是精彩纷呈。

6 月 28 日，王祖贤、吴大维主演的爱情奇幻片《漫画奇侠》，与郑裕玲、梁家辉主演的喜剧片《表姐，你好嘢！》同步上映。 7 月 7 日，王晶执导的《靓足 100 分》闪亮登场，又是个《青蛙王子》似的泡妞喜剧。

7 月 13 日，在张国荣忙于《阿飞正传》拍摄之时，《人间道》在金公主院线开画，阔别 3 年，宁采臣与聂小倩再现大银幕，自然受到了全港观众热捧。 之后上映的刘德华、王祖贤主演的《摩登如来神掌》，周星驰、陈德容主演的《师兄撞鬼》等，根本不是对手。

今天看来，《人间道》没有继续拍人鬼恋，反而是件好事——最好的已经拍过了，何必自己"山寨"自己，让别人去致敬吧，人世间的恋情同样美好。 可惜，影片被命名为"人间道"，而不是更通俗的"人间情"。

爱一个人，始于颜值，陷于才华，终于人品。《人间道》可能没有前作出名，但一样非常感人，一样正能量满满。

影片开头通过一系列闪回镜头，回顾了宁采臣与聂小倩的缠绵悱恻和有缘无分，那幅作为定情信物的《美人洗头图》，以及题于其上、无数人都能倒背如流的七绝。

一开始，失去爱人的宁采臣就遭受新的打击，去饭馆吃饭，差点被抓去做红烧人肉，然后又被当成逃犯周阿炳逮住。很快，他就住上了免费旅馆——死囚牢，吃上了纯天然食品——活蟑螂，还拥有了证明男性魅力的标志——大胡子。

盘点一下就会发现，这是张国荣从影以来，第一次在银幕上留胡子，当然值得纪念。不得不说，任凭导演再怎么折腾作践他，就算蓬头垢面，那份与生俱来的贵气依然掩盖不住，照样能把妹子迷得找不到手机，把男人恨得牙痒痒——我找不到媳妇都赖你！

相比《倩女幽魂》的轻喜剧风格，《人间道》的无厘头属性非常明显，各种调侃隐喻说来就来。扮演监狱室友诸葛卧龙的，正是《杨过与小龙女》中演洪七公的谷峰，你还指望他能正经起来？其姓名也调侃了香港两位著名武侠作家。在狱卒准备处斩宁采臣为某位官二代顶罪时，诸葛先生居然能放跑他，还赐他令牌一面和《人间道》一本——早干什么去了呢？

宁采臣一溜出来就逮到一匹马，还以为是诸葛先生的神机妙算，那还客气什么，赶紧上啊。哪里知道，马是小道士知秋一叶（张学友饰）的，这可怜的伙计只能跟在后面追。

倾盆大雨中，两人赶到正气山庄，里面阴森恐怖，俨然第二个兰若寺。一堆石棺，又致敬了《神雕侠侣》中的活死人墓。为了吓跑野鬼，宁采臣居然一边泡澡，一边高唱燕赤霞的《道道道》。

野鬼没来，倒是出现了一群白衣鬼，飞来飞去的好不瘆人。幸好知秋会武术，跟他们打得不亦乐乎。但宁采臣居然艳福无边，还能和一位绝色女鬼共享一条绢带，一起被吊在树上，营造了很多不可描述的笑点，更引得另一个女鬼怒不可遏，要挥剑当场杀他。

可当这个女鬼揭掉面具时，宁采臣却呆住了，怀疑自己眼睛出现了问题。

他忍不住大叫一声，把女鬼当场听愣了。

"小倩！"

原来，所谓的女鬼都是伪装的，她们只是人间的一对姐妹。姐姐傅清风（王祖贤饰）相貌酷似聂小倩，妹妹傅月池（李嘉欣饰）同样貌美如花，她们为救受陷害的父亲傅天仇（刘兆铭饰），才扮成这样以图方便。

刘兆铭不是别人，就是上一部中的树妖姥姥扮演者。人家还真是戏路宽广，徐克为了省钱也是够拼的。

明明知道她不是小倩，可宁采臣却难以自拔，希望她就是小倩的转世。

宁采臣无意中掉出的令牌，让姐妹俩误以为他就是诸葛卧龙。而"十里平湖霜满天"，更是被当成他写下的解救傅天仇的隐语，实在让人哭笑不得。

傅清风姐妹去救父亲时，宁采臣与知秋又在正气山庄相遇。这一次，他们遇到了大麻烦。

相比上部宁采臣一人对付阴湿鬼的奇葩经历，这部影片中两人遭遇巨尸的场景，更是充满了设计感，让观众实在忍俊不禁。知秋传授了宁采臣定心咒，还没说明怎么解，就被这哥们儿给当场定住了。随后，巨尸也不失时机地现身，宁采臣只有拖着知秋上蹿下跳，左支右绌，凭借强大的求生欲望，好歹算是保住了小命。

大难不死的宁采臣跑到野外，在"人生路，美梦似路长"的配乐中，他剃去了胡子，恢复了帅哥本色。可惜，打马路过的清风姐妹根本没认出来是他。

清风姐妹回到了山庄，却是事故不断。她们找不到宁采臣，以为官军来过，就布置机关准备应战。

这段剧情极有设计感，也相当浪漫。先是清风被楼上落下的怪兽黏液滴了一身，只好去刚才宁采臣待过的池子擦身，结果被巨尸用爪子挑走了衣服。

当宁采臣害怕清风姐妹为巨尸所害，焦急地往回赶。 刚到门口，他就焦急地大喊："清风姑娘！"丝毫不怕人误会。 可见，他的心里，还是放不下小倩。

还阴差阳错地吻上了清风的脸庞。

后面误会就更大了，将姑娘抱在了怀里，还说："刚才亲你一下是迫不得已，我们做正经事情吧。"

此时，张国荣把一个直男思维严重的书生，呈现得如此真实甚至有些夸张，配合那些有双关语义的台词，实在让人忍俊不禁。 相比三年前拍第一部时，他的火候拿捏得更加精准，更显得收放自如。

随后，宁采臣又去找月池，自然又被数落花心。 月池一个人孤寂地诉说相思之苦时，那个庞然大物不解风情地蹦了出来。 眼看这家伙要大开杀戒，定心咒当然不好使，还得武力解决问题，杀得这叫一个天昏地暗。 你说别人都是一身本领，没有武功的宁采臣，非但没有添乱，还发挥了特殊作用。

押解傅天仇的左千户（李子雄饰）赶了过来，不多时就给巨尸来了个大卸八块。 姐妹俩救下父亲，可清风却不幸被妖毒附体。

变身之后的清风，披头散发地飞到了半空，模样极其恐怖，眼神特别狰狞，比真正的女鬼聂小倩吓人多了。 连知秋都无能为力，建议要果断杀掉，防止传染。 宁采臣怎么舍得！

在知秋的帮助下，这位手无缚鸡之力的书生飞上半空，揽住已经变成鬼样的清风，深情地吻在一起，把看热闹的全看傻了：都丑成这样了，你小子还能下得去嘴？ 伴随着舒缓的配乐，两人越吻越投入，越亲越默契，越搂越紧密。 清风也慢慢褪去鬼样，恢复人形，比平日更加俏丽美艳。

这当然就是爱情的神奇力量。 比起格林童话中的睡美人之吻，这个东方之吻更加震撼。 而这一吻，也让姑娘彻底放下矜持，令两颗心贴得更近。 清风已然明白，不管自己变得多老多丑，宁采臣都不会有任何嫌弃。 而宁采臣也发现，清风并不是小倩的替代品，而是他要用生命去呵护的女孩。

当年在电影院中，这一吻不知道看哭了多少人。《倩女幽魂》中的水缸之吻当然浪漫，却不如僵尸之吻更直抵人心。

从此之后，宁采臣和傅清风就过起了甜蜜生活？ 哪有这么容易。 很快，国师普渡慈航大驾光临，傅天仇等人以为来了救星，谁知道这伙计却是个灾星。 他使出索命梵音，片刻之间制造了不少冤魂。 知秋使出浑身解数和他对飙，人家居然变成了如来佛祖，金光万丈。 当然，限于年代关系，影片的特效做得有限，但在当时无疑是顶级了。

知秋拼命炸开一条通道，才使得宁采臣和傅清风逃了出去。 后面有普渡慈航的手下紧紧追赶，两人纵身跳入湍急的溪流中，逃过一劫。

喜欢爱情电影的朋友，都知道很多事情都可以在水中发生。 不过这次宁采臣居然昏了过去，还得妹子救他。

清风把宁采臣拖到岸上，为他脱下湿透的衣衫。 此时的宁采臣，显然是发了高烧，浑身哆嗦，生命垂危。 怎么办呢？ 现找大夫也来不及了。

熊熊篝火照亮了清风精致的面颊，粼粼波光放射出梦幻般的色彩。 面对生命垂危的宁采臣，几番纠结之后，清风终于褪去罗衫，俯身向前……叶倩文《黎明不要来》的歌声再度响起，此时两人紧紧依偎的镜头，与上部小倩和宁采臣水缸接吻的戏码交替闪现。 小倩虽已投胎，一个与她长相酷似的美女，又愿意为他做任何事情。

可惜，他在昏睡之中，甚至是弥留之际，依然喊的是"小倩，不要离开我"，这是大煞风景吗？ 不是。 这恰恰展现了宁采臣对爱情的执着。

自己付出了那么大的牺牲，他心里装的还是另一个女人，是不是欠抽呢？

清风并没有发火，反而对这样的男人更为欣赏。 三人离开黑店后，两人一路逃跑。天色已晚，他们来到郊外，土匪倒是甩掉了，却被几只饿狼紧紧尾随。他俩一个不会功夫，一个没有恢复功力，眼看难逃一死，却没有任何慌张害怕。

"不管你是谁，能跟喜欢的人死在一起，已经很幸福了。"这是她的真情告白。

"我们再也不分开了。"这是他的回应。从这时候开始，他终于"移情别恋"，毫无保留地爱上了身边的姑娘。

"让我在外面，要吃先吃我。"都这时候了，宁采臣还不忘讲冷笑话。"十里平湖霜满天"的歌声响起，两人紧紧相拥，忘情热吻，完全不考虑这群单身狗，不，单身狼的感受。窃以为，这才是全片最浪漫、最震撼的名场面。要不，这些恶狼吓得都不敢靠前了。

《倩女幽魂》的尾声，是宁采臣与燕赤霞的策马前行。纵然再多豪言壮语，也改变不了单身狗的窘境。到了《人间道》，相同的戏码似乎又要复制：清风已经坐上花轿，要嫁到马公子家了。

生无可恋之时，"十里平湖霜满天"的歌声再度响起，清风姐妹出现在了不远处。狂喜的宁采臣，立即打马向前，不想再错过任何机会。而清风则果断扔掉新娘凤冠，迎接自己的真爱。

无数的爱情片以悲剧结束，无数的有情人天各一方，大团圆的结局，则往往被观众诟病，说是太刻意、太狗血、太没有批判意识。《人间道》的基调是无厘头喜剧，有情人终成眷属的圆满结局，当然就相当应景了。这样的处理方式，足以把很多观众看得当场落泪。不过，这泪水是感动，是开心，是欣慰。弥补了上部的遗憾，这让我们又相信爱情了。

《人间道》上映之后，票房一路走高，甚至有超过《三人新世界》创下年度新高的趋势。可惜就在 8 月 3 日，新艺城由石天担任出品人、霍耀良执导，许冠杰和王祖贤主演的《红场飞龙》开始在金公主院线上映。《人间道》的排片被迫大减，并在 10 日下线，止步于 2078 万，被之后上映的《赌圣》《新半斤八两》超过。

电影工作室没有自己院线的弊端，在暑期档暴露无遗。 但《人间道》却充分彰显出了张国荣的票房号召力。 香港首轮 2078 万列年度第八，华语片第六。 在大台北地区【注：包括台北市、基隆市和台北县（2010 年以后为新北市），是中国台湾最大的都会区】，它拿下 4366 万，列国语片第二，仅次于《赌神》的 5560 万，而香港年度冠军《赌圣》明显水土不服，仅收 1904 万。

1991 年 7 月 18 日，《倩女幽魂Ⅲ：道道道》与周星驰《逃学威龙》同天开画，最终取得 1502 万，为这个三部曲画上了圆满的句号。

张国荣完全退出歌坛之后，却凭借《人间道》及圣诞档的《阿飞正传》坐稳影坛一线地位。 如果按他之前的设想，在表演生涯的黄金岁月彻底退居幕后，那既是个人的重大损失，更是香港电影的重大损失。

在加拿大度过了近两年的"退休生活"之后，张国荣终于将工作重心放在了香港，出片量也明显提高。

《白发魔女传》上演旷世绝恋，原来这才是爱情

金庸和梁羽生，被称为中国武侠小说的双峰。 相比之下，金庸 15 部作品的影视改编频率还是要明显高一些。 而梁羽生 35 部作品中，知名度最高、影视改编最频繁的，无疑当属《白发魔女传》。

而 1993 年暑期档上映的《白发魔女传》，30 年之后依然被业界视为最佳电影版本。

《白发魔女传》是东方影业的年度巨制，投资高达 3000 万，导演定为于仁泰，男一号是公司"一哥"张国荣，女一号本想邀请功夫女皇杨紫琼，可她没有档期，黄百鸣于是邀请第一华人女星林青霞加盟。

其实林大美人时间也非常紧，但因为《东成西就》中与张国荣配合默契，因此就爽快地答应了。 在拍完《白发魔女传》之后，两人还先后飞往榆林，继续《东邪西毒》的拍摄。

张国荣"哥哥"花名的由来有两个出处，一是拍摄《倩女幽魂》时，王祖贤叫他"哥哥"，于是很多人跟着叫，于是就叫开了。 第二个由来，正是跟《白发魔女传》有关。

在演员试服装时，张国荣夸林青霞道："姐姐你好靓啊！"这位姐姐就对了个："哥哥你也好靓啊！"从此，圈内人都叫张国荣"哥哥"。

到底哪个版本属实，鉴于张国荣本人已经不在，真相也不那么重要了。 重要的是，《白发魔女传》是张国荣与林青霞的最佳合作作品。

影片的幕后团队，可以说星光熠熠：美术指导马磐超，摄影

鲍德熹，动作指导郭振锋，剪辑胡大为。

为了保证影片品质，东方还聘请了奥斯卡得主和田惠美出任造型设计。

作为曾经与大导演黑泽明多次合作的资深艺术家，和田惠美当然非常严谨。但这一次，她居然也任性了一次，为张国荣版的卓一航，设计了一种满是小卷卷，还拖着一条长辫子的"泡面头"。还别说，男主角放浪不羁的性格，真的特别适合这种发型。

熟悉历史的同学显然都明白，这是历朝历代男人都不可能有的造型，它最适合的场合，肯定是《风云》一类漫改电影。显然片中郭富城饰演的聂风，也是在致敬五年前的卓一航。

此后，一部又一部的武侠电影和剧集，都让男一号留起泡面头，以渲染其亦正亦邪的做派。

金庸和梁羽生都有着扎实的国学基础，《白发魔女传》原著的故事背景交代得非常明确，就是明朝万历年间。但于仁泰却给改成了明末清初，还让大汉奸吴三桂出现在了电影中。

正值国家危难之时，大明与后金交战不休，烽烟不止。作为中原武林的领袖，武当派自然不能置身事外。

掌门紫阳真人（鲍方饰）一心想让大徒弟卓一航（张国荣饰）接班，奈何后者性格桀骜不驯，不愿意遵守名门正派的繁文缛节，而且屡屡惹出事端。白云师叔却另辟蹊径：居然希望让自己的女儿何绿华（蓝洁瑛饰）当掌门，像是从400年后穿越过去的女权主义者。而漂亮的绿华本人，最大的理想当然不是掌门的权力，而是和卓一航长相厮守，白头到老。

而一心想踏平中原武林的魔教实力凶猛，教主姬无双（吴镇宇、吕少玲饰）法力无边，还是个双头怪人，连体男女，真应了那句"一半是天使，一半是魔鬼"。姬姐姐心思歹毒看透一切，姬弟弟却不自量力地当上了情种，迷恋亲手养大的狼女（林青霞饰）。

都说男人是世界上最奇怪的动物，对自己眼前唾手可得的大美女视而不见，却总是去追求离得很远的妹子，甚至不惜付出惨重的代价，这才叫爱情吗？《杀之恋》中的戚近荣如此，《锦绣前程》中的林超荣如此，《白发魔女传》中的卓一航同样如此。卓一航不要同是名门正派的何绿华，偏喜欢魔教的狼女。

在一个月黑风高的夜晚，受罚闭关中的卓一航让师姐何绿华代己受过，自己跑出来睡懒觉，却被一阵喊杀声惊醒。一群饥民偷吃明军的军粮，被他们疯狂斩杀——打清军时怎么就没这么勇猛？突然之间，狼女从天而降，一身白衣，面纱遮脸，派头十足。她善解人意，挥动长鞭，瞬间就把无数大兵送去投胎。

就是这样一个杀人不眨眼的女魔头，却愿意为难产的孕妇接生，给男一号留下了很深的印象。

随后发生的事情，却让狼女永远记住了卓一航。憨憨的直男宁采臣大煞风景，并不影响他赢得芳心。但显而易见，坏坏的男生更能让妹子失去抵抗力。

洗得正尽兴的狼女，猛然发现有男人偷看，还看得"光明磊落"，不带回避的，不觉大怒，飞身而起，熟练地勾住他的脖子……用的不是小手而是头发："你说，你到底是什么人？为什么要跟着我？"换别人，早吓个半死了吧。可这哥们儿，却是一脸无辜地回答："姑娘，是你把我们的距离拉得这么近的……"

狼女看着自己不整的衣衫，又见对方占便宜一般的坏笑，只能又飞身而起，躲在一边。

"对嘛，大家保持距离好一点。"

妹子可不待见这种贫嘴："谁见到我的样子，都要瞎……"

卓一航一听，不觉做出害怕表情："哇，那我看见你全身，岂不是要天诛

C　　►　　**215**

地灭？"说完这句，立即换上一副得意的表情，把姑娘搞得进退都不是。 仅仅几分钟，就能让一个武功盖世的魔头芳心大乱。 随后发生任何事情，其实也就不再突兀了。

这样一个帅气逼人、放浪不羁的张国荣，当然只出现在银幕之上。 而在现实生活中，他却是相当保守内敛的男人。 在他成名之后，很多普通人根本不敢想象的艳遇，对他来说完全是唾手可得，但他完全无意这么做。

面对魔教的挑衅，八大门派联手征讨，紫阳真人非让卓一航当首领，其态度之坚决，像极了一心想让儿子继任董事长的暴发户。 但卓一航对这种打打杀杀早已经厌倦，居然不负责任地提议，让何绿华代替自己。 苦闷之下，他跑去找吴三桂喝酒，没想到对方叫嚣"宁可错杀百人，不可使一人漏网"，令他非常失望。

何绿华一干人左等右等，也不见卓一航来主持大局，只能先行讨论对付魔头。 大家伙正说到激烈之处——吹牛不算犯法吧，一把长剑却从天而降，插到他们身前的空地上，把这帮"演说家"顿时吓傻了。 泡面头喝得醉醺醺地回来了，说："各位前辈，我卓一航想问你，外族人和我们无冤无仇，为什么要杀死他们？"

这一番讽刺挖苦，令大家面面相觑。 道理是没错，可是用错了场合。 人是个好人，可惜生错了时代。 卓一航以主帅身份说这些话，只能起到动摇军心的作用。 明明有着一身武功的他，却有着令人诟病的"书生意气"，有着不容于世的天真。 在大明江山随时不保的情况下，对敌人的手软，岂不正是对同胞的残忍？

魔教杀来了，何绿华指挥手下布阵，双方打得难解难分。 此时，片中非常精彩的一幕上演了。 依然半醉半醒的卓一航，随手折了根草棍，左手还叉着腰，晃晃悠悠之下，闪转腾挪，上下翻飞，片刻之间就将来犯之敌通通制服，却无意杀他们。 这段打斗虽说用了替身，但摆姿势不还得张国荣来吗？

张国荣演得好，担任动作指导的郭振锋当然也功不可没。 狼女出场了，和卓一航战在一起。 他也许真的知道她不会杀自己，也许是想赌一赌自己的魅力，干脆扔下长剑，做闭眼受死状。 不过发出惨叫的，却是他的心上人——狼女被毒箭射中。 能干出这种"缺德事"的，正是她的情敌何绿华。

在师姐的诅咒声中，卓一航抱着受伤的狼女离开，回到她洗浴的水潭为她疗伤。 命运真的是捉弄人，就在不多时之前，她还试图举鞭取他性命；眼下，他却拼上性命为她吸毒。 不要问他脑子是否进水，他脑子里装的全是这个女人。

治伤的镜头就已经够浪漫的了。 随后不久，狼女醒来，在月光下吹起玉箫，猛然将卓　航的记忆带回到小时候：当年他被狼群袭击时，吹箫救他的小姑娘正是她！ 这不是缘分，又是什么呢？ 在她冷漠凶残的外表之下，原本也有着何其善良的心！

于是，我们看到了林青霞从影22年来"尺度最大"，也可以说是最有视觉冲击力的一场激情戏。 如果和她配戏的不是张国荣，她估计不愿意这么演；同样，如果站在对面的不是张国荣，也根本产生不了这样的震撼力。

据于仁泰导演剧透，他的剧本上就俩词：love scenes（爱情场面）。 还真省事，这导演当得轻松，细节全靠两人即兴发挥。

相比徐克《笑傲江湖》等经典，这部《白发魔女传》对武侠精神的诠释并不深刻。 它之所以能有超高的口碑，除了绚丽的场景、华美的服化道、凌厉的打斗，更有男女主角之间的痴情虐恋。 相信换成其他任何两人，都很难演出这种效果。

伴随着《红颜白发》的配乐，他们紧紧相拥，忘情接吻，极尽缠绵。 隔着银幕，我们都能感受到这股真情。 也许追杀者随时就会赶到，也许冷箭随时就会射出，也许死神随时就会降临，但世界上已没有任何力量，能阻止两颗心贴在一起；世界上再没有任何障碍，能影响两个人私订终身。

正是在水潭中，卓一航看到了狼女臂膀上的"练"字，起初开玩笑说给她取名"练武功"。随后经过认真思考，他开始管自己的宝贝叫"练霓裳"。"霓裳"有仙女之衣的意思，《楚辞·九歌·东君》中有："青云衣兮白霓裳，举长矢兮射天狼。"

这个名字，比世间一切珍宝更有价值；这个名字，让狼女真正蜕变为人间佳丽；这个名字，事实上就是他俩的定情信物；这个名字，让她可以不惜一切代价也要摆脱魔教。

"天地为证，我卓一航如果辜负练霓裳，天诛地灭！"能听到这句誓言的妹子，相信就算马上死去，也是无比幸福的吧。

于是，我们看到穿上华服的练霓裳，是如何忍受了种种折磨，艰难地从魔宫中一步步走出，完成了从魔到人的洗礼。身上的伤再重，也压抑不住心头的喜悦。她憧憬着，迎接自己的，将是爱人的拥抱、美满的婚姻、幸福的未来。两个小孩子为她送上嫁衣的戏份特别感人，也只有这样的孩子，才能身在魔窟却依然保有人性。

可接下来，剧情却是急转直下。一心退出江湖，与练霓裳过二人世界的卓一航，先是遭到白云师叔父女的指责，随后他进入大殿中，师父的人头就挂在高处！他持剑飞身跃起斩断绳索，抱住师父的首级，表情呆滞，无比悲怆，找到尸身之后，他依然无法哭出声来，那种发自心底的苦痛，反而更令观众感同身受。

之后，他又在楼上看到了奄奄一息的小师弟，得知是练霓裳在这里大开杀戒。他不知道应该相信师弟的遗言，还是自己的信心："不是她做的……"

可就在这时候，练霓裳居然不请自来，还居然披着鲜红的嫁衣，期盼着和他一起过甜蜜的生活。可以白云师叔为首的武当弟子，却要将她置于死地。但因技不如人，纷纷倒地。

一边是自己的至爱，一边是陪伴自己长大的同门，他不得不出手帮助：

"不要打了！"

终于，一个又一个武当弟子惨死在她的长鞭下，眼看何绿华也活不成了，卓一航奋力斩断了鞭子，情急之下，还抽了她一巴掌。 何绿华举剑刺向练霓裳，卓一航本想夺下剑，可她居然挺身向前，让剑深深地插进身体。

"你为什么不相信我？"她无比痛苦，名场面来了。 轻风骤起，吹乱练霓裳乌黑的秀发，镜头一幕幕闪过，两人曾经的情意绵绵，她离开魔宫前的各种煎熬，他一本正经地诅咒起誓……转瞬之间，她的头发完全变白，白得让她绝望，白得令他崩溃，白得更让在场所有人胆寒。 这头白发，是相信爱情的代价，是彻底绝望的表征，更是由人再次变魔的信号。 这头白发，变成了远比长鞭更为锐利的武器，所到之处，就是 片惨叫。

这类霸气，这份惨烈，这种悲凉，恐怕也只有林青霞能诠释得如此到位。

影片到了最高潮戏份，设计得却相当无厘头，堂堂的武当准掌门，被姬无双姐弟像个陀螺似的玩得团团转。 真相终于大白了，他们用幻术化成练霓裳滥杀无辜的场景，就是为了拆散这对小情人，还要彻底置他俩于死地。

后来，卓一航终于使出了武当绝学，抓住了时机，证明了自己。 当然，最重要的，是拯救了爱人。 作为男主角，就应该这样解决问题。 作为武侠片，就应该这样痛快淋漓。 这个镜头，也巧妙地呼应了小时候练剑的场景。

而作为情侣，卓一航和练霓裳终究还是无法复合。 在他无比焦虑、无比心痛、无比自责的眼神中，她还是果断地离开，留给他的除了背影，还有影片主题歌《红颜白发》，是张国荣的原声：

> 恨这一生　怨这一晚
>
> 谁说爱是　这样难
>
> 恨爱之间　分不散
>
> 红颜白发　更觉璀璨

从前和以后　一夜间拥有

难道这不算　相恋到白头

想当年，多少慕名而来的粉丝，都带着随身听入场，只为录下这首悠长婉转、饱含深情的金曲。没有智能手机的年代，年轻人一样有很多表达爱情的途径，一人戴一只耳机，一起听张国荣的歌，当然就是其中最浪漫的方式之一了。导演无疑是高明的，他如果将剧情设计成两人冰释前嫌深情相拥，留给观众的触动与回味肯定就少了太多。

8月26日，暑期档即将结束时，《白发魔女传》才姗姗来迟。之所以上映这么晚，是因为《侏罗纪公园》在7月29日上映后，把所有港产片压得喘不过气。

《白发魔女传》最终在9月23日下映，以1987万列华语片年度第十四。对于这个成绩，东方高层还是比较满意的，否则，就不会有续集的出台了。

在老板的默许下，于仁泰发扬了香港电影人"七日鲜"的拼搏精神，加班加点赶出了一部《白发魔女2》，继续以张国荣和林青霞为卖点。但事实上，两人仅仅是客串一下，主要戏份都是由陈锦鸿、钟丽缇和万绮雯等年轻演员完成的。

之所以不叫《白发魔女传2》，显然是版权问题：续集中的主要人物，原著小说里根本没有。

在影片中，练霓裳被设计成一个真正的魔女，专门拆散那些真心相爱的小情侣。讲真话，个人并不喜欢这样的安排。但影片最后的大结局，拍摄得还是相当让人震撼的。

卓一航终于采到了优昙奇花，却依然被练霓裳刺成重伤。当她看到奇花，明白过去10年为她所做的一切时，终于幡然悔悟，却被陈圆圆刺中了致命一剑，倒在卓一航怀里。

大火越烧越旺，残檐断柱纷纷落下，眼看要吞噬一切。明明可以逃生的卓一航，却牢牢抱住爱人，已经无法存活的练霓裳，眼神中已然有了释怀。十二少做不到的，卓一航做到了。爱一个人的最高境界，当然就是不愿独活。

《红颜白发》的主题歌再度响起，卓一航与练霓裳对危险视若无睹，忘情热吻，似乎天地间只有他们二人……

《白发魔女2》在12月23日上映后进账1184万。可以说，它为上部的一对痴男怨女圆了梦。平心而论，如果第一部就这么安排，无疑更加感人，它在中国影史中的地位，可能还会再高一些。而《白发魔女2》值得看的，可能也就是最后的5分钟。

相比梁老先生的原著，1993年版《白发魔女传》不光剧情改动非常大，主打的更是爱情，而不是侠义精神，却受到了年轻人的热捧，被公认为最佳电影版。影片华丽诡异的场景、力道劲爆的动作场面、缠绵悱恻的背景音乐等，都令人印象深刻。张国荣与林青霞的精彩诠释，更是为日后的演员设立了角色天花板，成为几乎不可逾越的高峰。

1993年是张国荣电影作品产量井喷的一年。不包括《白发魔女2》，他先后有4部主演的电影上映。他也真正发挥了票房担当的作用。而新的一年，张国荣的表现无疑更加精彩。

《金枝玉叶》牵手袁咏仪，清新主题传递爱情心声

"男也好，女也好，我只知道我喜欢你。"

相信看过《金枝玉叶》的观众，都忘不了这句经典台词。

《金枝玉叶》的出品公司 UFO（United Filmmakers Organization，电影人制作有限公司）成立于 1991 年，创始人是曾志伟、钟珍和陈可辛。 UFO 一改香港多数电影公司的短平快，注重影片的制作品质及思想内涵，梁朝伟主演的《风尘三侠》《新难兄难弟》等，都是 UFO 出品。 但过去几年，他们未能与真正的一线明星合作，影片往往叫好不叫座。

4 月 22 日，张国荣现身香港文化中心，参加第 13 届金像奖颁奖礼，并和梁家辉一道为新晋影后颁奖。

到了 5 月，《金枝玉叶》开镜时，这位幸运的女星，又成了影片女主角，将与张国荣出演一对情侣。

她正是袁咏仪，与张国荣合作最多的女星。

袁咏仪生于 1971 年 9 月 4 日，与张国荣同为处女座。 早在 20 世纪 80 年代，还在上中学的她，就是张国荣的超级粉丝了。

1993 年，她主演了尔冬升执导的文艺片《新不了情》，拿下了次年的金像奖影后。

1994 年春节档，她参演了贺岁片《大富之家》，但和张国荣没有对手戏。

《金枝玉叶》才算是他俩真正意义上的首次合作。

这时的袁咏仪，已然是全香港最红的女星。 从 1994 年开始，在演艺事业最为辉煌的 3 年，她一气接拍了 30 部电影，其中 5 部与张国荣合作，4 部饰演情侣。

这 4 部电影，也是见证她演技巅峰的作品。因此，说袁咏仪是张国荣最佳银幕知己，应该不算夸大事实。

张国荣、袁咏仪与刘嘉玲的组合，效果非常不错。更让我们无法想象的是，张国荣身着正装、手持香烟的海报，9 年后竟成为他的遗像。因此，我们愿意一而再再而三地欺骗自己：张国荣和男一号顾家明一样，只是想躲开尘世的喧嚣，只是去非洲找寻音乐灵感，到了合适的时机，他一定会再回来的……

7 月 23 日，《金枝玉叶》正式在暑期档开画，比刘德华主演的《天与地》晚两天。业界也可以视为，这是两大巨星打擂台。不过，当时票房一路领先的，是 6 月 30 日上映的西片《生死时速》。

月光在今夜分外明　只为那爱情的魔力
春风在今夜分外暖　只为那爱情的魔力
琴声轻
叮啊铃啊铃　叮啊铃啊铃
你听多么的甜蜜

开篇伴随着《爱情的魔力》的歌曲，出现在观众眼前的，不是衣着考究的俊男美女、觥筹交错的时尚派对、人声鼎沸的现场表演，而是污浊不堪的下水道、一片狼藉的简陋居室，花生壳、烟头、空可乐罐……原来，这只是一只小强的"主观视角"，彰显出影片的喜剧基调，也映衬出女主角林子颖（袁咏仪饰）不足为外人道的真实生活环境，以及她如男孩子一般的洒脱任性。九龙城贫民窟的围墙，当然关不住这么漂亮又率真的妹子。

影片中的顾家明（张国荣饰），虽说是幕后制作人，但巨星气质无法掩藏。他先是用一本杂志挡住俏脸，然后慢慢移开，如此自恋的动作，换个人演恐怕会非常违和，偏偏让他诠释，每个细节都堪称完美。

别人都羡慕他和玫瑰（刘嘉玲饰）的恋情，但鞋合不合脚，只有自己知道。

一直看不到什么有潜力的新星，于是开始进行选拔："我要一个普通的男人。就算他再不起眼，就算连歌都不会唱也不要紧，因为，只要我把他捧红了，就可以证明给千千万万的普通人看，这个世界上还是有希望的。这样做，才是乐坛真真正正的神话……"

如果不是握有权力的他突发奇想，之后的一切都不可能实现。

为什么不捧女星，如此重男轻女？听听合伙人肥婆（曾志伟饰）怎么说："你是怕做了别人，就爱上别人，你以前做剑兰，就爱剑兰的……"

显然，他就是在做玫瑰（的专辑）时，才和玫瑰在一起的。还能让这种事情重演吗，想都别想。

子颖只是玫瑰的小迷妹，她的最大心愿，就是能看着玫瑰和家明走入婚姻殿堂。因此，当有一个接近两位巨星的机会摆在她面前时，她岂能不尝试。

梦想是一定要有的，万一实现了呢？影片中的子颖就成功突围了。

她不是女生吗，凭什么能参加选拔，还能笑到最后？很简单，扮成男人。

话说回来，让这么漂亮的港姐扮男人，也真是难为陈可辛了。不过，袁咏仪身上是有点假小子的灵动，再加上身形偏瘦，装扮起来确实有优势。再说了，还有男闺蜜阿酷（陈小春饰）的鼎力帮忙。

1994 年，陈小春在影坛还是默默无闻，也正是这部影片的成功，他才有了两年后在《古惑仔》系列中出演山鸡一角的机会。而饰演顾家明助理 George 的林晓峰也大有来头：软硬天师林海峰的弟弟，之后是"古惑仔"系列的男三号。

为了追求逼真效果，子颖连荧光棒都用上了。这个小道具，在影片中可是发挥了无可替代的作用。

要说爱好音乐的香港男青年真多，可真正值得打造的却太少。

折腾了半天，没有一个合适的，最后一天，剩下最后一人了。

她怯生生地站在评委面前，结结巴巴地唱了几句《红日》——这歌词倒是真应景。

显然，子颖的水平还不如很多之前被淘汰的。但为了表达对家明冷落自己的不满，玫瑰故意起哄：

"好啊，唱得实在太好了。完全符合你的要求。如果像这样的普通人你都不要，就是在打自己的耳光！"

也许是为了跟玫瑰赌气，也许是为跟自己较劲，家明还真把这"小子"签下了。

所有人都想反抗命运，却都被命运无情嘲弄。

影片中的家明，对玫瑰始乱终弃、移情别恋，算不算是渣男呢？显然，这是个没有标准答案的问题。

不过，家明与玫瑰在外人眼中看似天生一对，但真的不属于精神伴侣。

玫瑰是一个追求物质享受的女性，这显然没什么不好，但家明偏偏喜欢简单的生活。家明当初喜欢她，以为她是自己想要的那种女孩，结果并不是。

可见，世界上并没有无缘无故的爱。家明捧红玫瑰，算不算是"公器私用"呢，不同的观众，有不同的解读。但玫瑰的水准，显然能配得上她的江湖地位，而林子颖的天赋实在有限，再怎么捧最多也是二流，家明岂能不知。

为更多了解子颖，家明让她搬到自己家中，结果，意想不到的事情发生了。

虽说打扮成男孩，但她身上那股未经雕琢的清新优雅，显然不是男装能隐藏得了的。没有男生可以这样灵动，这样娇嗲，这样让家明为之意乱情迷。

家明并不担心自己爱上别人，只担心自己爱上个男人。但他的合作伙伴肥婆，却是不折不扣的同性恋。一看到模样清秀的林子颖，都有勾搭之意。

子颖和阿酷接触亲密，家明也误会了"这小子"，甚至还郑重地把"他"叫过来审问一番，子颖当然一口否认。家明最后还丢下一句："我只想告诉你，我对这种事真的没偏见。"

　　每次被困在电梯时，平日举止得体的家明，都会非常失态，撑天撑地，就是不反思自己。　不过，当他和子颖困在一起时，对方却像变魔术一样掏出几支荧光棍，还教他伴随绕口令跳舞：

　　"麦当娜约了麦当雄到麦当劳道的麦当劳吃麦皮炖当归……"

　　世间还能有谁，能带给他这样的温暖和宁静，这样的充实感？

　　终于，该来的还是来了。

　　"他"坐在钢琴前，弹着并不熟练的曲调。　看到"他"，他突然来了灵感，就毫不客气地坐了下来，略加思索，就边弹边唱。　那种志得意满的神态，那种意气风发的潇洒，那种毫不掩饰的快乐，直接把身边的"他"看傻了：这样的男人，不就是自己一直渴望拥有，却根本遇不到的吗？

　　　　这一生也在进取　这分钟却挂念谁

　　　　我会说是唯独你不可失去　好风光似幻似虚

　　　　谁明人生乐趣　我会说为情为爱仍然是对

　　　　谁比你重要　成功了败了也完全无重要

　　　　谁比你重要　狂风与暴雨都因你燃烧

　　　　一追再追　只想追赶生命里一分一秒

　　　　原来多么可笑　你是真正目标

　　可"他"哪知道，自己才是这首金曲的灵感之源，自己才是他的真正目标。

　　自从"他"来了之后，他也变得快乐了起来。

　　自从"他"来了之后，他有了更多的创作灵感。

　　自从"他"来了之后，他的生活也更积极了。

　　自从"他"来了之后，他和玫瑰的关系就越来越远了。　就算他想亲热，脑海中却浮现一张"男人"的小白脸……

这是要变了吗？ 30多年的节操说没就没了吗？

一切，都开始于那次任性的签约。

子颖原本是玫瑰和家明的死忠粉，却把他俩成功拆散了。

家明原本想捧出个普通男生，捧来捧去，捧的还是个女人。

玫瑰原本想恶心家明，最终却是"搬起石头砸了自己的脚"。

可是，爱情的意义，真只是天荒地老、海枯石烂吗？ 一个男人移情别恋，真就是罪大恶极吗？ 维持没有感情的婚姻，牺牲的难道不是双方吗？

参差多态才是幸福之源。 金童玉女的标准也不应该只有一个。 玫瑰的主动退出，让三人都得到解脱；子颖重新穿上女装，让家明没有了"负罪感"。而家明的人生感悟，可能会带给观众更多的反思。

过去4年，周星驰都在暑期档胜出并拿下年度冠军，但这一年7月，他去宁夏沙漠拍《西游记》，而成龙和周润发在暑期都没有新片。

因此，《金枝玉叶》7月23日上映后的主要对手，也只有《天与地》和5天后上映的《中南海保镖》。 但事实证明，这两部影片加起来，票房还不如张国荣的新作。《金枝玉叶》连映59天取得2913万的佳绩，成为华语片的暑期档冠军，最终名列年度第八。

在第14届香港金像奖评选中，《金枝玉叶》获得包括最佳电影、最佳导演和最佳男女主角在内的11个提名。 但它最终只赢下了最佳女主角（袁咏仪）和最佳电影歌曲（《追》），大获全胜的是王家卫的《重庆森林》。 梁朝伟也凭借小警察"663"一角，首次拿到影帝。

顾家明为什么没能获奖，恐怕评委们又会认为：这是本色演出啊，音乐人演音乐人啊！ 但张国荣另一部颠覆形象出演的《东邪西毒》，已经让人快认不出是张国荣了，反而连个提名都没有，这又找谁说理去？

《金枝玉叶》上映10天后，张国荣的另一部堪称"颠覆形象"的作品，也杀入了暑期档。

《锦绣前程》合作陈嘉上，出演草根逆袭者成经典

外界普遍认为，以张国荣的贵公子气质，他演不好草根逆袭的下层人物。但1994年暑期档《锦绣前程》的上演，却让这种说法不攻自破。

平心而论，在大导演陈嘉上的电影清单中，《锦绣前程》及6年之后的《恋战冲绳》都不算上佳作。但拍得不累，演得轻松，票房成绩也不算差，更见证了张国荣与陈嘉上之间的深厚情谊。

陈嘉上视张国荣为男一号的不二人选，可当时后者还在拍《金枝玉叶》，他又不喜欢一个时间段内参加多个剧组，当然确实也不差钱。但这一次，张国荣却破例了。陈嘉上是业内口碑非常好的优秀导演，注重商业价值与艺术水准的平衡，其作品《逃学威龙》《武状元苏乞儿》《飞虎雄心》等都叫好又叫座。况且，陈嘉上与张国荣私交又很好。之前，张国荣从来没有主演过陈嘉上的电影，他也不愿意放弃这个机会。

作为永盛暑期档重磅影片，《锦绣前程》的监制由王晶担任。这也是张、王二人为数不多的合作。

继《缘分》《杀之恋》之后，张国荣第三次戴上眼镜，在《锦绣前程》中扮演一个普通的社会人。这片名，显然有着黑色幽默味道。

这3部影片，也就构成了他的"眼镜三部曲"。3部电影中，男主角都没有显赫的出身，没有强大的人脉，没有通天的手段，但都有见了美女就死缠烂打的共同爱好。女主角无一例外，都模样特别出众却贪慕富贵，都曾经有或正在谈富豪男友，

男主角都不是她的初恋，一开始也总是各种看不上，到最后也未必会全情付出。

而男主角身边，都有一个对他念念不忘，条件也不算差的女孩。因此，我们可以将这3部影片归类为"四角恋三部曲"。3部电影中男主角的3种结局，对比看来，也是令人唏嘘。

《缘分》中，Poul与Monica最后重归于好，但谁敢保证，他们的感情不出问题？

《杀之恋》中，Cecilia最终没能醒来，把伤悲永远留给了戚近荣。

而《锦绣前程》的男主角林超荣，同样爱上了一个看似高不可攀的女神——Winnie（关之琳饰）。他能如愿吗？又凭什么得逞呢？

《锦绣前程》并非天马行空式的无厘头喜剧，而是有所克制与收敛，并有一定文艺气质的轻喜剧，加入了导演对社会、对人生的深度思考。

开篇熙熙攘攘的地铁人流中，出现了一个梳着分头、穿着老土的西装、扛着廉价公文包的普通人。张国荣饰演的林超荣粉墨登场了。他混得显然还不如戚近荣，连个私家车都买不起。

收了老人钱却不开保单，他被就职的保险公司辞退。

没有了收入，他就去找女友要，要不来就玩分手。

生活困难了，他就约好兄弟打麻将，出老千收他们的智商税。

没有了地方住，他就去找前女友，完全没有任何心理负担。

可见，相比之前那俩心地纯良的眼镜男，林超荣可真不是省油的灯。

当他去投靠前女友Elaine（陈妙瑛饰）时，画外音及时响起：

> 每当走投无路的时候，
>
> 我总又会回到这个女人身边。
>
> 因为我知道只要她一天喜欢我，

她就会逃不出我的魔掌。

看到这里，影院里自然是一片哄笑，陈嘉上"致敬"王姓导演的本领算是一流的。 而阿荣的脸皮之厚、心眼之多、顾虑之少，也真是达到了新境界。

《锦绣前程》描述了一组草根四兄弟的友情。 但特警 Joe（王敏德饰）和小老板 Sing（黄子华饰）戏份很少，影片的着力点，显然在阿荣和阮世生（梁家辉饰）身上。

阿生是阿荣最好的朋友。 他混迹于一家养老院中，做的都是默默无闻的小事，身边虽有阿慧（梁思敏饰）不加掩饰的喜欢，他却压根不珍惜。 这一点，倒跟林超荣如出一辙。

阿生留着长发，自以为很有艺术气质，能把女神娶回家。 但事实上，真正的女神对他只会不屑一顾。 而他能吸引到的，只能是他自己根本看不上的。

而阿荣追了 Elaine 4 次，甩了她 4 次，居然还好意思第 5 次跟她复合，更是毫不客气地住到她家去了。

更要命的，她的亲哥，正是阿生。 这种羞辱，谁受得了啊！

受不了，还有更不堪的。

两人在赌场输光了（阿生的）老婆本，居然拿着一盒凤凰卷，跑到高级餐厅大快朵颐，结果当然是被服务小姐喝止，好不尴尬。 但伴随着轻柔的配乐，俩兄弟的眼睛，都不听自己使唤了。 阿生塞满食物渣的嘴，已经抖得不像话了。

女神 Winnie 闪亮登场了。 都说男人是视觉动物，但面对同样的倾慕对象，两个失败者的行动，差别就有些大了。

阿生来了 3 次，就是为了看这个女人，却始终不敢行动，可阿荣却直接过去搭话了。

　　"你不认识我的，我就坐在那边。 老实说，我朋友跟了你几天，不过他傻
傻的……我知道他回来一定会约你出去，你一定不会去的。 不过他……老实
说有点暴力倾向的。 不过我会在那边，有什么事的时候，你叫我啊，Ok？"
态度相当诚恳，言语非常得体，却不动声色地将两人的手提电话换了。

　　一个日常几千万生意的女高管，跟好吃软饭的烂瘫仔，用的是一模一样的
上翻盖摩托罗拉手机，这安排当然比较牵强。 但不这么演，之后的剧情就没
法推进下去了。

　　阿生和阿荣追妹子的能力是有差距，那也得看怎么比。 在 Winnie 这种级
别的金领女孩眼中，他俩的区别真的不大——反正都看不上。

　　阿荣原本想借换电话时继续套近乎，可前台小姐却请他回去。 哪有这么
容易？ 阿荣机智地躲开前台的视线，跑到 Winnie 的办公室前。 女神一见阿
荣就非常恼火，试图让保安赶走他。 阿荣不慌不忙，能赖多久就赖多久，结
果被老板 Bosco（曾江饰）注意到了。

　　阿荣睁眼说瞎话，却得到了老板欣赏，更得到了马上上班（泡妞）的机
会。 可见真遇到伯乐了。 阿荣意得志满，信步走到正与员工交谈的 Winnie
面前，礼貌而不失狡诈地说："明天见。"

　　观众都知道，女神的麻烦可大了。

　　上班后无所事事的阿荣，主动跑到 Winnie 那领任务，还真领到了两份文
件。 在出门时，他咳嗽一声，让她习惯性地抬起头，然后，阿荣轻轻一搂头
发，面带微笑，双眼放电："你今天好迷人。"搞得 Winnie 想发火，却找不到
由头。

　　女神有意捉弄他，要他将文件一份复印一份切碎。 阿荣拿着文件，看到
Winnie 过来，突然来了个仰身十八跌，跌也要跌到你怀里；跌不到你怀里，也
要跌到你眼前，要你印象深刻，晚上睡觉也梦到我。

　　Winnie 前男友上门敲诈，阿荣不请自来地上来制止，跟对方打在一起。

此时，影片给出了一个潇洒的背影，阿荣侃侃而谈："幸好这个契弟跑得快，如果不是就一拳打死他……"镜头切换过来，那张迷倒万千女性的脸庞，已经是伤痕累累，嘴巴都肿得老高了，依然气势不倒。 他抽着烟，做着夸张的手势教训女神："不过你也真是，为什么要跟这样的人在一起？ 我以为自己够下流的了，谁知道他还坏过我，下流下贱过我一万倍！……我换你电话，无非是想泡你嘛！"

这番话令 Winnie 有点动心："现在呢？"阿荣居然叹了口气："别让你短期内有两次创伤，是不是？"这种霸道穷鬼能有如此的震撼力，把牛吹得震天响，实在令观众捧腹又感慨。 Winnie 笑了："你的自信心真伟大。"阿荣马上不失时机地撑过去："Do you want to try me?（你想和我试试吗？）"但随后，他还是请求 Winnie 去做一件事。

就在上次，Winnie 跟阿生说了句"不见不散"，这老实人就天长地久地等下去，等得卷发都乱了，肚子都瘪了，皱纹都多了。 当见到 Winnie 时，阿生非但没有勃然大怒地指责，反而奉上了一张最热情（谄媚）的笑脸。 做人的骨气呢？

两人来到了养老院，当着女神及所有老人的面，阿生做了生平最认真、也最痛快的一次打鼓表演。 他的神色相当庄重，他的动作相当纯熟，这就是所谓的仪式感吧。 这一次，他没有出丑，没有让任何人看不起。 而这鼓声，也打碎了他对 Winnie 的全部念想。

女神来到他身边。 阿生认真地说："谢谢你这么有时间听我打一次鼓，我以后再不会打了。"

"你打得很好啊。"这并不是敷衍。

"……我只想在我中意的人面前打一次。 我知道我这样的男人你根本看不上眼，但我依然很开心，因为我达成了自己的目标。"

梁家辉不愧是影帝中的影帝，能把花花公子演得活灵活现，也能将底层小人物诠释得这样入木三分。 这时候，想必 Winnie 也有点后悔了吧，人家再也不会喜欢她了。

阿荣和 Elaine 同在一家公司。 在阿生的逼婚之下，阿荣第五次把他妹妹甩了，并且开始在公司打地铺。 Bosco 给他安排住所，无非是要让他替自个儿做坏事——买下阿生工作的老人院。

阿荣再一次说了"Do you want to try me？"，这一次，他显然是非常认真的。 女神主动给了他一个吻，亲的却只是脸颊。 她说："我中意他多过你。我和 Elaine 一样，喜欢了一个全世界都不喜欢的男人。"这样的拒绝，还真让人无话可说。

阿荣彻底得罪了朋友，却到了 300 万佣金。 这笔钱当时能在深圳买 30 套房子了。 叮就在这时，剧情的反转，还是让人有些许感动。

阿荣劝 Bosco 成全 Winnie。 但人家却说："离婚要分一半财产，没一个女人值这么多钱的。 Winnie 是帮过我的忙，但现在你来了，她应该淡出啊。"阿荣幽怨地说："人家喜欢你啊。"

Bosco 回答道："她喜欢的是我的钱。 因为我有钱，所以我让她跪下她就跪下，让她趴下她就趴下。 我把她过继给你，你什么时候要啊？"这些台词句句扎心，不过还是太直白了一点。

阿荣终于爆发了，狠狠地掐住了 Bosco 的脖子。 他是替 Winnie 不值，也许更是替自己不值。 他意识到了，自己和 Winnie 一样，都是人家的玩物和替罪羊。 而他的"怒发冲冠"，也可以视为替上百万住鸽子笼的香港穷人出气。当然也只有在电影里，穷人教训了富人才不会有更大麻烦。

3 个月后，Elaine 带着她"又老实，又斯文，又上进，又肯结婚"的新男友，去见哥哥和他的朋友们。 有足够阅片量的观众，闭着眼就猜出这哥们儿是谁了。 我们当然也有理由怀疑：浪子真的可以这么回头吗？ 将就的婚姻能有幸福吗？ 但无论如何，张国荣与梁家辉的表演，绝对堪称教科书级别的。这样的一部轻喜剧，轻描淡写间就展现出了现实社会的残酷，能留给观众很多回味和思考，也不乏温馨与感动。

《锦绣前程》在 8 月 4 日开画，时机选择似乎不太明智。《金枝玉叶》依然在热映，《中南海保镖》上映不过一周，9 天之后，徐克的爱情奇幻片《梁祝》也杀了进来，分流了不少观众。《梁祝》男主角吴奇隆出自台湾小虎队组合，他诠释的呆萌俏书生梁山伯，很有一些当年宁采臣的风姿。 女主角杨采妮参演了《东邪西毒》，与张国荣还有对手戏。

《锦绣前程》9 月 1 日落画，票房 1794 万，列年度第十三，《梁祝》则以 1864 万列年度第十二。 自从《人间道》之后，徐克与张国荣已有 4 年没有合作。 但这位鬼才导演，一直密切关注张国荣的动向，期望能与他再度携手。

这年 10 月，徐克准备开拍一部歌舞片，打算以张国荣为男一号，其他主演包括吴奇隆、袁咏仪和杨采妮。 这是把《金枝玉叶》和《梁祝》合体的架势，如果真的拍摄完成了，绝对会是 1995 年香港影坛的重磅炸弹。

遗憾的是，当时张国荣正在拍陈凯歌的《风月》，加上其他一些原因，这部有可能像《倩女幽魂》一样改变香港电影史的歌舞大片，终究胎死腹中了。10 年后，陈可辛拍出了《如果·爱》，反响一般。 直到 2023 年，中国的歌舞片市场依然没有爆款。

此后，徐克连续执导了张国荣主演的贺岁片《金玉满堂》和《大三元》，但都差强人意。

但是，在 1996 年永盛的暑期档大片中，徐克又一次担任了监制。

《新上海滩》再造经典，张国荣致敬周润发

> 浪奔　浪流
>
> 万里涛涛江水永不休
>
> 淘尽了世间事
>
> 混作滔滔一片潮流
>
> 是喜　是愁
>
> 浪里分不清欢笑悲忧
>
> 成功　失败
>
> 浪里看不出有未有

如果评选一首20世纪80年代海峡两岸暨香港、澳门的国民神曲，叶丽仪演唱的《上海滩》必定是大热门。有人曾认真地指出，黄浦江根本就没有浪涛奔涌的壮观景象，词作者黄霑肯定搞错了。但另一些人则认为：人家黄老先生说万里涛涛肯定是长江，没毛病！

歌都这么火了，1980年由周润发、吕良伟和赵雅芝主演的同名电视剧，更成了无数国人的青春记忆。彼时，周润发饰演的男主角许文强，礼帽、风衣和白围巾的翩翩公子形象，不知道迷倒了多少女生。

1990年，在TVB举办的"80年代十大电视剧集"评选中，《上海滩》毫无悬念地名列第一。周润发本人出演的同名电影反响平平，却完全不影响香港电影人的翻拍热情。

1996年1月28日，离鼠年春节还有20多天。永盛高层寄予

厚望的《新上海滩》正式开拍。 监制徐克,香港人都认识;导演潘文杰,成名作是《跛豪》。 但更吸引媒体的,无疑是两大男主角。

张国荣与刘德华,这两位都在香港影坛排名前五的巨星【注:当时周润发已彻底告别了香港电影圈,其他三人为成龙、周星驰和李连杰】,继《阿飞正传》之后,又出现在了同一部影片之中。 五年来,两人都佳作频出,知名度和影响力不断提升,演技也日臻成熟。 为了打开内地市场,片方邀请因主演《阳光灿烂的日子》而走红的青岛女孩宁静。

影片别出心裁地将全片分成了"三幕式",丁力、冯程程和许文强各占一幕。 似乎在强调这是一个"三角恋"关系,同时,影片打乱了时间顺序,埋下了更多伏笔,自然也营造了更多冲突,令剧情张力十足。

《新上海滩》显然是向周润发电视剧版致敬的,或者说是消费人气,否则就不会用叶丽仪的同名主题歌,更不会当成配乐反复播放。 这当然无可厚非。 但讲真的,电影版只是沿用了4个主要角色的名字,其他基本上是另起炉灶。

周润发版的许文强,当年不知道融化了多少少女的心。

但令人想不到的是,影片主创对许文强的固有形象进行了彻底颠覆,为我们展现了一个泰山崩于前而不变色,却能为心爱之人舍身犯险的英雄。

更令人想不到的是,一向以精致帅气闻名的张国荣,却为我们诠释了一个充满阳刚之气,甚至是粗犷豪气的许文强。 这绝非周润发版的简单"致敬"与重复,而是另辟天地,重新演绎。

影片的开篇,就将悲壮惨烈的气氛渲染得非常到位。 暴风骤雨的天气中,波涛汹涌的大海上,颠簸飘摇的轮船中,一群勇士被关进牢笼中,生命随时不保。 一位穿着精致旗袍、面如桃花的日本女特工(黄佩霞饰),却是心如蛇蝎,杀人不眨眼的魔鬼:"说出谁是许文强,就只有一个人死。 要不然的话,全部杀光!"

大家很听话，都很配合，都在高呼："我就是许文强！ 我才是许文强！"

而真正的许文强，蓬头垢面，就在他们的中间。 唯有一双坚毅的眼睛，能看出他的视死如归和沉着冷静，张国荣登场了。 他用近乎自残的方式解除了束缚，又用特别矫健的身手，极其幸运地逃了出来。 就在生死存亡的瞬间，他甚至还记下了仇人的相貌特征。

我们当然明白，许文强一定要复仇，一定要玩一票大的。

随后，字幕推出，镜头切到了上海。 第一篇是《丁力》。 刘德华饰演的，原来是个掏粪工。 短短几个镜头，就将他虽处社会底层，却乐观自信、渴望成功的性格展现得非常到位。 随后看到的《乱世佳人》电影海报，也是导演的精心设计，它对推动影片主题，揭示人物命运走向，起到了重要作用。

当然，我们也就不要计较影片的问题了。《乱世佳人》是 1940 年 1 月才在美国上映的，而电影设定的年代是 1935 年，日本还没有全面入侵中国之时。只有用《乱世佳人》，才能烘托出三个主要角色的命运。

作为上海大亨冯敬尧（吴兴国饰）的独生女，漂亮可爱的冯程程（宁静饰）却有着邻家女孩的天真。

影片打乱了时间线，也让男女主角之间的情欲纠葛，变得更加错综复杂。

什么才是真正的爱情，是一见倾心下的为你钟情，是日积月累之后的因你感动，还是权衡利弊之余的跟你搭伙？ 潘文杰以拍黑帮题材成名，在《新上海滩》中，他却精心安排了一段特别浪漫、特别凄美，同样也特别让人心痛的两男一女爱情戏。 当然我们也有理由猜测，监制徐克也有所贡献。

丁力并不困难地救下了许文强，两人很快成为兄弟；丁力奋不顾身地救下了冯程程，两人的关系没有任何改变。

成为死党与成为恋人其实一样，根本不取决于认识时间长短，而在于是否合拍。 兄弟俩搏命的麻将馆，正好叫"大三元"——徐老怪您这是故意的吧？

C ►

"我想从今晚开始，我俩的名字会在上海响当当。"这是丁力的霸气外露。

"我可不想别人知道我的名字。"这是许文强的忍辱负重。

干掉大哥荣的戏份，绝对是险象环生。 就像《英雄本色》中的宋子豪与小马哥一样，两人勇闯龙潭，九死一生。 手枪都带不进去，许文强的脸被强按在桌子上，丁力被迫和大哥荣摸牌赌大小，牌一输，手就被剁下来了。 两人试图反抗，被打得满脸是血，随时都有性命之忧。

幸亏卖烟小伙计用绳索将枪吊到了楼上，许文强拼尽全力抓住了枪，弹无虚发，转眼之间干掉了几个爪牙，受到鼓舞的丁力也端起牌桌，势不可当。这段戏份中，武术指导董玮的设计真实震撼，让观众有透不过气的感觉。 而两大明星也毫无保留地投入到了如此危险的动作拍摄之中，用自身魅力为影片加分。

最终，兄弟俩干掉了这个大魔头，丁力也接收了斧头帮，从前被黑社会欺负的掏粪男孩，转眼成了黑社会大亨。 上海，真是一个能创造奇迹的地方。

丁力不断给程程写信，并托她的家庭老师丽文（李慧敏饰）转交，也不断收到热情洋溢的回信。 于是他坚信，这位姑娘一定会属于自己。

可惜，程程偏偏就这一个。

那么，她的心门，可曾对一个人悄然开启？ 她的激情，可否为一个人而疯狂燃烧？ 她的矜持，可有因一个人而彻底抛弃？ 谜底很快就揭开了。

丁力兴冲冲地去找许文强，没想到他家里居然有女人的鞋子。 丁力听到浴室里的欢笑声，想搞个恶作剧："我想看看未来嫂子长什么样。"

门推开了，他大吃一惊，脱口而出："程程！"

许文强怀里搂着的人，正是自己一直想搂却搂不着的。 人世间最大的悲剧莫过于此。

"你就是冯程程？"已经什么事都做过了，他居然不知道爱人叫什么。

看着出去的丁力，程程情绪复杂。

最可怜的，无疑就是丁力了。自始至终，程程从来没有爱过他，从来不把他当备胎，从来不让他有上位的可能。6年前的《阿飞正传》中，苏丽珍同样不给超仔上位的机会。

两位女性都很有原则。区别在于，旭仔不爱苏丽珍，只想跟她玩玩。而许文强爱冯程程，却总是害怕辜负她。

有人觉得，这就是爱情。名字，不过是个符号。从始至终，他没有强迫他什么，而她，也是心甘情愿。

第二篇《冯程程》上演了。

在从东北回沪的火车上，冯程程独自待在包间。车窗突然被打开，一个满脸血污、满身褴褛的男人闯了进来，拿枪抵住了她。

他头发蓬乱，胡子拉碴，满身是伤，唯有一双眼睛，透着坚毅、冷静，甚至是优雅。

实在难以想象，除了张国荣，还有谁能演出这个味道？

实在难以判断，除了极致浪漫的男女，还有谁能擦出这样的火花？

他粗暴地将她作为人质，她却细心地为他包扎。

一列火车有几十节车厢，他选其他任何车厢翻进去都是死路一条，但人品爆发之时，他不但保住了性命，还赢得了一位姑娘的芳心。

他的粗犷不羁，反而令她着迷。她的优雅善良，又怎可能不让他心动？

爱情，就像北京暴涨的房价，当你感受到它的能量时，它已经能随时将你吞噬了。

忘记一个人也许需要一辈子，但爱上一个人，往往只需要一分钟。

这个一心追求浪漫的富家小姐，居然相当"无厘头"地爱上了一个逃犯，而且，连他的名字都不知道。

他以为一辈子不再相见，但偏偏在最危险的地方又遇到她。

影片最火爆也是最浪漫的一场枪战戏，并没有丁力参与，是许文强带着冯程程一起完成的。

按丽文的指引，程程来到了许文强要去的裁缝店。天真的姑娘哪里知道，那里可是龙潭虎穴啊。

一群特务疯狂射击，半天却不见动静。

泰山崩于前而不惊，许文强敏捷地更换着弹夹，用床单绑着惊慌不已的程程，让她跳下去。

"相信我。"他帅气地用右手在她眼前挥动，她听话地闭上了眼睛。

显然，她已经把自己的生命全盘托付了。

真是爱情创造奇迹吗？他们终于逃了出来，并躲过了特务的追杀。

听到女特务喊他的名字，她居然还笑得出来："你叫许文强？"

劫后余生的喜悦，心灵相通的默契，四目相对的冲动，让他们再也无所顾忌。两人深情相拥，吻在一起。

随后，更令人心跳加速的戏份，就在两人之间上演了。内地男演员演激情戏往往放不开，一不小心就有猥琐之感，但张国荣驾驭这样的场面，却总是火候拿捏得很好，也特别会照顾女演员的感受，仪式感做得非常足，让我们难以不生发感动。

可惜，许文强一直没有问她的姓名，也就埋下了悲剧的伏笔。

第三篇《许文强》的大字打出，这难道不是压轴吗？

在欧战胜利纪念雕像前，两兄弟翻脸了。

"你要好好地对程程，否则我一定杀了你。"能够说出这番话的丁力，确实是条汉子。

而想带程程离开上海的许文强，也不是旭仔式的阿飞。

程程邀许文强见她爹，可见她对这份感情有多么认真、多么重视。而在冯家，许文强却发现了冯敬尧的真面目，后者也认出了他。

冯敬尧安排丁力见女特工，当然是想借刀杀人。兄弟俩不约而同，都面临着灭顶之灾，可惜，他俩无法并肩战斗。而导演采用的平行剪辑，也是做足了功课。

冯敬尧支开了女儿，叫来了手下。他与许文强方才还谈笑风生，转眼就大打出手，以命相搏。

听到枪声的程程，不顾一切地赶了过来。看到父亲正举枪瞄准许文强，她连忙阻止。可许文强却用金笔戳中了冯敬尧，两人一起跌到了游泳池中。

就在这里，就在程程眼皮底下，许文强高举金笔，一下，两下……每一下都能让她心中流血不止。绝望的程程不断射击，但终究没有痛下杀手，打中要害，还任由他逃了出去。

不得不说，这段戏份过于震撼，也过于残忍。而在实拍时，导演要求重来了多次，张国荣也吃尽了苦头，为了符合剧情要求，他被工作人员拎着水桶浇了多次，还要和衣跳进游泳池里全身浸湿。

冯程程救了一个最爱的人，却害死了一个最亲的人。

当着最爱的姑娘的面，许文强却活活捅死了她的父亲。

世界上还有比这更残忍、更荒唐的事情吗？

爱一个人，不是应该首先考虑她的感受、她的诉求吗？

爱一个人，不是应该为她做任何事情吗？

爱一个人，不是应该为她付出一切，甚至自己的生命吗？

这样的许文强，真的是程程爱错了？

可是，无数同盟会会员的牺牲，又让他无法不做出这样的抉择。

如果为儿女情长放弃民族大义，他也永远不能原谅自己。

只能说，天意弄人，从一开始，他们俩都错了。

不认识程程的话，许文强无法这么顺利地报仇；不爱上许文强的话，程程不会带他见父亲，当然也不能让他这么容易得手。

尽管她对父亲也有意见，但血浓于水，何况两人多年相依为命。

冯敬尧死了，程程疯了，丁力来了。

转眼就是 1935 年的最后一天，整个上海都洋溢着快乐的气氛，可谁也没有想到，许文强与丁力两兄弟的结局，会是那样的走向。

两兄弟见面了。

"10，9，8……"欢快的新年倒计时，居然变成了催促他们动手的信号。 伴随着《友谊地久天长》的配乐，两人拔枪互射，双双倒下。 试问这是何苦？

"子弹没弹头。 我欠你的，今天都还给你了。"

这话，更像是说给不在场的另一个人听的。

这事，更像是他为自己的过往"赎罪"。

不过，经此之后，他就不会愧对程程的爱了。

如果她能明白他所做的一切，也应该原谅他了。

许文强说"我从来不对任何人有承诺"，显然并不是事实。 类似的话，《枪王》中的 Rick 也说过。

也许导演觉得剧情还不够残忍，他还不断加戏。《纵横四海》中，两个男人爱上同一个女人，却有着相当温馨的圆满结局。 可在《新上海滩》中，却残酷得令人无奈，让人绝望，令人流泪不止。

许文强与丁力，两人都是真汉子。 他们都没有背叛自己的道义与原则，也都对得起自己爱过的女孩。

而冯程程，当然也配得上两个男人为他付出的一切。

但 3 个人的结局，却是一个比一个惨。 如果当初程程爱的是丁力，三人的命运显然就会完全不同。 这就是宿命，这就是爱的悖论。

周黎明老师曾说过，衡量一名演员的演技是否高超，一是看他在这部影片中的感情或情绪跨度有多大，二是看他的角色跟他自己的反差有多大。 就第一点而言，张国荣在《新上海滩》中奉献出了教科书一般的演技；就第二点而言，相比《春光乍泄》，他更有资格凭此片赢得金马和金像影帝提名。他将一个演员的阳刚之美，展现得淋漓尽致，血肉丰满；他将一个纠结于民族大义与儿女私情之间的英雄，诠释得令人信服、让人无奈。

相比之下，电视剧版的周润发，反而显得过于秀气。

1996 年的《新上海滩》，也成为张国荣与刘德华演艺之路发展的分水岭。

从 1990 年开始，专注于影坛发展的张国荣，成为票房号召力仅次于"一成双周"的巨星。从 1992 年到 1996 年连续 5 年，都以第一主角身份出演东方影业（及前身永高）的新春贺岁片，并多次战胜成龙和周星驰。

1996 年，在华语片票房前十中，成龙仅有一部，周星驰有两部，郑伊健一人有四部，但其中有 3 部是品质一般的《古惑仔》系列，消费的是漫画的人气。

张国荣则有《大三元》《金枝玉叶 2》《新上海滩》3 部风格类型迥异、但市场回报都相当不错的商业片上映，分列第七、七、八位。他表现出来的全面性，恐怕还真是无人能及。就连小成本的实验影片《色情男女》，都能拿下 1165 万，位列年度第二十一，更在次年金像奖拿下了 8 项提名。

刘德华仅有一部进入年度前十，正是《新上海滩》。但从次年开始，他的票房成绩就全面超越了张国荣。

在新千年的第一年，成龙和周星驰都没有新片上映，刘德华终于以都市爱情喜剧《孤男寡女》拿下华语片年度冠军。

在 1996 年的夏天，《新上海滩》因为与电视版气质相距太大，受到了不少观众的吐槽，2084 万的香港票房也只能说不过不失，最终名列华语片第八，对不起主创团队付出的心血。

如果让我挑选张国荣的十佳电影，我会毫不犹豫将这部影片加入其中，而不会选择在同年暑期档的另一部作品。

《金枝玉叶2》扬威暑期档，直击性别困惑引关注

投资巨大、阵容豪华的《新上海滩》未能拿下暑期档冠军，大部分荣迷一点都不着急、不遗憾，也不上火。 为什么？

答案就是：张国荣打败了张国荣，或者说张国荣打败了他加刘德华。 8月15日，《金枝玉叶2》在不被看好的情况下低调上映，却最终以2092万力压《新上海滩》，同两年前的首部一样获得了港产片暑期档冠军。

两年之前，《金枝玉叶》实现了票房和口碑的双赢，于是，决定开拍续集。 但因为陈可辛要筹划《甜蜜蜜》，《金枝玉叶》续集也就一拖再拖，直到6月18日才举行了开镜礼。 想和前作一样赶暑期档，怎么看也不能吧。 况且当时张国荣还在拍《色情男女》。

但《金枝玉叶2》偏偏挤进了暑期档，还斩获了不俗成绩，也是够有面子的事情了。

《金枝玉叶2》保留了张国荣与袁咏仪这对"神仙眷侣"。 两年时间内，他们已经4次在大银幕上出演情侣，这份默契自然是与拍摄上部时不可同日而语了。

为了增加看点和话题性，片方又力邀"香港女儿"梅艳芳加盟，再次将焦点对准性别困惑的主题。 张国荣和梅艳芳虽是挚友，居然也是8年多来的首次合作。

相比第一部，第二部的剧情似乎更加离奇，笑点更加诡异，演员表演也更加夸张，但整体效果，却和第一部无法相比。

影片紧接上集，子颖正式成为家明的女友，并且享受到了玫瑰没有享受的待遇：跟男友正式同居了。 对嘛，这样才亲密。

可是，子颖俨然变成了玫瑰2.0，甚至比后者还闹腾——到底年轻嘛。

同居就同居吧，擅自装修男友的房子怎么可以？

装修就装修吧，把男闺蜜鱼佬（陈小春饰）【注:陈小春的角色,在第一部中叫阿酷】带进来蹭吃蹭喝，是几个意思？

带来就带来吧，还要搞特别出位的化装舞会，逼得张国荣戴上伍迪·艾伦的面具，才能进入自己买的房子。

结果，当有人说顾家明是同性恋时，为了证明自己不是，他就展现了男人的求生欲……

这个人不是别人，正是子颖的另一个偶像方艳梅（梅艳芳饰）。 这段戏码似乎致敬了10年前的《偶然》——确实是偶然嘛。

只是，有了张国荣、袁咏仪和梅艳芳三大巨星，一直看下去真的不难。

与前作类似的是，《金枝玉叶2》同样构思了一场"三角恋"，上次是让男主角爱上"男人"，这一次，却是让女主角爱上女人。

凭着家明的影响力与人脉，子颖继续女扮男装在歌坛瞎混，居然混到了最佳新人奖。

在颁奖礼上，她还见到了周华健（周华健饰），赶紧索要签名。

家明的造星计划，居然就这么成功了。

当初的玫瑰有多火，如今的子颖就有多受欢迎。 出门不戴墨镜，准能让狂热的粉丝给撕了。 出名当然是好事，但家明的同性恋身份，靠男友混饭吃的糟糕口碑，也就这么坐实了。

真是造化弄人，明明是家明捧起来的子颖，到头来，出力的倒成了吃软饭的了。

昔日的百变天后，如今的过气明星方艳梅，在周游世界也没啥艳遇之后，带着助理阿O（李绮红饰）回到香港。

别人都羡慕她，但冷暖自知。

她得到的多，失去的其实也不少。但相信让100个人选，至少90个也不愿意过平凡的人生。因为人只有一次生命。

这真像现实生活中真实的梅艳芳。要说陈可辛起名字不用动脑子，直接把"梅艳芳"颠倒过来，真是机智。

方艳梅住到了家明家楼下，这当然是导演故意的。为了不让媒体炒作家明，子颖脑洞大开，想让方姐假装"他"的女朋友。起初，作为直女的方艳梅，还真的被这个清秀的"小男生"吸引。很快，画风突变，子颖发现自己居然会爱上女人！

她以为，两个女人之间怎么也搞不出乱子。方姐却觉得，自己爱上个小男生，还能帮助"他"树立更加正确的两性观，难道不好吗？

而家明也为之前的事情感到不好意思，一不小心，他和方艳梅都被困在了电梯里，还把子颖教过的荧光棒绕口令使出来了。

子颖和方艳梅正聊得开心，他却及时闯了进来，说是因为电梯中的灵感，写了首歌。这正是影片主题曲《有心人》，张国荣亲自作曲。

很多人说，仅凭这首歌就值回票价，梅艳芳大气精准的演绎当然精彩，但这首歌并不能像前作的《追》那样烘托影片主题，反而让这段奇葩三角恋，越发走向失控的地步。

另一方面，鱼佬也春情泛滥，爱上了阿O。

子颖对方姐的感情越发微妙。她和家明睡在一起时，居然都在梦中呼喊方姐的名字，太不给男友面子了；见到女人，她不由自主地打嗝发出信号，甚至见到男扮女装的渔佬也打嗝；情不自禁之间，她和方姐终于做了一点不可描述的事情……

这段感情，说没就没了？

这份真爱，说变就变了？

直到进入重新装修的书房，看到墙上的壁画，《追》再度响起，家明才幡然悔悟，知道自己应该怎样做了。

追！

在去往非洲的飞机上，周华健又和子颖坐在了一起，看着哭泣的她，还想安慰一下，却一时不知如何开口。此时，家明悄悄赶来，和他换了机票。

空姐（许鞍华饰）过来问家明做什么。他说是安慰自己的老婆。空姐糊涂了："他不是个男人吗？"家明毫不客气地撑了回去："不行吗？"

随后，就是最感人的戏份了。

他深情地说："如果今天你不给机会让我们在一起，你又怎知道，明天我们可不可以在一起呢？答应我！"

沉默半晌，她才说："答应你什么？"

他非常认真地回答："答应我，跟我冒一个险，嫁给我。"不过，要是有戒指就好了。

终于，他们紧紧拥吻在了一起。张国荣的这个金句，天底下所有男人都可以免费拿去用，如果这么说她还不感动，那放弃了也就不可惜。

这部影片，张国荣的戏份不多，风头被两位女星抢了不少，但值得强调的是，他和曾志伟担任了第二组导演，执导了不少镜头——陈可辛太忙了嘛。影片存在不少问题，但在前作的余威之下，依然拿下了暑期档冠军。

1996 年的张国荣获得了大丰收，那在新的一年，他会再接再厉吗？

香港电影黄金时代，与张国荣个人巅峰同时结束

谁能想到，张国荣在香港影坛的一线地位，会终结于 1996 年。

谁又能想到，香港电影的黄金时代，同样终结于 1996 年。

这当然百分之百纯属巧合。但如今回想起来，却让我们感慨万千。

如果不是"月亮代表我的心"事件，张国荣的电影巅峰，无疑还会持续好几年。但这是他深思熟虑之后的选择，他无怨无悔。

1982 年，港产片首次在香港总票房中占比超过 50%，标志着香港电影黄金时代的到来。

1997 年，这个占比不可逆转地跌破 50%，一个时代永远结束了。留给影迷的，是美好的回忆，深重的情怀，更是无尽的惆怅。

此后，随着大批香港电影人的北上，真正原汁原味的港片越来越少，能坚持下来的电影人，也是屈指可数。

在其创作的《与他共度 61 世：张国荣的电影生命》中，的灰老师盘点了张国荣参演的 61 部电影。但扣除电视电影（《我家的女人》《烟飞烟灭》等）、音乐电影（《日落巴黎》《左右情缘》等）、明显的配角（《喝彩》《失业生》等）和客串电影（《圣诞快乐》《求爱反斗星》等），院线电影中能够打上张国荣鲜明烙印的，只有 40 余部。

1990 年，张国荣已经退出歌坛，大部分时间都在加拿大过退休生活。但他在香港拍摄的两部电影，却产生了不小的影响。

8 月，相比前作场面更加宏大、视效更加震撼，当然剧情略显孱弱的《人间道》拿下 2078 万，成为当年仅有的 6 部 2000 万以上的华语片，张国荣证明了自己不俗的票房号召力。

12 月，由张国荣担任男主角的《阿飞正传》票房惨败，却得到了业内的高度肯定，他也在次年拿下了唯一一个金像奖影帝。

从 1990 年开始，刚刚从歌坛第一人座位上退休的张国荣，正式跻身一线影星之列，即便他想退居幕后，疯狂逐利的港台片商怎么可能答应。

从此之后，能与张国荣一较高下的，也只有著名的"一成双周"和刘德华。在 1990 年到 1996 年间，张国荣的片酬和票房号召力，显然并不比成龙之外的那三位逊色多少。

1991 年的春节档，上演了五大巨星的联袂贺岁。张国荣和周润发代表金公主出战，对抗嘉禾和永盛两大巨头，以及他们的当家明星成龙、周星驰和刘德华。《纵横四海》轻松击败了《整蛊专家》，只是略逊于成龙的《飞鹰计划》。

如果说两部《英雄本色》里，张国荣的演技与周润发还有明显差距，在《纵横四海》中，两人已经是各有千秋，难分高下了。此片也开启了连续八年，张国荣与成龙、周星驰的"三国杀"，成为香港电影圈和普通市民津津乐道的话题。

不过这一年，张国荣的主要精力还用在温哥华的退休生活上，只参演了一部永高的《豪门夜宴》。在这部公益影片中，张国荣戏份可以忽略不计。但他却正式加盟这家影坛新贵，成为"第一基本演员"。

1992 年，适值本命年的张国荣，表面上看仅有两部电影上映，事实上却开启了满格模式，参与拍摄了《蓝江传》《东邪西毒》《霸王别姬》《东成西就》

和《花田喜事》。当然，后三部都是在次年上映的，《东邪西毒》则在 1994 年才得以上映。

这一年，是香港电影最为辉煌之年，也有很多人称之为"周星驰年"。但所有荣迷相信，这一年也是"张国荣年"，因为《霸王别姬》就是这一年完成拍摄的。

这一年，《家有喜事》以 4899 万的入账，成为张国荣 24 年电影生涯中香港票房最高的一部。荣迷和星粉为谁是男一号争执了 30 年。但笔者认为，这是两人共同完成的佳作，两大巨星的表演都是教科书级别的，缺一不可。

至于《蓝江传》，则是因永盛老板向华强盛情邀请，张国荣才愿意出演男二号白荣飞。此后，张国荣与向华强夫妇的友谊也维持了终生。因与罗承杰理念不合，黄百鸣另组东方影业及东方院线，依然将张国荣作为"一哥"。

张国荣的表演巅峰，出现在 1993—1996 年。在这 4 年间，一向以慢工出细活、不轧戏闻名，人送外号"张一组"的他，居然有 15 部电影上映，占全部主演作品的三分之一以上。甚至比同期的"一成双周"加起来拍片都多，实在是让人刮目相看。

1993 年上半年，说张国荣主宰了香港影坛，一点也不夸张。新年第一天，《霸王别姬》作为东方院线创业作火热上映，进账近千万。随后，《花田喜事》轻松斩获春节档冠军，并在此后近半年时间里一直位列年冠，走到 7 月底才被《唐伯虎点秋香》超越。而《东成西就》同样票房和口碑都相当可喜。

8 月 26 日，张国荣、林青霞主演了东方的年度武侠巨制《白发魔女传》，成为 90 年代武侠电影热中的精品。时至今天，这依然是最佳梁羽生小说改编电影。

1994 年，也许是为了迎接世界电影百年，无论好莱坞，还是内地、台湾和香港，都是佳作频出。张国荣以《大富之家》《金枝玉叶》和《锦绣前程》3

部风格不同的商业片，助力东方、嘉禾和永盛维持了香港影业三巨头的地位。而《东邪西毒》作为另类武侠片，上映初期毁誉参半，随着时间推移，风评却越来越好。

虽说张国荣仅凭《金枝玉叶》提名金像奖影帝，但在其他三部作品中，他的表演却都堪称"毁容式"的，与我们熟知的时尚帅气形象大为不同。就戏路之宽而言，也唯有当时已经淡出香港影坛的周润发，可以与他相比。

1995年，张国荣加盟滚石唱片，正式复出歌坛。同时，他将很大一部分精力，用在了内地拍摄《风月》上，因而全年只有两部新片上映。《金玉满堂》成为美食题材的经典，张国荣以38岁"高龄"演古惑仔，与23岁的港姐袁咏仪演情侣，却完全没有违和之感，令人折服。而《夜半歌声》虽说剧情深度欠佳，张国荣却奉献出了完美的表演，承包了片中三首歌曲的作曲，并以自己的个性化魅力，让影片成为难以逾越的经典。

1996年，在进入不惑之年时，张国荣不光有5部电影先后上映，创造了个人电影生涯的纪录，还赶赴阿根廷拍摄了口碑力作《春光乍泄》，发行了新专辑《红》——确实真红，并举办了"跨越97"演唱会，日程之满，必须以天计算了。

而且，这5部电影都可圈可点，没有一部烂片。

《大三元》是贺岁电影中的清新之作，票房也算对得起投资。

《金枝玉叶2》实现了市场回报与艺术表现力的平衡，更唤起了对同性恋平权的关注。

《新上海滩》成为黑帮题材电影的经典，堪称民国版《英雄本色》。

《风月》深刻诠释了乱世中人性的变态与扭曲，入围了戛纳电影节最佳影片，张国荣再获戛纳和金马奖影帝提名。

小成本片子《色情男女》，也能做到以真情感人，张国荣凭此片获得金像奖影帝提名。

在这7年时间里，他的工作重心几乎全放在了影坛，这是万千歌迷的损失，却是广大影迷的福利；

在这7年时间里，他不光是春节档的门面、票房的担当，还是艺术片导演的最爱；

在这7年时间里，他与成龙、周润发、周星驰和刘德华等巨星的良性竞争，让香港电影在内外交困的情况下继续创新和发展，书写了黄金时代的最后繁荣。

张国荣表演的高光年代，赶上了周星驰和成龙的先后爆发，未能从他们手中抢下一次年度冠军，这确实是比较遗憾的事情。张国荣的电影巅峰期，也没能像刘德华、梁朝伟和郭富城那样持续很长时间。但荣迷其实无须痛心，在最好的年华里，他留下了10多部优秀的作品，他的才气已经得到了充分展现。

无论内地的张艺谋、田壮壮，香港的许鞍华、关锦鹏，还是台湾的侯孝贤、杨德昌等导演，都反复向张国荣表达过合作意愿。可惜因一些原因，最终都未能如愿。相比之下，王家卫和陈凯歌两位大导演无疑是幸福的，他们都与张国荣合作了多次。

《阿飞正传》输了票房赢得影帝，为王氏电影奠定基调

提到香港电影，绕不开王家卫。

有人说，他是香港以至华语电影圈中最有个人风格的顶尖导演。也有人说，他只是将"无病呻吟"和"不知所云"用到了极致。

谈起张国荣，当然也绕不开王家卫。

在 20 世纪 90 年代，张国荣主演了王家卫执导的 3 部电影，付出了大量的时间与心血。

必须肯定的是，王家卫通过运用抽帧、黄绿色调、经典配乐、大量独白等，形成了自己的鲜明风格，与追求戏剧冲突和感官刺激，却不太注重艺术美感的传统港片形成了鲜明反差，收获了为数不少的影迷，甚至成为历届金像奖评委的最爱。可以说，有了王家卫的存在，香港电影确实多了几分文艺气息。

截止到 2013 年，王家卫只亲自执导了 10 部电影，除了最早的《旺角卡门》和西片《爱神》，其他 8 部都属于风格鲜明的王家卫电影，可以分为"60 年代""90 年代"和"武侠"。

60 年代三部曲：

《阿飞正传》《花样年华》《2046》。

90 年代三部曲：

《重庆森林》《堕落天使》《春光乍泄》。

武侠：

《东邪西毒》《一代宗师》。

可以看出，张国荣恰巧主演了 3 种类型的各一部影片。而除了口碑最差的《堕落天使》，剩下那些影片的男一号，通通都

C

► **255**

是梁朝伟。

靠拍王家卫的电影，梁朝伟拿到了四个金像奖影帝，一个金马奖影帝。而张国荣唯一的一座小金人，也是凭《阿飞正传》拿下的。

优秀的演员与出色的导演，到底是谁成全谁，这是个见仁见智的问题。

有一种说法，吴宇森让张国荣变成了演员，王家卫让张国荣变成了影帝，而陈凯歌让张国荣变成了艺术家。

这样的说法，似乎对张国荣并不公平。

客观地说，如果不是有张国荣的参与，无论是《英雄本色》《阿飞正传》，还是《霸王别姬》，成片水准很可能都要大打折扣。

王家卫的导演处女作《旺角卡门》，就在香港影坛一鸣惊人。这部由刘德华、张曼玉和张学友主演的黑帮题材影片，剧情走向和冲突安排，明显受到《英雄本色》影响，高潮戏份的"作死"也在致敬前作，只是为男一号安排了个暧昧对象。但有别于传统港片的破碎故事情节和凌乱色彩影像，已经展现出了王家卫电影的一些雏形了。

在1989年4月的第8届金像奖评选中，《旺角卡门》获得了包括最佳电影、最佳导演和最佳男女主角在内的10项提名，并获得最佳男配角（张学友）和最佳美术指导（张叔平）两个奖项。刚满30岁的王家卫，从此也成为香港知名导演。

《阿飞正传》这个片名，似乎致敬了鲁迅的代表作《阿Q正传》。不过，詹姆斯·迪恩的代表作《无因的反抗》，当年在香港上映时也叫《阿飞正传》。

阿飞也没有别的意思，就是"流氓阿飞"的后俩字。按剧情来讲，似乎也可以叫《渣男正传》，英名片名则为 *Days of Being Wild*。在鲁迅的《华盖集》序言中，这位20世纪中国最伟大作家如是说："我幼时虽曾梦想飞空，但至今还在地上。"这似乎与王家卫的"无脚鸟"理论有异曲同工之妙。

《旺角卡门》的摄影是刘伟强，到了《阿飞正传》，换成了澳大利亚人杜可风，服装设计和美术指导则是张叔平。 从此，这两人成为王家卫的固定搭档。 所谓的王氏风格，很大程度上是他俩帮助成就的。

　　1989 年 11 月，在之前华星同事陈善之介绍下，张国荣与王家卫见面，并答应客串其新片（暂定名为《爱在 1967》）。

　　50 年代出生在上海的王家卫，对于 60 年代有一种特别的迷恋。 根据他的计划，准备拍摄的是一部 1967 年香港大暴动时期一个警察与一位女恐怖分子的爱情故事，男女主角还是刘德华和张曼玉，张国荣不过是"特别客串"。

　　但所谓计划赶不上变化，王家卫算是将艺术家的"任性"发挥到了极致。在拍摄过程中，他发现张国荣的演技特别好，特别有占士甸的神韵，于是不断给后者加戏，然后不断修改剧本，最终将张国荣饰演的旭仔变成了男主角，影片也正式定名为《阿飞正传》——这让刘德华情何以堪？

　　影片最开始，是一片郁郁葱葱的椰子林，显然不是香港的风景，但实际上是王家卫埋设的伏笔。

　　不久，伴随着咚咚作响的皮鞋踏地之声，一个黑色背影出现在观众面前。我们看不到人脸，却能清楚感到一种野性的张力，这种力量，似乎让所有异性都难以抗拒，甚至是欲拒还迎。

　　放浪不羁的旭仔（张国荣饰）从未见过生母，与养母（潘迪华饰）也是面和心不和，他对年轻女人有着致命吸引力，却一而再再而三地"恃靓行凶"，玩征服即分手、迷住你就不认人的游戏。

　　苏丽珍（张曼玉饰）和梁凤英（露露，刘嘉玲饰）只是被他征服的众多姑娘中的两个，却是最特别的一对。 她们俩让人想到张爱玲的《红玫瑰与白玫瑰》。

　　热情如火的情人红玫瑰娇蕊与贞洁贤淑的妻子白玫瑰烟鹂，大致可以对应风骚性感的舞小姐露露和恬静温柔的售票员苏丽珍。 她们的性格可以说南辕

C　　　　　　　　► **257**

北辙，却先后都爱上了旭仔，而且爱得是那般卑微无助，那样毫无尊严。

重要的一点，是旭仔先招惹她俩的。苏丽珍只是个小食部售货员。这样的普通女孩能入旭仔法眼，还不是因为她的气质出众。

开篇，旭仔便呈现了他的"文艺泡妞大法"。

有人以为，《阿飞正传》有张国荣自身的投射。在大银幕上，他诠释了不少情场浪子，跟各种美女玩情感游戏。但在现实生活中，这位大帅哥是个对情感极其认真、始终如一的人。

花心是需要本钱的。无论是《柠檬可乐》中的杰森陈，还是《侬本多情》里的詹时雨，都很有些"万花丛中过，片叶不沾身"的功力，但与《阿飞正传》中的旭仔相比，他们只有学习膜拜的份儿。

不知道王家卫有没有将自己的恋爱往事写进去，不过这段告白，还真不是一般人能写出来的。你说他矫情吧，人家还真有水平。不过，如果换成曾志伟或者泰迪·罗宾去说，妹子只会撑句"神经"；而换成旭仔，旭仔凭眼神就能让对方沉醉。因为连背影都会调情的美男，说出来才有震慑效果，才能让对方永不忘记，才能令观众认可和接受。

因此，《阿飞正传》剧情能否成立，完全取决于男主角的表现力。王家卫是幸运的，他在最合适的时机，遇到了最为合适的演员。

苏丽珍和他从一分钟的朋友，变成一小时的朋友，又是一天的朋友……等发现自己爱上这个阿飞时，已经陷得太深，无法自拔了。

当她提醒他表姐结婚时，当然是希望他也有所行动，可人家就是不反应。

当她明确提出想结婚时，他还是无动于衷。

结婚由女人提出，已经够没面子了，可她还是鼓足了勇气，试图为自己争取幸福。

当得不到肯定答复时，她没有发火，更没有撒泼，只是穿好衣服默默离开。

不过，不哭不闹，不代表没有感情。

"我以后都不会再来。"事实证明，这是多么言不由衷。 也呼应了旭仔最早的告白。

显然，这世界上不是所有女孩，都像苏丽珍这样没有脾气，露露当然更不是。

旭仔搞定露露的过程，堪称经典的"搂草打兔子"。 在舞厅的洗手间，他痛打了偷养母耳环的老白男。 别看平日里的他懒散成性，这时候居然目露凶光、出手狠毒，把养母情人吓得连连求饶。

出了门来，旭仔旁若无人地梳头，隔着银幕都能感受到这股霸气。

"你很喜欢这对耳环？ 送给你！"然后，他潇洒地一去，转身离去。

她对着镜子比画两下，急急叫住他，露出了迷人的笑容："喂，怎么才有一只？"

"我在下面等你。"旭仔的一手摇着耳环，笑容更加性感。

暧昧的罐头音乐【注:又名版权音乐,制作音乐,就是已经做好的音乐,且有版权保护不能随便流传】响起。 接下来要发生的事情，大家应该都能猜个七八分了。 所谓遇到对的人，一切就是这么顺理成章。

当旭仔讲"电话能遗失，人也可以遗失时"，她马上扑向躺在床上的情郎："你试着遗失，我朝你泼硝镪水，划花你的脸！"

都说玩笑中有真实成分，这话苏丽珍是绝对说不出口的。 可刚才还懒洋洋的旭仔，此时猛然古惑仔附体，恶狠狠地说道："别跟我这么讲！"就差大嘴巴抽上去了。

你猜露露会怎么回应？ 是收拾东西走人吗？ 不，她很快就服软了："你收服了我，我没有办法。"

为了留在他身边，这个高傲的姑娘居然跪在地上，认真地、一下一下地擦洗地板，实在让人心痛。 但她所做的一切，无非是留住旭仔的心。 这真是

"在歪仔面前有多高傲，在旭仔面前就有多卑微"。

王家卫并没有拍摄旭仔与两个女人宽衣解带的过程——那样分级都得变了，只是表现了他们在一番云雨之后的懒散场景，给了观众太多的想象空间。但是，如果以为这样拍摄就容易完成，那真是天真无邪。

一段旭仔与苏丽贞在床上温存的戏份，王家卫居然要求拍摄了47次，创造了张国荣从影以来重拍的最高纪录。可能王家卫自己都不知道哪一次更好，他只是想培养演员的状态，让他们彻底融入戏中。

当然，也得亏张国荣有专业精神。显然，不是所有演员，都愿意这么被折腾。

超仔（刘德华饰）是个暖男，他第一次见到苏丽珍时还在当巡警。

超仔发现她无助地蹲在旭仔家门口，于是敲门提醒旭仔有女孩找他。苏丽珍借口拿自己的东西，实际上是想求复合。但人家说大家不合适，他也不想结婚。

苏丽珍靠在墙上，浑身抽搐，终于，她鼓起勇气，说出了连自己都不相信的话："不结婚不要紧，我只想和你在一起。"

这真是底线都不要了。得魅力多大的男人，才能把女人逼成这样？

"你为什么迁就我？你迁就了我一时，迁就不了我一辈子。跟我在一起你不会快乐的。"

"你到底有没有喜欢过我？"

"我这辈子还不知道会喜欢多少个女人，不到最后，也不知道谁是自己最喜欢的。"

说这话时，露露可就在屋里听着。我们看不到她的脸，只看到背影的扭曲，可以想象，她有多么难受，那张花容月貌的俏脸，此时都没法看了。

超仔希望自己能取代旭仔，但苏丽珍就是走不出心结。

苏丽珍只想找个倾诉对象，能保守秘密，但可不想移情别恋。

他要她从这一分钟开始忘记旭仔，却令她更加痛苦。但最后，她还是解脱了出来，甚至还轻松地问对方家人的情况。超仔也毫不掩饰地表示了好感，可惜，她并没有接招。

他天天守候在电话亭边，永远等不到电话响起。

当超仔决定要去跑船时，表面上是因母亲过世，但更真实的缘由是放弃了苏丽珍。

歪仔（张学友饰）是旭仔的朋友，但从头到脚具有失败者的气质。但他相对成熟稳重，而不像《旺角卡门》的乌蝇那样拎不清自己。

当旭仔和露露亲热时，歪仔居然顺着管道爬进来，显然，他和旭仔是老相识。这么自卑无能的人，旭仔怎么会愿意和他交朋友？影片没有交代。王家卫电影总会有大段留白，全凭观众自己琢磨。

露露只跳了一段舞，就让歪仔爱得死心塌地。她一眼就看透了他："不准喜欢我！"

旭仔去菲律宾之前，将爱车交给了歪仔。他以为有个车就能追上女神，结果还是太年轻。

歪仔卖了旭仔送他的车，却把钱交给露露，让她去菲律宾找心上人。那副卑微的神情，实在看得让人伤心。

感情中最可怕的定律，是谁动真情谁输。两位姑娘明明相貌不差，明明知道旭仔根本靠不住，明明清楚身边就有深爱自己的人，却轻而易举地拒绝了唾手可得的真爱，反而要不惜一切代价，去追求自己根本得不到的东西。

不得不说，王家卫对人生、对爱情、对宿命的理解力，还是相当深刻的。而在他的镜头之下，5 位主要演员也以自己精彩的表现，为这部相当阴郁沉闷的影片增添了别样魅力。

而梁朝伟在影片最后，也留下了一段相当惊艳的长镜头。

影片时长仅 90 分钟，前部分，讲三男两女的感情纠葛，后部分画风突变，成了旭仔菲律宾冒险记。这个过程真是一点也不潇洒，令人唏嘘甚至可怜。

别看旭仔对年轻姑娘可以为所欲为，他也有自己的死穴。讽刺的是，他的执念也是女性。

他一心想找到自己的生母，想搞清自己的身世。

为此，他只身前往菲律宾，甚至不惜将爱车送给歪仔。

先是生母不认他，让人将他"请"了出去。

"当我离开这个家的时候，我知道自己身后有一双眼睛看着我，然而我是不会回头的，我只不过想见见她，看看她的样子，既然她不给我机会，我也绝不会给她机会。"

再是醉酒之后，被妓女偷光了钱。

在异国他乡，旭仔居然遇到了超仔，正好让他陪自己走完了最后一程。

王家卫曾经设计了一场旭仔的自杀戏，让这个无脚鸟从大桥上一跃而下。不过，这段镜头并没有用到影片中。

随后，就是在马尼拉火车站与假证贩子们的混战了。影片的 1 小时 18 分处，配合着拉丁风格的音乐，跟随着旭仔的脚步，那个主观长镜头确实够炫。他的视线首先落在一辆马车上，然后是车站门口驱赶乞丐的警察，再是黑灯瞎火的楼梯，转过来，总算有了扇窗户。再上楼梯，看到有拖地的工人，躺在长椅上的旅客，都在为糊口辛劳。进到售票厅，旭仔总算现身了，他神色轻松，似乎还想在这里再跳一次恰恰。

原来他是来与假证贩子交易的，可他又没有钱。当他对人家捅出一刀时，也就预示了自己的宿命，这里毕竟不是你的地盘。

在董玮的动作设计下，这场车站群殴戏还是相当耐看的。一番血战之后，旭仔和超仔逃过了追杀，跑到了火车上。

两人在车站顶棚上狂奔的镜头，居然没用替身。可大家知不知道，他们这是拿命在奔跑。

当时据菲律宾道具员说，有几块锌铁是不能踩的，却根本说不清是哪几块。就这样，两个身价香港前五的巨星，冒着随时摔下去的危险，完成了这段镜头。

所谓"躲过了初一，躲不过十五"，旭仔还是被仇家逮到了。临终之前，他还在喋喋不休：

> 以前，我以为有一种鸟一开始就会飞，飞到死亡的那一天才落地，其实它什么地方也没去过，那鸟一开始就已经死了。我曾经说过，不到最后一刻，我都不知道最喜欢的女人是谁。不知道她现在在干什么呢。天开始亮了。今天的天气看上去不错，不知道今天的日落会是怎么样的呢？

背景画面，正是影片开始的椰林。不过，早知今日，何必当初？

眼看男一号不行了，男二号问了他"四月十六日下午三点"的问题，他居然还记得："她问你的？"

超仔想装出若无其事的样子，怎么能装得像。

露露带着钱到菲律宾找旭仔，可怎么可能找得到。

苏丽珍终于想通了，给超仔打电话，可又怎么能打得通。

低矮破旧的小屋里，一个青春版旭仔（梁朝伟饰），正认真梳妆，准备出门猎艳。

所有的人，其实都是无脚鸟。

著名导演谢晋在评价周润发时，曾经做了这般评价："演员分三个阶段，第一是基调，第二是个性，第三是魅力。基调是可以胜任任何角色，二是可以演出人物的个性，三是从角色中发挥个人魅力。而最后一阶段是最高层次，演员不容易达到，但周润发就能做得到。"

照这个标准看，张国荣不光做到了，更是因为他的表演，《阿飞正传》的故事逻辑才有了说服力。

我们不妨假设一下，如果旭仔换个演员来演，能产生这样长久的艺术魅力吗？王家卫能凭此片一举封神吗？

如果《阿飞正传》在票房惨败的情况下又没有金像奖加持，张国荣依旧能得到大量片约，而王家卫的电影之路，还能走多远呢？

1990 年圣诞档，书写了香港影史上的精彩一页。

12 月 13 日，由王晶执导，刘德华、周星驰、张敏和陈法蓉主演的《赌侠》，在嘉禾院线开画。

两天之后，《阿飞正传》在金公主和新宝院线双线联映。

全香港最知名的两个 50 后王姓导演，在这一年的圣诞档杠上了。但理想很丰满，现实很骨感。《阿飞正传》上映 13 天就被迫下线，票房 975 万。而《赌侠》连映 52 天，票房 4034 万，是香港影史第二部破 4000 万的大片。虽说票房被碾压，但王家卫的封神之日，也很快来到了。

1991 年 4 月 21 日，第 10 届金像奖颁奖礼在香港文化中心大剧院举行，《阿飞正传》之前已经获得包括最佳剧情片、最佳导演和最佳男女主角在内的 9 项提名。它的最大对手，无疑是去年 12 月在第 22 届金马奖上摘得 8 个奖项的《滚滚红尘》。

但当晚最大的赢家，显然是年轻帅气的王家卫。《阿飞正传》赢得了 5 项大奖，之前被视为对手的《滚滚红尘》，居然剃了个光头。

入围最佳男主角的，还有实力戏骨梁家辉（《爱在别乡的季节》），未来歌神张学友（《喋血街头》），以及两代喜剧之王：许冠文（《新半斤八两》）和周星驰（《赌神》）。显然，上年的金马奖影帝梁家辉是张国荣最大的竞争对手。

此时的张国荣还在温哥华，并没有返港参加颁奖礼。 他的顾虑是显而易见的：不远万里飞回去，如果没有得奖，岂不成了笑话？ 如果得了奖，又很可能被说成是内定。 因此，最好的方式就是按兵不动。

加拿大时间早上7点多，张国荣接到了经纪人陈淑芬的电话，确认自己获得了最佳男主角。 他成为同时拥有年度最受欢迎男歌手和金像奖影帝奖杯的第一人。

12月7日，第28届台湾金马奖颁奖礼在台北剧院举行。《阿飞正传》获得6项大奖，成为当晚最大赢家。

最佳剧情片颁给了杨德昌执导的《牯岭街少年杀人事件》，但在最佳导演竞争中，王家卫战胜了关锦鹏（《阮玲玉》），以及两位台湾顶级大导演杨德昌和李安（《推手》）。

入围最佳男主角的，除了张国荣之外，还有凭《牯岭街少年杀人事件》双双入围的张国忠和张震父子，以及老戏骨朗雄（《推手》）。

张国荣毫无疑问是最大热门，但最终捧走奖杯的居然是朗雄，让人觉得既意外又遗憾。

毫无疑问，这是他离金马奖影帝最近的一次。

《阿飞正传》让张国荣成为金像奖影帝，更让王家卫一鸣惊人，横扫金像和金马，跻身香港顶级大导演之列。 这样的精英，怎么可能再为别人打工？1992年，在台湾资本的支持下，王家卫与好友刘镇伟成立了泽东影业，致力于出品高品质电影。

他的下一部电影，最想合作的演员当然还是张国荣。

慢工至榆林，《东邪西毒》缔造另类武侠经典

到了 1992 年，由于徐克《笑傲江湖》和《黄飞鸿》的大火，整个香港电影圈几乎都在抢拍古装武侠。王家卫也不能免俗，他准备拍一部《射雕英雄传》的前传《东邪西毒》，主演是张国荣和林青霞两大一线巨星，为了增加影片看点，泽东公司一口气签下了八大明星。

爆笑喜剧《东成西就》在 1993 年贺岁档的成功，保证了王家卫可以继续捣鼓他的闷骚文艺武侠。这位大导演决定重启《东邪西毒》，并有了一个更为大胆的计划。

6 月 12 日，张国荣、张学友、梁家辉和梁朝伟，香港影坛最出色的"二张二梁"，首次来到陕西榆林，与 6 日先期到达的王家卫剧组会合。

此时的榆林，还是中国最贫穷的地方之一，丰富的煤炭资源还未开发，只有大片的沙漠。呼啸的北风吹过，卷起漫漫黄沙，遮天蔽日；每逢晴天，天空又是格外湛蓝，令人心旷神怡。王家卫认为，这里的氛围，很适合《东邪西毒》的气质。

20 世纪 90 年代初中期是香港电影的巅峰年代，一二线影星一年拍七八部戏，同时接拍两三部非常正常。王家卫倒好，简直是把半个香港娱乐圈搬到榆林吃沙子来了。张国荣是个另类，他号称"张一组"，从头到尾跟足了 40 组戏，谁让他是男一号呢，应该的！其他人就不一样了，不得不频繁地飞回香港又飞回来。

起初，众多明星以为《东邪西毒》是一部武侠片，要不然也不会把洪金宝也请到榆林吧。可拍着拍着，大家才明白，王导

演还是要玩他那一套小资情调。 片中的角色并不是什么侠客，只是穿上了古装的现代人。

这部电影，也给张国荣带来了不小麻烦。

在红石峡山洞拍戏时，张国荣惨被蝎子蜇了，送到医院时，医生都不知道怎么治疗，只是说白色的蝎子毒性不大。 当晚，他通宵不敢入睡，并找来了制片人陈佩华聊天。"想到就这样被毒死了，真的是很不甘心啊！"幸好天亮之后红肿消退，他才庆幸自己捡回了一条命。

按谭家明的说法，《东邪西毒》"处理的是几个人物的爱情故事，他们恰巧是侠客而已。 公众可能误为该片是一部武侠片，但它并不是"。 从影片中欧阳锋大嫂与欧阳锋及黄药师的"三角恋"来看，它似乎致敬了张爱玲经典小说《半生缘》中，女主角顾曼桢与沈世钧和祝鸿才的情感纠葛。

这一点，王家卫自己都没有否认。 他说："当时拍武侠电影最大的挑战是，它们很多都是讲谁的武功最高，但我认为这可能不是最重要的。 于是我会去想，那些大侠是不是有他们的感情生活的。 我就说，我们这一次拍一个武侠电影，但是可不可以用一个《半生缘》的角度。 金庸跟张爱玲在一起会怎么样？"

王家卫给影片起了个富有诗意的英文名字，叫 Ashes of Time（《时间的灰》)，著名影评人"的灰"的笔名，正是源自这里。

这个版本的《东邪西毒》，与《射雕英雄传》基本上没有关系了，它只是借用了小说中的 3 个主要人物：东邪黄药师（梁家辉饰），西毒欧阳锋（张国荣饰）和北丐洪七（张学友饰），也绝对不是《射雕英雄传》的前传。

郭靖、黄蓉、杨康、穆念慈等原著小说中真正的主角，自然是不可能出现的。 但是，影片中却多了两个重要角色，姑苏城中慕容世家的兄妹慕容燕和慕容嫣（均由林青霞饰），角色的灵感，似乎源于《天龙八部》中那个志大才疏的慕容复。

至于盲剑客（梁朝伟饰）、孤女（杨采妮饰）和洪七之妻（白丽饰），则是王家卫原创的人物。

虽说有洪金宝做武术指导，但影片中的打戏并不多。 而且，打斗场面也不是金庸式的一打半天，你来我往；而是古龙式的一招致命，干脆利落。 由此，也让人联想到一部同样在沙漠拍摄的小成本电影《双旗镇刀客》。

作为男一号的欧阳锋，只在开头有不到一分钟的打戏，在 2008 年的终极版中，还被王家卫删除了。 说好的武侠片，不让男主角展现武功，光让他卖嘴，这确实风格另类。

在片中，离开了家乡白驼山，跑到沙漠开酒店的欧阳锋，皮肤粗糙、胡子邋遢、服装老土，妥妥的油腻中年男。 沙漠里能有多少客流？ 因此，他不得不做了杀手中介，这生意显然比卖酒赚钱。

影片采用了二十四节气中的惊蛰、夏至、白露、冬至、立春作为故事章节，兜兜转转，最终又回到惊蛰。 影片开头和结尾，都是欧阳锋在兜揽杀手生意。

> ……其实，杀一个人是很容易的。一点也不麻烦。我有个朋友，他武功非常好，不过最近生活上有些困难，如果你肯给他一点钱的话，他一定可以帮你杀了他。考虑一下，不过要快，如果不是的话……

但这部影片，绝对不是《恐怖游轮》那样的环形叙事。

欧阳锋有个好朋友黄药师，每年都从东边来，找他喝酒，这一次，他带来了一坛"醉生梦死"酒，说是欧阳锋他大嫂（张曼玉饰）送给他的。 欧阳锋还没喝，黄药师自己却痛饮上了。

从此，黄药师就失去了记忆。 见到欧阳锋，不知道他为什么招待自己；

见到盲剑客，不知道他为什么恨自己；见到慕容燕，更不明白他为什么要杀自己。

英气逼人的慕容燕找到欧阳锋，让他杀的人，是抛弃自己妹妹的黄药师；

漂亮妩媚的慕容嫣也找到欧阳锋，让他杀的人，居然是她哥哥慕容燕。

这搞什么鬼呢？

慕容燕又找到欧阳锋，警告他不要打妹妹的主意；

慕容嫣也又找到欧阳锋，催促他赶紧杀了慕容燕。

这玩的是哪一出啊？ 怎么还有点像《大话西游》中的青霞和紫霞？ 对了，刘镇伟正是《东邪西毒》的监制，这桥段说不定还是他想出来的。

在《阿飞正传》中，王家卫给了钟表很多的特写。 古代是没有钟的，但这部影片中，鸟笼却成了最为抢眼的道具。 缓缓旋转的鸟笼，配合着忽明忽暗的光线，营造出一种扑朔迷离的梦幻感，也正切合了片中人物的心情。 人看不起笼中之鸟，岂知世界不就是个巨大的鸟笼，你一样是笼中之鸟。

王家卫当然无意于拍一部烧脑片，谜底很快就被揭开了：这俩兄妹，原本就是同一个人，同一个女人。

慕容嫣曾扮成男人与黄药师喝酒，后者借着酒劲说过："如果你有个妹妹，我一定娶她。"就因为这句戏言，慕容嫣就堕入了爱河。

她约黄药师见面却被放鸽子。 从此，她居然就玩起了分身游戏，搞得像双重人格一样。 又致敬了慕容复的精神分裂。

醉酒之后，慕容嫣将欧阳锋认成黄药师，欧阳锋将她认作自己暗恋的大嫂（张曼玉饰），将错就错之下，两人度过了一个不好描述的夜晚。 王家卫电影的拍摄、打光、构图和上色都极其漂亮，愣把一个土爆了的沙漠小酒店，拍得非常有诗意。 一曲苍凉雄壮的《天地孤影任我行》，也将片中人的孤寂落寞，烘托得入木三分。

此后，世上再无慕容燕或慕容嫣，倒多了一个对着影子练剑的孤独求败。她的宝剑一出，能让河水翻腾，惊涛拍岸，比集束炸弹威力大多了。 这真堪称化悲痛为力量，失恋不失志的正能量典型。

笔者曾设想，如果《东邪西毒》真的拍成一个烧脑电影，让慕容燕（慕容嫣）的谜底在最后才揭开，是不是更有意思？ 大牌演员只需要张国荣、林青霞和梁家辉三人足矣，最多再加个张曼玉客串的大嫂。 当然，王家卫从来不这么拍。

从来没见过一部电影的女一号，在影片开始三分之一时就领了盒饭。1994 年 6 月 29 日，即将迎来 40 岁生日的林青霞退出影坛，嫁作人妇，《东邪西毒》正好是她的第 100 部，也是最后一部电影。

此后，一个比模特还精致的孤女闪亮登场了。 她拉着一头老驴，提着一篮鸡蛋，希望以此为报酬，雇杀手收拾杀害她弟弟的太尉府刀客。 这想法也太无厘头了。 但更让人意想不到的是，这孤女居然成为推进剧情的重要角色，王家卫慷慨地给了她很多戏份。

杨采妮拍戏的时候仅有 19 岁，这也是她参演的第一部电影，《东成西就》她并未参与。 王家卫电影几乎从不用新人，她为什么就能如此幸运呢？

其实，杨采妮属于"救火"队员，她代替的是合约到期的王祖贤。

这个孤女，让观众想到了告别剧组的王祖贤，让欧阳锋想到了远在白驼山的大嫂，让盲剑客想到了远在桃花岛的妻子桃花（刘嘉玲饰）。 两个男人都打着自己的小算盘。 欧阳锋直言不讳，说要卖的话，她比驴子值钱；盲剑客根本无意帮助她，其实都是想多留她一段时间。

盲剑客把黄药师当成最好的朋友，他的新婚妻子，也把这家伙当成了最重要的人，这就悲剧了。

这俩伙计哪有什么侠义精神，都是精致的利己主义者。 盲剑客的眼睛眼看着快瞎了，就接了一单大生意，保证自己回去能见到看妻子。 随后，他迎来了全片第一场大混战，也迎来了他的死亡。

采用"偷格加印"技术，《东邪西毒》中的打戏迅捷凌厉，但完全不是金庸式的招式优美，而是古龙式的一剑封喉。

临出发前，盲剑客很不厚道地亲了孤女，搞得她的鸡蛋只剩下一个好的了。 当然，他是想起了妻子，是在与桃花隔空诀别。

和慕容嫣一样，他的妻子也爱上了黄药师。 看来，黄药师就是穿越到1000 年前的旭仔。

另一个角色洪七出场了，他很有当杀手的天分，欧阳锋于是包装他，给他买了双鞋，保证他能得到好价钱，自己也能有更多提成。 他们还参观盲剑客的尸体（连埋都不埋），了解注意事项。

影片的第三场群斗戏，以洪七的大获全胜而告终。 不过，这时的他，居然干了一件特别爷们儿的事情。

为了给孤女报仇，他失去了一根手指，还得了重病。 孤女去求欧阳锋帮忙，这老兄爱理不理，暗示她可以提供点有价值的东西。

但洪七还是义气，他坚决要求孤女不要做傻事，他吃了一个鸡蛋，这是交易，不用报恩。

妻子适时到来，陪他一起闯荡江湖。 谁说带着女人，就不能闯荡江湖呢？"如果你以后在江湖上听说一个九指的英雄，那一定是我。"还真是豪气。看到他带着老婆离开，欧阳锋内心的失落无以言表。

立春时节，欧阳锋去了桃花岛，发现那里根本没有桃花。

桃花，只是一个人的名字，这个人，爱的居然是欧阳锋的熟人。

而她的丈夫，也死在了欧阳锋的酒店前面。

而欧阳锋，也明白了老朋友一年一来的缘由。

影片的最后，欧阳锋最终还是喝下了醉生梦死酒，却引出了最大的一个悬念。 原来，这酒根本就是假的，而男一号的爱而不得，却是真的。

欧阳锋做什么事都算计得失，他当然不会为了一个鸡蛋去冒险，一篮子也不行。

他做人的逻辑是：如果你不想被拒绝，最好的办法是拒绝别人。就因为这份高傲，他最爱的人成了他的嫂子。

大嫂明明爱的是他，明明只想等他说句话，他却矜持得不开口。

大嫂明明一直在等他，明明想让黄药师告诉他，可这家伙也不开口，只喝酒。

原来，黄药师也喜欢这位大嫂，这就悲剧了。

嫂子同样是输家，在她最好的年华，却不能和心爱的人在一起。

张国荣在影片中的表现，似乎不如一人分饰多角的林青霞抢眼。导演并没有给男一号安排令人血脉偾张的打戏，也没有表情跨度极大，需要表现大悲大喜、精神分裂的情感戏。自始至终，他都是心眼太多，心思复杂，心机深重，活脱脱一个阴险大叔、江湖混子，难让人喜欢起来。相比之下，唯一能体现武侠精神的洪七，却是正能量满满。

而在没有剧本、每天都不知道演什么的情况下，张国荣能始终维持这样的水准。他精准地演出了与黄药师一同饮酒时的谨慎，与慕容燕讨价还价时的冷静，听慕容嫣哭诉时的茫然，数落孤女时的刻薄，为洪七买鞋时的精明，阻止大嫂结婚时的粗暴，以及幡然悔悟时的果决。

1995 年，张国荣凭这部影片获得首届香港电影评论学会大奖的最佳男主角，可以说是实至名归。

第二年，这个奖项颁给了主演《西游记大结局之仙履奇缘》的周星驰。两大巨星因这个奖项而结缘，而两部同在西北沙漠拍摄的电影，虽说主演没有一个重合，其依然有着千丝万缕的联系。

"当你不能够再拥有的时候，唯一可以做的，就是令自己不要忘记。"

在今天，这句影片中的经典台词，可以让我们用来缅怀张国荣。

在评点《东邪西毒》时，著名影评人的灰老师说过，看王家卫电影看到钻研剧情的份儿上，那真叫暴殄天物，煮鹤焚琴，煞透了风景。

这话当然非常有道理。但在评点《金枝玉叶2》时，她又如是说：

"一部成功的电影，需要靠剧情、靠人物来打动人心，如果故事不能说服观众，再美的场景也白费。"即便再推崇文艺片的金马奖，依然将最佳电影奖项叫作"最佳剧情片"。可见在评委眼中，剧情并不是不重要。王家卫从来没得过这个奖项，真不是评委有偏见。

剪辑、布景、灯光、美术、服装、道具等，当然重要，但都必须依托于故事内核，是为剧情服务的。否则，皮之不存，毛将焉附？

当然，相比批评陈可辛、质疑王家卫所需要的勇气，肯定得大得多。但笔者还是小心翼翼地多说两句：如果王家卫导演能更多地遵守电影创作的规律，先写好剧本，做好分镜，把剧情逻辑关系理顺了，他的作品一定会更加出色，拿下金马奖甚至金棕榈奖的概率，一定会提高的。

当年9月，《东邪西毒》剧组离开榆林返港。也就是说，剧组在榆林只待了3个月，但这部影片的拍摄周期，确实达到了两年之久。

王家卫在后期制作的同时，还忙里偷闲，用两个月时间拍摄了一部《重庆森林》，展现出了很高效率。这是由两个独立故事组成的影片，由林青霞、金城武、梁朝伟和王菲主演。1994年7月14日，影片在暑期档先期上映。

同年9月17日，暑期档已经宣告结束，大中学生已经返回课堂，《东邪西毒》才姗姗来迟。选择这一天开画，证明了王家卫一开始就不想拼票房，只想拍出他自己心目中的"艺术片"。不巧的是，永盛大片《国产凌凌漆》也在同一天首映。王家卫和周星驰拼票房，就相当于周星驰和王家卫拼金像奖，被全程碾压是必然的。

虽说阵容豪华得相当浪费，10月12日下映时，《东邪西毒》票房区区902万，仅比《重庆森林》的768万略高。《国产凌凌漆》则以3752万列年度第三。

1994 年 12 月 10 日，第 31 届金马奖举行颁奖典礼。《东邪西毒》的拍摄辛苦未能转化成评委肯定，只获得了 5 项提名，最佳剧情片、最佳导演和最佳男女主角提名都没有它的份。 最终，它也只赢得了最佳摄影（杜可风）和最佳剪辑（奚杰伟、谭家明）两个技术奖项。

而《重庆森林》虽说有 9 个提名，却只得到了最佳男主角一个奖杯。 梁朝伟只演了半部电影，就首次荣膺金马奖影帝。

1995 年，是世界电影诞生 100 周年。

2 月 17 日，在首届"香港电影评论学会大奖"评选中，《东邪西毒》获得最佳电影、最佳导演、最佳编剧和最佳男主角 4 项大奖，算是对整个剧组辛苦付出的承认。

4 月 23 日，第 14 届金像奖颁奖礼在香港文化中心大剧院举行。 当时，《东邪西毒》和《重庆森林》均获 9 项提名并列第一，大有包揽所有奖项的势头。 有好事者传言，应该模仿刘镇伟的《92 黑玫瑰对黑玫瑰》，拍一部《95 王家卫对王家卫》的纪录片。 不过，《东邪西毒》拍摄了一年多，却没有一人能够入围表演奖项。

当晚的颁奖礼，几乎变成了泽东公司年会。 可惜的是，相比《重庆森林》一举拿下最佳电影、最佳导演、最佳男主角（梁朝伟）和最佳剪辑（张叔平、邝志良、奚杰伟）4 项大奖，张国荣饰演的欧阳锋一无所获。《东邪西毒》只得到了最佳摄影（杜可风）、最佳美术指导（张叔平）和最佳服装造型设计（张叔平）3 个技术奖项。

《春光乍泄》香港回归前上演，不如我们从头来过

1997 年 7 月 1 日 0 时，五星红旗在维多利亚湾冉冉升起，标志着香港正式回归祖国。

而就在这一年，作为世界第三大金融中心的香港，却承受了开埠以来最为严重的金融危机。 作为"非生活必需品"的观影需求，自然是大大降低。 加之美国大片的强势冲击，"东方好莱坞"的地位，已然是朝不保夕。 所有的从业者，都面临严峻的挑战与抉择。

由于将很大精力放在了全球演唱会和休假上，张国荣全年仅有一部影片上映。 这就是当年 5 月 30 日开画的《春光乍泄》。

在王家卫执导的 10 部长片中，《春光乍泄》的豆瓣评分最高，是唯一一部达到 9.0 分的作品。 张国荣在片中只是男二号，但这部电影，却被无数荣迷特别推崇。

在《重庆森林》《东邪西毒》横扫金像奖以后，王家卫的新作《堕落天使》反响平平。 在 1997 香港回归的背景下，他大胆地把新电影《春光乍泄》定为同志题材。 英文名 *Happy Together*（快乐地在一起）。

但影片内容似乎与主题不符，整个过程喜多忧少。

1996 年 7 月 29 日，《春光乍泄》在兰桂坊一家酒吧举行了开镜仪式。 8 月 19 日，剧组出发前往阿根廷，初定的拍摄计划只有三周。 不过因为合作公司的费用等问题，直到 9 月 11 日，影片才正式开机。

王家卫曾解释道："阿根廷是能够去到的距香港最远的地

方，充满放逐的感觉与怀旧的情绪。"请注意这最后 11 个字。

在字幕表上，张国荣是"一番"，但影片的画外音，基本上都是梁朝伟来的。 参照《阿飞正传》和《东邪西毒》，谁拥有这样的"话语权"，谁才是真正的男一号。

王家卫这么做，也有自己的苦衷。 10 月 3 日，张国荣飞回香港，出席"跨越 97 演唱会"的新闻发布会，从此就长留香港。 无奈之下，王家卫不得不急召张震救场。 等到影片杀青，已经是 1997 年的事情了。

在阿根廷发生的一切，并没有影响张国荣和梁朝伟的交情，事实上，他们的友谊维持到了 2003 年。

但《春光乍泄》确实给梁朝伟带来了好运，不光收获了金像奖和金紫荆奖影帝，更从 2000 年开始，跻身香港一线明星之列。

梁朝伟属于比较典型的"直男"，出演同性恋电影无疑是重大挑战。

梁朝伟后来曾说："当时拍摄时，我对同性恋爱角色存有疑虑、无信心，幸好有哥哥做对手，他很认真和投入，实在帮助我不少，有他鼓励，我才能演绎出如此成功的角色。"

在阿根廷拍戏时，张国荣一度染上了阿米巴病毒，腹泻不止。 梁朝伟和他住在同一家酒店，对他也是非常照顾。 无独有偶，影片中确实有一段黎耀辉（梁朝伟饰）照顾何宝荣（张国荣饰）的戏份，相当温馨。

《春光乍泄》的故事指哪说哪，随心所欲，不太重视前因后果和起承转合。 当然，王家卫导演一贯如此，不这么拍，反而彰显不了他的风格。

影片一开始，何宝荣与黎耀辉在给护照盖章时，镜头还是彩色的，之后画面很快就成了黑白。 随着两人情绪的变化，全片也在黑白与彩色之间反复切换，王家卫的镜头风格就是大胆。

此后，两人还有一番激情缠绵，这时候确实是很快乐地在一起，但很快就有矛盾了。 我们注意到，何宝荣左耳有耳钉，黎耀辉右耳上也有，这是他们的情侣标志。

两人如何相爱，之前有没有异性伴侣，影片并没有交代。两人相约去阿根廷旅行。在去伊瓜苏大瀑布的途中，他们迷了路，留在了布宜诺斯艾利斯。

一对恋人中，总得有一个理性，一个感性，一个直爽，一个纠结，这样的情感才有意思吧。

《阿飞正传》有座钟，《东邪西毒》有鸟笼，《春光乍泄》则有非常炫酷的瀑布灯，很多粉丝都想买。这座灯，事实上也是维系两人感情的重要纽带。

何宝荣的口头禅是"不如我们从头来过"，这也成为影片的经典标志。

他总是喜欢追求浪漫、刺激与变动，相比之下黎耀辉则保守、沉稳和内向。在迷路之后，他们很快分手了。恋爱中的人，分分合合其实都很正常。

不难看出，何宝荣的性格，似乎——我说的是似乎——更偏女性一些，而黎耀辉更偏直男一点。罗素先生不是说了吗，参差多态是幸福之源。这样的搭配，未尝不是好事啊。

在异性恋中，根本不应该讲求男女平等，而需要男人多包容体贴女性。但如果是同性恋，就有必要追求绝对的平等了吗？这是个见仁见智的问题。

在"同性恋之都"布宜诺斯艾利斯，黎耀辉当上了酒吧服务员，每天满脸堆笑地迎接客人："请进，欢迎，里面坐里面坐！"何宝荣则有轻松来钱的方式——跟白人厮混。他们有时也会碰上，却要装作不想再见的样子，这么较劲，其实也没意思。

首先想分开的是何宝荣，首先想复合的还是他。黎耀辉虽说余情未了，但也许是不想受更多伤害。面对何宝荣明晃晃的诱惑和挑逗，他顽强地说"不"。但黎耀辉没有想到的是，一块手表，也能引发血案，更让他的防线完全崩溃。

何宝荣偷了一位嫖客的高档手表交给黎耀辉，结果挨了一顿打，不得不过来要表。 但黎耀辉完全不同情他。 但是，后来看到被打得没有人形的何宝荣时，黎耀辉还是动了恻隐之心，让他和自己住在了一起。

随着时间流逝，两人关系越来越亲密，有何宝荣待在家里，黎耀辉觉得特别踏实，特别满足，特别幸福。 为了给爱人报仇，黎耀辉甚至不惜痛打嫖客，丢掉工作。

他们一起晨练，一起看赛马，一起在厨房共跳探戈，一起 happy together。

当然观众都知道，他们不可能这样永远甜蜜下去。 黎耀辉再就业了，在一家餐厅当厨师，万万没想到，他的感情生活，因一些小事彻底改变。

在餐厅打杂的台湾帅哥张宛（张震饰），脱俗的气质像青春版的何宝荣。他一个无意中帮黎耀辉接听了电话的举动，让何宝荣有了误会和戒心。

同样，何宝荣几次出去买烟和吃夜宵，却打扮得跟接客一样精致，让黎耀辉起了疑心，怀疑他又做起了老本行。 两人既敏感又脆弱。 最后，愤怒的何宝荣还是离开了。

黎耀辉起初不待见张宛，却慢慢发现他很像年轻时的何宝荣，更发现他对女生似乎不感兴趣，逐渐对这个小帅哥产生了不同寻常的感觉。

难道新的恋情又要上演？ 可是，张宛却突然要离开餐厅，去往一个叫乌苏里亚的地方，传说那里有个灯塔，失恋的人都喜欢去，可以把不开心的事情留下。 可张宛去那里做什么呢？ 他又没有恋人。 张宛让黎耀辉录一段声音，可以带到灯塔下。

临走之时，两人拥抱了一下，可也只能是至此为止。 黎耀辉说他像"盲侠"，其实是在含蓄地示爱，可张宛哪知自己像何宝荣。

张宛确实让黎耀辉动心了。 如果再多一点时间，他恐怕就要行动了。 张宛走得真是时候，难道是他看出了苗头？

何宝荣租下了当初黎耀辉住的房子，他就像变了一个人一样，认真清扫房间，整理得井井有条，还买来几条烟，像黎耀辉当初那样摆好，还真有点像一个等待丈夫归家的主妇。可惜，他再也等不到想念的人了。

黎耀辉来到了伊瓜苏大瀑布下，看着壮观的景色，不觉潸然泪下："我觉得好难过。因为我始终认为，站在这瀑布下的应该是两个人。"

转眼到了 1997 年，香港真的要回归了。张宛来到了乌苏里亚，想帮黎耀辉将不开心留在这里，可随身听里只有奇怪的声音，似乎是他的哭泣声。

2 月 20 日，黎耀辉在回香港途中转机台北，在著名的辽宁街夜市，见到了张宛的家人，可惜他却不在。黎耀辉就将张宛在乌苏里亚的照片拿走了。"如果想见的话，起码知道在哪里可以找到他。"

终究，他们三人还是各走各的路。

世上的爱情这么多种，天长地久的爱值得羡慕，短暂的灵肉合一也值得珍惜。好的爱情，不应有绝对的标准。一段感情值不值得，得当事人说了才算。

爱情里最重要的，是两人的观念合拍。

有人渴望婚姻生活的甜蜜，有人认为感情不应该用那张纸来证明。

有人希望过上稳定的生活，有人欣赏随遇而安的潇洒。

没有对与错，只有合适与否。

黎耀辉与何宝荣的分开是注定的，两人的观念压根就不合拍，而且也不是很愿意迁就彼此。

后来，王家卫在谈到《春光乍泄》的一些主题构思时说："我自己也如同剧中的黎耀辉和何宝荣一对恋人，厌倦不断地被问及到 1997 年 7 月 1 日后香港将变成如何？想离开香港，来到世界另一头的阿根廷逃避现实，却发现越想逃避，现实越发如影随形地跟着自己，无论到哪儿，香港都存在。"

在影片里，张国荣的戏份不多，却奉献出了极其华丽的表演，如果没有他的参与，这部影片能够得到多少关注度，真的是不好估计。

汽车后座中点烟回眸的率性，满脸是血地倒在黎耀辉怀中的脆弱，穿着橙黄夹克回眸一笑的风骚，影片尾声时抱着毛毯痛哭不已的无助，都让他诠释得特别传神。 但银幕上的何宝荣与现实中的张国荣，性格气质其实南辕北辙。

1997 年 12 月 13 日，第 34 届金马奖举行了颁奖礼。

之前，《春光乍泄》获得了 6 项提名，当晚却一无所获。

1998 年 4 月 28 日，第 17 届金像奖颁奖礼在香港文化中心大剧院举办。《春光乍泄》赢得了 9 项提名，是最佳电影的大热门，张国荣和梁朝伟双双入围最佳男主角的 5 人名单。

可惜，3 年前还能以两部影片左右互搏的王家卫，此次也尝到了被击败的滋味。《春光乍泄》最终只有梁朝伟摘得影帝，其余一无所获。 陈果以 50 万港币拍摄的《香港制造》拿下了最佳电影和最佳导演，《宋家王朝》则获得了 5 项大奖。

领奖时，梁朝伟特别感谢了"一个这么好的对手张国荣"。 他们以后再无合作，却一直是好朋友。

1999 年，关本华、李业华执导的纪录片《摄氏零度·春光再现》，记述了 3 年前拍摄《春光乍泄》时，台前幕后很多不为所知的逸闻，让我们看到了王家卫、张国荣、梁朝伟，以及所有工作人员的辛苦。

在商业片当道的香港影坛，王家卫以自己极具个性魅力的影像风格独树一帜，赢得了多个奖项，并以《春光乍泄》为华语电影人率先拿下了戛纳电影节最佳导演奖。 而张国荣主演了王家卫的 3 部电影，见证了他执导风格的日臻成熟，也为自己留下了 3 个经典角色，为粉丝和影迷留下了太多珍贵回忆，两人堪称相互帮衬，彼此成全。

可惜，《春光乍泻》之后，张、王二人再无合作。 梁朝伟与王家卫的携手，一再擦出神奇的火花。 而作为香港明星，张国荣最重要的一部电影，却是与内地导演合作完成的。

C 8

《霸王别姬》人戏合一，诠释"不疯魔不成活"

如果要为张国荣选一部代表作的话，我想绝大部分荣迷不会犹豫，第一时间就会做出选择。

这部电影，承载的荣誉实在太多。第 46 届戛纳国际电影节金棕榈奖，第 51 届美国电影电视金球奖最佳外语片奖，第 47 届英国电影学院奖最佳外语片奖，第 15 届韩国电影青龙奖最佳外语片奖，第 66 届奥斯卡金像奖最佳外语片奖提名……

在豆瓣前 250 部优秀电影中，它的评分一直高居第二，仅次于《肖申克的救赎》，稳居华语片第一。

它当然就是《霸王别姬》。影片中只有一个香港演员，此人却是全片的灵魂。有他没他，电影完全是两个档次。

一千人眼中，有一千个哈姆雷特。个人认为，《霸王别姬》之所以能够成为迄今为止最佳华语电影，恰恰在于它跳出了狭隘的爱情题材，将主要人物的爱恨纠结、离愁别绪融入中华民族长达半个多世纪的风云变迁之中，彰显了在强大的时代洪流中，蝼蚁一般的个体，如何捍卫生命尊严，如何坚守做人底线的故事。

值得强调的是，在陈凯歌拍出《霸王别姬》前后，内地另外两位优秀导演张艺谋和田壮壮，同样也完成了两部历史跨度长、饱含人道主义情怀的力作《活着》和《蓝风筝》。在世界电影百年华诞之际，他们代表内地电影人送上了一份厚重的礼物。

为了能让陈凯歌执导，汤臣老板徐枫前后等了将近 4 年。

《霸王别姬》是李碧华的代表作。早在 1981 年，在创作小说之时，她为香港电台创作了两集电视单元剧。导演罗启锐选择

C ► 283

岳华出演段小楼，张国荣出演程蝶衣，但谭国基代表张国荣拒绝了邀约。1985年，李碧华将《霸王别姬》剧本改编为长篇小说出版。

在《胭脂扣》大获成功之后，嘉禾曾筹划《霸王别姬》，计划由张国荣、成龙和梅艳芳主演。但成龙与张国荣都先后婉拒。汤臣影业老板徐枫也非常喜欢这部作品，积极与李碧华联系。最终，汤臣拿到了小说改编权。

1988年5月，徐枫参加第41届戛纳国际电影节，观看了陈凯歌的参展作品《孩子王》，对其才华相当欣赏。这部影片获得了当届"教育贡献奖"。

徐枫第一时间邀约陈凯歌面谈，希望由他来执导《霸王别姬》。但当时陈凯歌已经启动了《边走边唱》项目，对《霸王别姬》也没多大兴趣。

据徐枫回忆说："为了拍《霸王别姬》，跟他（陈凯歌）谈了200多个小时。

1990年4月，在与李碧华沟通之后，陈凯歌邀请内地第一编剧芦苇加入剧组，担任联合编剧。

1991年5月25日，张国荣与陈凯歌这两位中国当代电影史中的重量级人物，才得以首次会面。他们就拍摄细节进行了交流，并就次年2月开机达成了共识。此后，陈凯歌也敲定了其他主演人选。他原本想亲自出演段小楼，但被老板徐枫当场否决。

此后，比张国荣大11天的张丰毅，成为段小楼的扮演者，女一号菊仙则请到了内地首席女星巩俐。因《编辑部的故事》火遍大半个中国的葛优，出演男三号袁四爷。不难看出，这阵容已经是华语电影的顶配了。

但汤臣与张国荣的合约迟迟未能确定。这位巨星希望合约内写明"拍摄期限四个月"，以免影响其他工作，但汤臣只愿意口头承诺。就在此时，《末代皇帝》主演尊龙突然向汤臣示好，表达了强烈的参演意愿。

11月10日，张国荣返港商谈《家有喜事》的拍摄事宜。其间他向媒体表示，因迟迟无法达成合约，自己已经正式辞演《霸王别姬》。

但作为国际巨星，尊龙的合同要求更加苛刻，让汤臣相当犹豫。12月6

日，第 37 届亚太影展举办，影帝的最大热门张国荣意外败北。 徐枫在与尊龙近距离接触之后，发现他形象过于硬朗，并不适合演程蝶衣。 而张国荣为《号外》杂志拍摄的《奇双会》青衣造型，令她非常欣赏。 24 日，因为合约细节问题，尊龙主动辞演《霸王别姬》，让徐枫有了再度联络张国荣的机会。

此时的张国荣，已是永高的"第一基本演员"，档期已满。 徐枫、李碧华一直努力游说张国荣，陈凯歌也两次从北京飞往香港，和他商谈合约细节。

从新艺城到永高，黄百鸣一直对张国荣的工作鼎力相助。 经过协商，永高将基本合约生效时间推迟了半年，保证了张国荣北上拍摄的时间。 汤臣也答应将四个月期限写入正式合同。

1992 年 2 月 20 日，永高举办了热闹的春茗会，为《家有喜事》横扫春节档庆功。 席间张国荣对媒体正式宣布，他已经与汤臣签约拍摄《霸王别姬》。

兜兜转转，张国荣终于成为《霸王别姬》的男一号。 不得不说，这对他本人，以及汤臣和永高，甚至中国电影，都是一个最明智的选择。

2 月 24 日，《霸王别姬》在北京开镜。 此时，张国荣还在休假，陈凯歌先拍摄两位男主角的童年戏份。

3 月 2 日，张国荣与李碧华飞往北京，与剧组会合。

说来令人难以相信，在内地拥有无数粉丝的张国荣，居然第一次来到北京。

陈凯歌安排程砚秋的徒弟张曼玲及其丈夫史燕生，为男一号指导京剧身法。 极短时间内，张国荣苦练基本功，取得的进步让人觉得不可思议，以至于替身始终没有派上用场。 但片中程蝶衣的唱腔，并不是张国荣的原声。

张国荣的普通话已经讲得相当好了，但最终的成片，用的却是人艺演员杨立新的配音。 对这样的结果，荣迷们只能说遗憾了。 当然，杨立新的配音也是非常精准，与张国荣的表演水乳交融，但个人以为，还是用原声更好。

港片的拍摄周期通常为一个月，而张国荣在《霸王别姬》剧组待满了 4 个月，日程每天排得满满的。 7月10日，张国荣才返回香港。

1993年1月1日，新年的第一天，《霸王别姬》成为东方院线的开业之作，19天票房915万，这成绩对文艺片来讲已经相当不错了。 何况，如果不是为《花田喜事》让路，它铁定突破千万大关。

《霸王别姬》的时间跨度长达半个多世纪，如同中国版的《阿甘正传》和《乱世佳人》。

张国荣在片中是"本色出演"吗？ 程蝶衣的性格偏执，"不疯魔不成活"，与现实生活中朝气蓬勃的张国荣其实大相径庭。 但就相当自恋这一点来说，两人又有共同之处。 自恋从来不是个贬义词，自恋和自信的差别，其实真的不大，自恋是需要资本的，而程蝶衣和张国荣要是不自恋，反而让人觉得不正常。

程蝶衣痴迷京戏，人戏不分，以至于在现实生活中，性格气质也多少带上了女性特点。 最后更以悲剧收场。 但张国荣对戏里戏外，分得相当清楚。

影片以倒叙方式展开。"文革"结束之后，曾经的京城名角程蝶衣（张国荣饰）和段小楼（张丰毅饰）来到体育馆走台，上演了特别震撼的一幕。

主角程蝶衣和段小楼都用了三拨演员。 童年程蝶衣（小豆子）的扮演者是马国威。 因为长得太过秀气，一直被很多观众以为是个女孩子。

镜头切回到1929年的北平。 小豆子天生六指，为了能让儿子加入戏班，母亲不得不狠心切掉了他多余的手指。

在备受排挤中，小豆子与小石头的友谊一步步成长起来。 为了给小豆子劈叉减一块砖，小石头居然大冬天在外面跪了一夜，小豆子对他的感激，何止溢于言表。

少年程蝶衣由尹治饰演。 后来在《梅兰芳》中，他还做过黎明的替身。

戏班里没有女孩，肯定得挑小豆子这样的演旦角。

他和小赖子偷跑出去看《霸王别姬》，小赖子羡慕名角的威风，他却为自己的处境悲伤。 先是放走他们的小石头挨打，接着小豆子更是被痛打到难以形容。 为了师弟，小石头甚至想和师父动手。 这一次，小赖子用自己的生命，结束了这场集体酷刑。

师父讲解《霸王别姬》，却让小石头分外感动。"人纵有万般能耐，可终究敌不过天命。"

"那虞姬最后一次为霸王斟酒，最后一次为霸王舞剑，然后拔剑自刎，从一而终！ ……人，得自个儿成全自个儿！"

小豆子当时还不能成全自个儿，只能拼命地掌掴自个儿。

小豆子唱《思凡》一次又一次唱错，小石头恨铁不成钢，情急之下，用烟袋锅猛捣他的小嘴，鲜血直流。

从此，小豆子居然再也不出错了，并得到了表演《霸王别姬》的机会。

在张公公生日那天，小豆子穿上了虞姬的行头，举手投足分外妩媚，唱功也无可挑剔。 轮到霸王，就唱了一句。 显然，张公公满意的只是虞姬。

在张公公府上，小石头看上了一把宝剑，小豆子于是说："师兄，我准送你这把剑。"这把剑也成为影片最重要的线索之一。

可惜就在当晚，小豆子和张公公之间，发生了不可描述的事情。

母亲用菜刀斩断了他多余的手指、师哥用烟袋锅捣烂了他的嘴，张公公更是羞辱了他，这三大事件，直接导致了他的性别认知障碍。

从张公公府上出来，小豆子却捡到并收养了一个孩子，表现更像一个母亲。 这孩子日后也是重要角色。

随着由戏班大合照切换到师兄弟二人的小合照，他俩成年了，并成为北京梨园的名角程蝶衣和段小楼。 当年对他们颐指气使的那爷，如今成了伺候二位爷的经纪人（跟班）。 不过蝶衣的举止，已经明显带上了一些女性特征。

京城戏霸袁四爷（葛优饰）看了程蝶衣的表演，惊为虞姬转世，亲自上门送礼，一心想结交。他看人眼光毒辣。段小楼是台上楚霸王，台下黄天霸。

相比之下，程蝶衣除了演戏和练声，完全没有别的爱好。除了他师哥，眼里再没有别人。台上虞姬，台下还是虞姬。到了这般人戏不分的境地，到底是好还是不好呢？

段小楼拒绝了袁四爷的邀约，来到花满楼找菊仙。没想到她被几个嫖客恶意纠缠。为了解围，段小楼居然谎称今天两人定亲，不但喝了交杯酒，还玩了把当头拍壶。

看到了菊仙的威胁，程蝶衣有些慌了。

"师兄，就让你跟我，不，我跟你好好唱一辈子戏不行吗？"他望着师兄，眼光里唯有真诚。

"这不，这不小半辈子都唱过来了吗？"看他这么认真，师哥真的蒙了。

"不行，说的是一辈子！"他几乎是在吼了："差一年，一个月，一天，一个时辰，都不算一辈子！"

师兄当场蒙了，半晌才说："蝶衣，你可真是不疯魔不成活啊。"

程蝶衣谢幕时，无数女孩子眼含热泪欢呼，期待能和他靠得更近一点。这架势，有点像演唱会上的张国荣，袁四爷更送来"风华绝代"的匾额。当年北平城的梅兰芳，受欢迎程度也不过如此吧。

段小楼和菊仙两人当晚定亲，可把程蝶衣气坏了。师哥让他当证婚人，他却说："黄天霸和妓女的戏不会演，师父没教过。"

程蝶衣来到袁府，却一眼看到了当年在张公公府上遇到的宝剑。随口说的一句话，师哥自己早忘了，他却记了一辈子。

"汉兵已掠地，四面楚歌声。君王意气尽，贱妾何聊生？"月光之下，仗着酒劲，程蝶衣发泄着心中的悲愤，甚至抽出了那把真剑作势自刎，袁四爷慌忙提醒时，程蝶衣的眼泪已经大颗大颗地落了下来。

一笑万古春，一啼万古愁。

辛辛苦苦把剑拿了回来，师兄居然认不出来。失望之余，他甩出了一句话："从今以后，你唱你的，我唱我的。"

说这话时，张国荣是背对银幕，我们却能清晰地感到角色的悲愤与不甘。

果然，程蝶衣改唱《贵妃醉酒》了，没有霸王，他依然分外妖娆，倾倒众生。而没有虞姬，段小楼就差点意思了，功力不够。片中这段平行用得非常巧妙，将情绪烘托得相当到位。

抗日热潮中，程蝶衣丝毫不为所动，表演依然全情投入，显然，就算现场没有观众，或者把他搁到监狱里，架在火盆上，该怎么表演，他还怎么表演。

小楼那边却出状况了，因为日本鬼子穿了戏服，小楼这次用茶壶不拍自己了，直接拍日本人，当然得给抓走了。在得到菊仙重回化满楼的承诺之后，程蝶衣去给日本人唱堂会，才把师哥放了出来。

被救出来的师哥不知感激，反而指责他的行为。菊仙非但没有信守承诺，反而跟段小楼成亲了。

师兄弟彻底掰了。程蝶衣抽上了大烟，段小楼斗上了蛐蛐，都放飞自我，彻底不唱戏了。

转眼日本投降，蝶衣因给日本人唱戏被抓走了，并有被定为汉奸罪的风险。

为了救师弟，段小楼只能去求自己看不上的袁四爷，对方当然要拿腔拿调，说："霸王应该去救虞姬。"还要让他当场走一遍霸王回营。结果是菊仙拿了那把宝剑出来，才算让袁四爷老实了。

上一次程蝶衣救段小楼，菊仙违背了离开的承诺，这一次救程蝶衣，她让丈夫写下"分手信"，再不跟师弟同台。看到信的程蝶衣心如死灰，在法庭上一心求死，可命运就是这么无常，因有高官欣赏他的表演，他居然就死不了了。

日本投降了，这下能过上好日子了吧。 不！ 程蝶衣喜欢上了大烟，眼看再抽下去，别人不用抽他嘴巴，他也得玩完了。 陈凯歌导演的金鱼布景用得很棒，还带上了黛玉焚稿、晴雯撕扇的典故，营造了一种氛围。

解放军进城，人民当家做主的日子开始了。 师兄弟又一起做慰问演出，唱《霸王别姬》。 程蝶衣让大烟搞坏了嗓子，唱破音了，把看戏的菊仙和那爷都惊呆了。 可解放军非但没有发怒，反而热情鼓掌，让他们都非常感动。 而袁四爷这样的戏霸，在新社会终于给枪毙了。

程蝶衣的大烟瘾越来越大，这在新社会当然不允许。 没办法，段小楼只能强制他戒烟。 发起病来的程蝶衣，那真是一头发狂的野兽，哪有半点虞姬的影子？ 他拎着棒子疯狂地砸墙上的镜框，段小楼在后面疯狂拦着，场面极其真实而惨烈。 当时为拍好这一段，张国荣的手指被玻璃碴子削掉了一块肉，他是流着血拍完的。 这也为"不疯魔不成活"做了最好的注脚。

"农夫与蛇"的故事，在新社会居然重演了一次，翅膀硬了的小四（程蝶衣徒弟），取代了程蝶衣演虞姬。"文革"来了，师兄弟不得不相互揭发，菊仙也被逼上吊。

最后，在师兄弟完成体育馆走台之后，程蝶衣幡然醒悟：

自己是男儿郎，不是女娇娥！

就在体育场内，他毅然拔出那把真剑，当场自刎。

英雄死于战场，学者死于书桌，名伶死于舞台，岂非最好的归宿？《霸王别姬》的原著小说并没有这段自杀戏，是张国荣和陈凯歌商量后加上的。

而程蝶衣的死，却让这个艺术形象真正实现了不朽。

影片的主题歌《当爱已成往事》适时响起。 张国荣已彻底告别歌坛，因此，这首歌由李宗盛和林忆莲合唱。

1993 年 5 月 24 日，所有荣迷都不会忘记这个日子。

第 46 届戛纳电影节颁奖礼隆重举行。 在最佳男主角评选中，原本大热的张国荣，遗憾地败给了英国的大卫·休里斯，未能成为首位华人戛纳影帝。第二年，葛优凭《活着》中的福贵一角成功问鼎，填补了这项空白。

当晚的压轴戏，当然是最佳影片的揭晓了。 当评委会主席路易·马卢念出《钢琴课》时，徐枫等人的失望之情溢于言表。 不过，马卢又念了第二个片名，令很多人不敢相信自己的耳朵。

原来，这届的最佳影片，居然是两部并列。

《霸王别姬》为华语电影首次摘下了金棕榈大奖，填补了历史空白。 之前，张艺谋以《红高粱》和《秋菊打官司》，分别摘取了柏林电影节金熊奖和威尼斯电影节金狮奖。 这么一来，内地导演就集齐了欧洲三大电影节最高奖项。

在陈凯歌执导《黄土地》和《大阅兵》时，张艺谋只是他的摄影师。 但自80年代末以来，张艺谋佳作频出，声名鹊起，成为内地第一导演，这让好胜心强的陈凯歌怎能不努力向前。 这一次，拿下分量更重的金棕榈大奖，对他来说当然是有着特别的意义。 而对张国荣来说，显然也站在了所有香港演员的最前列。

7月26日，有"远东第一影院"美誉的上海大光明影院门口，热情的观众挤得里三层外三层。 大光明的玻璃门厚达12毫米，但就在当天却被轻易挤碎了，碎片哗啦啦地落了一地。 这是怎么一回事呢？

答案只能是有张国荣在。

这一天，《霸王别姬》的上海首映式将在这里举办。 但因题材原因，影片不能过多宣传，之后改成了"见面会"。 让人有意想不到的是，即将迎来37岁生日的张国荣，居然是生平首次踏上"东方明珠"的土地。

在北京，《霸王别姬》从28日开始公映。 在北京见面会上，张国荣亲自到场，受到了空前热情的欢迎，他自称已经变成了北京人，再回北京很亲切。因为不准宣传，发行公司领导带头上街叫卖首映门票，一度被人认为是骗子。

因为不符合相关规定,《霸王别姬》别说报名参加金马奖角逐，连在台湾院线上映都成了奢望。 看到民意强烈，岛内几家大企业联手发起了"万人支持《霸王别姬》上映签名活动"。

台湾相关部门在反复论证，并核查影片投资来源之后，终于批准它公映。12月6日"赴大陆拍片管理办法修正案"正式实施，意味着《霸王别姬》在台湾解禁。

12月8日,《霸王别姬》终于得以在徐枫的家乡台北首映，反响热烈。

在1993年，如果只能选一部华语最佳电影，那一定是《霸王别姬》；如果选择一位年度演员，那一定是张国荣。

北京，成为张国荣的福地。 北京，也期待着他的下一次辉煌。

《夜半歌声》悲情虐恋，打造中国版《罗密欧与朱丽叶》

时间来到了 1995 年。《金玉满堂》在春节档拿下 3112 万之后，张国荣再次来到了北京。

2 月 23 日，东方影业的年度巨制《夜半歌声》在北京电影制片厂开镜，由张国荣、吴倩莲领衔主演，导演是执导《白发魔女传》的于仁泰。

《夜半歌声》剧组为什么要千里迢迢赴北京拍摄？ 只因这里有亚洲最大的摄影棚，能够搭出影片需要呈现的无比绚丽恢宏的舞台。 不能不说，于仁泰导演真是有钱任性，当然他的钱，都是黄百鸣出的。

拍片期间，张国荣加盟滚石唱片的合约达成，可谓双喜临门。

虽说全程在北京拍摄，《夜半歌声》并未能同步在内地影院上映。 影片翻拍自 1937 年马徐维邦版同名黑白电影，男主角依然叫宋丹平，女主角则由李晓霞改为杜云嫣。 故事背景设定在抗战全面爆发前的 1936 年。

张国荣不光是《夜半歌声》的男一号，还担任了影片的执行监制，更亲自为三首插曲谱曲。

这三首歌，即《夜半歌声》《深情相拥》和《一辈子失去了你》，均收录在了张国荣复出歌坛的首张专辑《宠爱》之中。 其特别之处在于，它们均由张国荣亲自谱曲，也是他为数不多的普通话歌，均没有粤语版。

影片开始，青苗剧团住进了据说闹鬼的残破剧院，也带出了一段陈年往事。

C ▶ **293**

这座剧院曾经无比壮观绚烂，它的设计者宋丹平（张国荣饰）也曾名震京城。 10 年之前，剧院突然毁于一旦，真是可惜。 到底是天灾，还是人祸？

心地纯良之人韦青（黄磊饰）看出了戏院大火的蹊跷，感受到了一些奇怪的声音。 唯有他对过去的事情充满好奇，对宋丹平的传奇充满向往，这才能遇到马大叔，听他讲述 10 年前的故事。

时间在两个时段来回切换，剧场也在极尽奢华与破败不堪中反复转场，营造出的强烈对比，令观众印象深刻，感慨良多。

20 世纪 20 年代的色彩斑斓精致，美轮美奂；而 30 年代的画风却是偏黄发暗，有金属质感，就是为了烘托宋丹平与杜云嫣的爱情悲剧。

这样的一部电影，可以让张国荣的音乐天赋尽情呈现，为影片增添别样魅力，也让这一角色注定难以超越。 从一定程度上说，张国荣的个人气质，与宋丹平还真有不少相似之处。 大胆前卫，敢于创新，不拘俗套，被人误解……

宋丹平是 20 年代红极一时的名伶，在北平的风头之劲，也就程蝶衣能与之媲美。 他建立起了壮观恢宏的大剧院，演出的西洋式歌剧《罗密欧与朱丽叶》场场爆满，观众们热爱他、崇拜他，姑娘们欣赏他、钟情他，但因为其表演大胆出位，一些保守的官僚却讨厌他、痛恨他。

而他和恋人的爱情故事，与《罗密欧与朱丽叶》一样凄美。 纵然经历了重重摧残，但爱情却远比剧院更加坚固。

宋丹平与大地主杜法山的女儿杜云嫣（吴倩莲饰）真心相爱。 月圆之夜，两个年轻人情定终身，他承诺要为她演唱一辈子。

而杜家一心想让女儿嫁给赵局长家的傻儿子，做利益交换。

杜云嫣送信给宋丹平，相约私奔，可情郎没能及时看信。 华丽的剧院，居然从此化为一片废墟，残垣断壁。

人人都说宋丹平死了，可杜云嫣并不相信，因为她疯了。 父母离开了北平，把她一个人丢下。 每到月圆之夜，剧院里居然传来奇怪的歌声，人们当然有理由怀疑是闹鬼，直到韦青的到来。

宋丹平被好心人救下了。 他只能躲在剧院里，每到月圆之时，按之前的约定唱歌给爱人听。

能够遇见宋丹平，是韦青的福气，从此能得到他的指点，让自己实现蜕变。

能够遇到韦青，也是宋丹平的幸运，他自己没法做的事，由年轻人来完成。

韦青的嗓音与宋丹平相似，功力却差了很多，表演《一辈子失去了你》时，高音始终唱不上去，幸好有宋丹平及时代唱，蒙混过关。

青苗剧团的演出成功了。 韦青努力练习，歌声吸引了云嫣。 她将眼前的人当成了宋丹平，将眼前的破旧舞台当成了昔日的绚丽剧院，甚至看到了无数人撑伞看宋丹平演唱的盛况。

韦青并不愿继续伪装下去，宋丹平摘下风帽，露出了恐怖的疤痕。

原来，在剧院起火之前，赵局长让手下先对宋丹平下毒手，原本无比帅气的脸就这样毁了。 真是一半天使，一半魔鬼。

一个对相貌如对歌喉一般自负的男人，遭此打击，恐怕是生不如死。 能够支撑 10 年，除了对云嫣的爱，真的找不到别的理由。

但面对爱，他又是何等不自信，不相信云嫣能全心全意接受一个毁容的自己。 他不敢见她，又不忍心远离她，就一直藏在剧院里，直到韦青的出现。

> 我曾经以为我自己，是这个世界上最幸福的人，我的音乐，我的建筑，我的爱情，直到那天晚上……我真的想到死，可是为了云嫣，我不能啊。因为每到月圆之夜，她会到剧院来找我，听我唱歌。只有我的歌声才能安慰她。

尘封 10 年的真相，终于在众目睽睽之下被公之于众，逍遥 10 年的杀手，终于受到了应有的惩罚，分隔 10 年的恋人，终于可以团圆。

可惜，过往 10 年，两人近在咫尺，却错过了太多时光，留下了太多遗憾。他们一个惨遭毁容，另一个双目失明，不变的唯有彼此相爱的真心。 没有人会因父母兄妹的变丑或残疾而与他们脱离关系，但我们却往往担心最爱的人，因自己的容貌变化而产生嫌弃，这恐怕是极度不自信的想法。 宋丹平交足了学费，浪费了本可与她一起度过的 10 年，还试图让韦青来替代自己给她唱歌。

但真正的爱情，显然经得起考验。 云嫣被宋丹平的才华和容貌吸引，为他的性格与人品感动，归根结底，她爱的是一个活生生的人。 无论他变成什么样子，她都会毫无保留地爱他，无论发生什么事情，这份感情都不会改变。

宋丹平自己又何尝不是这样呢？ 他对自己没有信心，就是对对方的否定。 难怪影片尾声，他要伏在她身上，深深自责："我对不起你！ 对不起你……"

10 年前就答应为她写的歌，10 年后终于写成了。 影片中，这当然是唱给她一个人听的，但银幕下的我们，也有幸可以欣赏到。 这正是影片的同名主题歌。 张国荣清唱出来，甚至比唱片版更令人动容。

> 只有在夜深
> 我和你才能
> 敞开灵魂
> 去释放天真
> 把温柔的吻
> 在夜半时分
> 化成歌声
> 偎依你心门

1982 年在《柠檬可乐》中，张国荣就在影片的戏中戏中扮演罗密欧，台上深情台下渣。 13 年后，他得以再用戏中戏的形式诠释这段伟大的爱情，致敬最伟大的戏剧家莎士比亚。 而且这一次，台上台下，宋丹平都用情至深，减少了恐怖元素的《夜半歌声》，称得上中国版的《罗密欧与朱丽叶》，它让我们看到了爱情最美的模样。

无论发生什么事情，无论变成什么样子，彼此的爱都不会有任何改变。

张国荣演出了宋丹平毁容之前的意气风发、踌躇满志，也演出了毁容后的自卑绝望、厌世逃避。 杜云嫣的爱，给了他重新振作的勇气；韦青的不满与斥责，令他重新认识了自己；赵公子的无情，令他在绝境中奋起，实现了报仇。

无论怎样，相爱的人总算在一起，尽管时间短暂，但刹那的光辉，其实就是永恒。 爱过，伤过，奋斗过，此生不需要有遗憾了。

7月8日，《夜半歌声》在香港举办了盛大的首映礼。 当晚气氛非常热烈，很多观众都带着《宠爱》的唱片到场，以能得到偶像签名为荣。 少数幸运者，还真的得到了签名，从而令唱片大大升值。

7月22日，《夜半歌声》在东方院线正式开画。 这个档期选择还是相当合理的。 之前，周星驰的《回魂夜》已经放映16天，后继乏力；而成龙的《霹雳火》两周之后才上映。

但事实证明，香港观众对这种苦情片，还不是特别接受。《夜半歌声》8月24日落画时，票房仅有1329万，名列年度第十五。 而投资却花出去了3000多万。 但一部电影的价值，并不一定完全靠票房来衡量。《夜半歌声》显然可以归为张国荣十佳电影之列，他饰演的宋丹平，当然也是留名影史的经典形象。

于仁泰把黄百鸣的家底挥霍得够呛，自己却因与张国荣合作的两部视效华丽、场面宏大的作品，得到了好莱坞的青睐，先后执导了《鬼娃新娘》《第51州》和《弗莱迪大战杰森》等，成为仅次于吴宇森，在好莱坞拍片量居第二的香港导演。

1995年，张国荣一改前两年的"高效"，全年仅有《金玉满堂》《夜半歌声》两部电影上映。 这是因为，他将大部分时间，都折腾在另一部与内地导演合作的电影上了。

《风月》再度牵手巩俐，演活民国"无脚鸟"

　　《霸王别姬》可以视为陈凯歌和张国荣一生中最重要的代表作。 这部影片不光收获了包括金球和金棕榈在内的若干奖项，还在全球赢得了近 3000 万美元票房。 在 20 世纪 90 年代，能做到这一点的华语片，原本只有成龙的功夫电影。

　　因此，徐枫对与陈凯歌和张国荣的合作非常满意，双方的新项目《风月》，很快紧锣密鼓地启动了。

　　1994 年 8 月 9 日，当《金枝玉叶》正在香港暑期档一骑绝尘之时，《风月》在宏村镇正式开拍。 男主角当然非张国荣莫属，女主角几经挑选，又变化，终确定为巩俐。

　　11 月 28 日，陈凯歌的父亲、著名电影人陈怀皑去世，陈凯歌不得不停下手中的工作。 等巩俐完成上一个工作，直到次年 4 月，《风月》才重新开机。

　　《霸王别姬》中的一对"情敌"，此次成了情侣。

　　此时的巩俐已接近 30 岁。 她的代表作之一就是扮演少妇的《大红灯笼高高挂》，按的灰老师的话说，巩俐"一直有着浓重的少妇气质，外形高大浑圆，实在缺乏江南少女的味道，幸亏是演技超群勉强补足"。 其实，刚刚主演了《阳光灿烂的日子》的宁静，是更好的人选，至少少女感要强得多。

　　5 月 24 日，《风月》终于杀青。 不过直到次年 5 月 9 日，影片才得以在香港上映。 而在内地，这部影片终未能公映，让汤臣损失惨重。

　　影片的故事背景是 20 世纪 20 年代。 男主角叫郁忠良（张国荣饰），女主角叫如意（巩俐饰），这样的名字安排，实在太有讽刺意味——男的从头到脚都坏得流水，女的生活根本就不如意。

同《霸王别姬》类似，《风月》依然从男主角小时候讲起。 在全程阴暗忧郁的镜头之下，陈凯歌似乎拍摄了一部民国版《阿飞正传》，但更加惨烈，更加让人心寒。

《风月》摄影杜可风，美术指导张叔平，男一号张国荣，剧情破碎晦涩。再加上粤语配音，不知情的人，还以为导演是王家卫呢。 当然，影片中并没有作为王氏电影标志的反复画外音。

忠良是江南庞家大少奶奶郁秀仪（何赛飞饰）的弟弟，整日受到姐夫的压迫，不得已逃往北平。 影片伊始，就埋下了个重要的伏笔，直到最后才揭开。

如意则是庞府的大小姐，因为从小沾染了鸦片，被景家退亲。 虽说锦衣玉食，却有着深重的生活阴影，真的需要一场甜甜的恋爱来拯救不开心。

张国荣在第 13 分钟才登场。 他神采飞扬、神气活现，出现在一个又一个女人面前，熟练地亲她们的嘴，抚她们的胸，挑逗她们的原始欲望。 随后，必定是几个打手一拥而上，罩住他们的脸（防止女人们看出他们是一伙儿的），然后就是各种花式敲诈。

"×太太，你看是你打电话给你的先生，还是我们打？"

而做这种事情的团伙，上海话里专门有一个词——拆白党。 负责人是大大（谢添饰）。

有一位少妇，让他魂牵梦萦，只因人家太漂亮。 这就是天香里女人（周洁饰）。 要论性感妩媚，她能轻松地令女一号黯然失色，周洁虽说没有在片中展现舞技，跟张国荣却有一段缠绵悱恻的激情戏份。

庞家老爷故去，大少爷又早成了植物人，只能让大小姐如意掌家。 大大让忠良回去看姐姐，并将大小姐带到上海来玩，显然是不安好心。

庞家老人们从外面找了个帅哥端午（林建华饰）来辅佐如意，实则是监视。 情窦初开的如意，对来自大都市（他自称"我来自北京"）、风度翩翩的忠良一见倾心，甚至愿意为他做任何事情。 而端午却悄悄喜欢上了如意。

可回到庞家大宅的忠良，回想起少年时代的事情，又怎么可能开心？ 他在十里洋场见过大世面，看小镇的大小姐如意当然免不了觉得土气。 但她的纯真质朴，却是忠良长久以来特别渴望的。

在深宅大院长大，如意却渴望自由，渴望了解外面的世界。 她遣散了庞家的姨太太们，她们却根本不想离开。 可见，金丝鸟就是喜欢精致的笼子。

忠良以为自己已经坏透了，其实也残存着一点良知。

两人的初次见面，杜可风用了长镜头。

镜头切过如意紧张的脸庞，她已经被忠良吸引住了。

如意让端午找忠良，教她骑自行车。 他傲慢地说："人人都是庞府的仆人吗？"但还是去了。

"我能不能亲你一下？"

镜头只是切到了远景。 他拿到了一只耳环。 这通常是得手之后的信物。可她却含情脉脉地跑过来了，向他的手里塞东西。

是另一只耳环。 难道，这不是交出自己的心吗？

这样带着乡土气息，纯朴得令人不忍伤害的女孩，扰得他心乱如麻。

他自己也曾如此善良，可岁月改变了一切，让他六亲不认，只认得钱。

他不想带她回上海了，这样势必害了她。

为了能变得更有魅力，如意不惜把"第一次"交给端午。

当如意主动过来"献身"时，忠良一度强烈抵制，狠狠地将她推开。 但听她讲出实情之后，两人终于不顾一切地爱了一回。

做这个行当，动什么也不能动感情，这等于是毁了自己的前程，甚至是自己的生命。

忠良活得再光鲜，也不过是大大的一枚棋子。

忠良明明一直生活在上海，却说自己在北京。 他明明说要带如意离开，却还是放鸽子了。

他又回到了灯红酒绿的花花世界，却再也不是从前的"小谢"了。 正如大大所说，一个修仙的动了凡心，就无法回头了。

忠良主动提出，要收拾了天香里女人，不过只是为了麻痹自己。

这一次，他摘下了女人的耳环，要行动了。

两人激烈拥吻，可就在对面楼上，一双伤心的眼睛，也在凝望着他们。

如意已经被大大接到上海，安排住在忠良相好的对面，让她 360 度无死角观看这场"直播仙人跳"。 这当然是想让她死心，更让忠良"回头是岸"。

"对不起你，我对不起你……"他的眼泪流下来了，这一次，他不是装的，他真是为女人而哭，更是为自己而哭，为命运而哭。

女人终于明白了一切。

即便看到了忠良的本性，如意依然不死心，还要问同样的蠢问题："你爱我吗？"把他搞得边哭边摇头，这个不可一世的情圣，此时却这般脆弱，不堪一击。 怪不得大大要说："我的忠良，毁了！"而在这段戏份中，张国荣与巩俐对于眼神和微表情的运用，可以说是发挥完美，没有辜负陈凯歌的信任。

如意接受了景家少爷（吴大维饰）的求婚，准备做新娘子了。 此时的忠良才后悔莫及，连忙对如意说"我爱你"，可如意已经不爱他了。 忏悔吧，曾经有一段真挚的爱情摆在他面前……

绝望抓狂的忠良，终于又像 10 年之前，做了一件最疯狂的事情。

到了最后，一直隐藏的谜底终于揭开，姐夫正是被忠良毒成那样的，如今，他又试图加害如意。 走到半路时，他幡然悔悟，拼命往回跑，穿过一道道门廊，最后定格的，是他的脸部大特写，这眼神绝望、无奈、痛苦、内疚。导演有意省略了如意的镜头，但一切都很明了了。

在准备上船时，忠良被一伙人枪杀。 这个结局和《阿飞正传》相当相似。 这个民国无脚鸟，死在了想要落地之前，死在了动真情的时候。 扭曲的时代造就了扭曲的人性，扭曲的人性又令这个时代更加不堪。能够向这种丑恶宣战的，可能就剩下爱情了。可惜，该爱的时候不敢爱，不能爱的时候却放不下，忠良最后的悲剧是必然的。

1996 年 12 月 14 日，第 33 届金马奖在台北孙中山纪念馆举行颁奖典礼。自五年前的《阿飞正传》的旭仔之后，张国荣凭《风月》中的忠良一角入围最佳男主角，可惜败给了主演《阳光灿烂的日子》的夏雨。

作为一部无论演员还是幕后人员都以内地为主的影片，金像奖当然就别想了，香港票房也一塌糊涂，仅有 236 万，不及投入的十分之一。相比《霸王别姬》在内地的火爆，《风月》却没有获得公映资格。此后，徐枫也暂停了与陈凯歌的合作——赔不起啊。

在筹备新片《荆轲刺秦王》时，陈凯歌原本的计划，是张国荣演秦始皇，姜文演荆轲。这个安排显然会出乎很多人意料，却体现出了陈凯歌的高明之处。

张国荣在现实生活中是个品位精致的暖男，《霸王别姬》中的程蝶衣又影响太大，跟秦始皇的霸气似乎有不少差距。但正是这种反差，才会给人以新鲜感觉。

看过《新上海滩》的观众自然会明白，张国荣不但能演好秦始皇，还能将自己的表演风格、对角色的理解融入角色之中，演出别样的魅力。

张国荣也说过："秦始皇 18 岁已有功勋，是属于才智过人之辈，并非纯武夫一名，剧情是着重秦始皇成长的心路历程，对出演此角色甚感兴趣。"

遗憾的是，因为档期关系，张国荣并没有出演这部影片。《荆轲刺秦王》于 1998 年上映时，李雪健出演秦始皇，张丰毅饰演荆轲，陈凯歌亲自演吕不韦，巩俐出演女一号赵姬。

《荆轲刺秦王》上映后票房惨淡，远不如张国荣主演的另一部内地影片。

《红色恋人》热映，为香港电影人北上做先锋

  1997 年 7 月 1 日香港正式回归祖国。 这一年，香港电影的发展面临严峻挑战。

  如何全面融入内地，拥抱 12 亿人的大市场，显然是香港影视从业者必须认真考虑的。

  1998 年 1 月 5 日，张国荣再次出现在上海。 这一次，他将主演一部特殊的影片，一部纯内地投资，也将在内地影院上映的电影。 这就是由叶大鹰执导，张国荣和梅婷主演的《红色恋人》。

  值得强调的是，这是张国荣主演的唯一一部真正意义上的内地片。 陈凯歌执导的《霸王别姬》和《风月》，都是港资主要控制的合拍片，《夜半歌声》则是非典型的港片。

  《红色恋人》的主控方，是内地声名显赫的紫禁城影业。1997 年的平安夜，他们推出了由冯小刚执导，葛优、刘蓓主演的喜剧片《甲方乙方》，被媒体誉为内地第一部真正意义上的贺岁片，上映之后收获了 3600 万人民币。 大家别觉得少，在当时，内地的年度总票房，还真的不如小小的香港。

  而与《甲方乙方》不同的是，《红色恋人》是一部正剧，主角是一位战斗在国统区的地下党组织领袖靳（张国荣饰）。

  香港一线巨星担任主演，好莱坞编剧，大量的英文对白……《红色恋人》在多方面做了可贵的尝试，因为导演叶大鹰的特殊身份（叶挺之孙），影片的审核过程也相当顺利。

  男主角靳并非普通的共产党员，而是留学法国，有着很高的文学和艺术修养。 盘点了一下内地明星，叶大鹰一时居然没有

发现特别符合要求的。 在朋友的推荐下，他得以和张国荣吃饭面谈，没想到后者爽快地答应了。 这自然令叶导喜出望外。

显然，我们也可将这部影片，看作张国荣为香港电影拓展路径的试水之作。

"如果不能骄傲地活着，那么我选择死亡。"

这样的台词，放在一部革命题材电影里当然非常合适。 但令人唏嘘的是，它似乎预示了张国荣自己的最终归宿。

《红色恋人》并非一部标准的谍战片或者动作片，并没有浓墨重彩地展现靳领导同志在上海打击敌人的风采，而是用了大量的篇幅，展现了靳、女友秋秋（梅婷饰），以及美国医生佩恩（泰德·巴勃考克饰）之间，因为给靳治病而催生的各种爱恨情仇，更应该归类于偏文艺的爱情片。

影片以老年佩恩的讲述开启。 1936 年，他正值年轻帅气，又是当医生的，在租界很受欢迎，只要他愿意，各种艳遇肯定不会少。 但佩恩眼光极高，轻易不会为谁动心。

一场滂沱大雨之中，有人正敲佩恩隔壁的门。 他穿着睡衣出来，出现在眼前的是位年轻女性。 她轻柔地摘下大衣上的帽子，露出一张清秀的脸庞，这正是女主角秋秋。 见过大世面的佩恩，眼神也不免有些凌乱：这真爱来得也太快了吧。

当佩恩让女人给病人脱下外衣时，这位美女居然迟疑了一下。 而解开病人衣服之后，佩恩又吃了一惊：他身上布满了伤疤和弹孔。

经过诊疗，情况更加糟糕：病人身上还有没有清理干净的弹片，导致了间歇性狂躁，以至于秋秋不得不将他绑起来。

在送别秋秋时，佩恩给她讲述了靳病情的严重性，同时还自作聪明地宣布："如果我的判断和诊断一样准确的话，这个人不是你丈夫。"

好嘛，一个年纪不大的小伙子，居然对男女之事洞若观火。

正衬总比反衬更有力量。 面对佩恩不加掩饰的猛烈追求，秋秋的芳心却只为靳一人所跳动。 正如《新上海滩》中，冯程程压根就不喜欢丁力一样。

相比之下，《夜半歌声》中宋丹平的情敌赵公子，实在是太磕碜了一些。

秋秋这么美丽优雅的女孩，其实只是靳的"助手"。 他的妻子安霞，为了保护他而牺牲了。 而他自己，也因为脑部没有取出的弹片，间歇性地发病。

秋秋年龄远比靳小，只是组织安排照顾他的同志。 她的父亲，却是国民党特务头子皓明（陶泽如饰）。

靳和秋秋第一次见面就挺有戏剧性，当时，他正对着群众发表演讲。 声音洪亮，掷地有声，寓意深重，配合张国荣的表情变化，效果非常感人。 现场群众的情绪也相当激昂。 人群中的秋秋，自然看得分外激动，不知不觉之间，少女之心有了别样的感觉。

"我要告诉你们，此刻，正有一群顽强的战士，正不屈不挠地坚持着他们的理念，他们的理想，他们的主义，他们的名字……"他停顿了一下，调动着大家的情绪，随后高声喊道，"叫红军！"现场气氛达到了顶点，姑娘自然也兴奋不已。

她偷跑去见靳，没想到他却瘫坐在椅子上："不是说，不让你们看见我这个样子吗？"刚才的器宇轩昂、气定神闲全没有了。 突然，他扔给她一本书："念，念啊！"

"太阳出来了，一只鹰，从地面飞向天空，忽然，忽然在空中停住，仿佛凝固在蓝天上……"

这段文字，既像他的催眠曲，又如镇痛剂，反正听了就好了。

因为头颅里有弹片，靳不定期地强烈发作，精神不太正常。 不久，党组织安排秋秋伪装成靳的妻子，来到上海治病。

靳每次发病都会有幻觉，像做梦一样，仿佛置身于另一个世界。 有时候，他还想留在这梦里。 这是严重的癫痫，用佩恩医生的话说，能活下来就是奇迹了。

佩恩建议尽快做手术，但手术也可能有变成植物人的风险。

影片刻意没有安排动作枪战戏，这正是高明之处。 佩恩为靳做完检查后，滂沱大雨中，皓明带着手下包围了现场，而靳和秋秋劫持了巡捕头目克拉克。

皓明逼着佩恩跪在雨里，向秋秋说"I Love You（我爱你）"，企图分化他们，但并没有得逞。

秋秋不小心被皓明俘虏，却成功地杀死自己的父亲，表明了与旧制度划清界限的决心。 她做了必死的准备，但靳却毅然用自己和她做了交换。

佩恩没想到靳会来找自己，还讲了他之前的经历，他和安霞是如何认识、相爱的，爱人是如何牺牲的，以及他发病时，秋秋是如何照顾他的。

为了救他，秋秋大声念那段文章，他毫无反应；她脱下他的外衣，用盐搓他的脊背，可还是没有作用；秋秋急了，她生起了火，解开了衣扣，果断地俯下身去……这个剧情，明显类似《人间道》中，傅清风为宁采臣暖身。

又是一场雨中戏，靳过来交换秋秋。 他神态庄严，雨水无情地在脸庞上滑落，他不为所动。 这个造型非常有震撼力。

他见到了穿着囚服、腹部明显隆起的秋秋，他们拥抱在一起。 他俯身听婴儿的反应，场面非常温馨。

之前靳烧掉了旧房子，说明他要做出决断；他俩忘情地接吻，说明已经彼此相爱。

这爱来得太迟，但也足够了。 他们俩，终于成为红色恋人。

在影片的高潮部分，一边是靳的壮烈牺牲，一边是在产房，靳和秋秋的女儿出生，平行剪辑营造出的氛围别样凄美。

影片不能安排秋秋与佩恩相爱，只能让女主角在难产中死去，佩恩成了她女儿的养父。

1949 年 5 月，解放军占领了上海，人民当家做主了。 在跳舞欢歌的解放军战士中，佩恩仿佛看到了穿着军装的靳和秋秋。 他们的笑容是那样真切，他们的舞姿是那样轻盈。

他如是说：

> 当我面对这漫天的红色，面对这一张张喜悦的笑脸时，
> 我理解了靳和秋秋的所作所为。
> 他们将爱献给了理想，
> 革命的胜利，使他们的精神长存。

生于 1975 年的梅婷，在影片拍摄时还不满 23 岁，却有着与年龄不符的成熟与优雅，旗袍穿在她身上，越发显得端庄优雅，大气从容。 看了这部影片，我们难免不想到《新上海滩》，想到宁静。

一年多的时间里，张国荣两次来到上海，出演了两部民国片，并与两位比自己小得多的内地女星饰演情侣。

《新上海滩》和《红色恋人》都是两男一女的爱情戏。 男二号都年轻帅气，追求浪漫且又人品过硬，都对女主角展开了狂热追求，且一心一意。 但女孩的芳心，从来就没有动摇过，都对男一号不离不弃，生死与共，从不把男二号当备胎，一点不给他们机会。

显然，这样的女孩，完美得很不真实，寄托着两个导演对女性真善美的一切诉求。

宁静与梅婷，都是内地 70 后女星中的佼佼者。 相比之下，梅婷的气质更加恬静，容貌也更为清秀，但演技方面，则是宁静更为细腻和扎实。 她们年纪轻轻，就能与张国荣这样现象级的巨星搭戏，真可谓是人生赢家，让观众和同行都羡慕不已。 而这两部电影，自然也成为她们最美好的回忆之一。

2 月初，在完成拍摄后，张国荣飞往柏林，担任第 48 届柏林国际电影节评委。 他成为在欧洲三大电影节担任评委的首位亚洲男演员。 在柏林，即便不介绍他是《霸王别姬》男一号，仅凭形象气质，就令很多影迷尖叫了。

在《红色恋人》北京见面会上，热情的观众一个劲儿地向张国荣发问，把梅婷和陶泽如晾到一边。 张国荣不失时机地提醒："大家不要总问我，我们剧组的人都很出色，你们应该多问问他们。"随后，张国荣安排演他女儿的叶丹丹，朗读叶挺将军的著名诗作《囚歌》，还绅士地抱过梅婷手中的花束，方便她回答问题。

生平第一部电影就与张国荣搭档，让梅婷实现了"出道即巅峰"，获得了开罗电影节最佳女主角。

从《霸王别姬》到《红色恋人》，6 年时间里，张国荣留下了 4 部全程在内地拍摄的影片。 看他的作品，一般都是要选粤语，才能保证原汁原味。 但这 4 部电影，普通话才是张国荣的原声，听粤语版反而缺少味道。

巧合的是，这 4 部电影的故事背景，居然都是民国或以民国为主。 这说明，张国荣的贵族气质，更适合那个有独特魅力的时代，他也能轻松演绎出年代感。

2003 年 CEPA 协议签署之后，满足条件的内地和香港合拍的电影，将享受国产片待遇，可以在内地院线公映。 这对于新世纪以来一直苦苦挣扎的香港电影人，无疑是雪中送炭。

如果张国荣还在的话，以他在内地的人气与影响力，以他的务实作风，他当然会拍摄出更多更优秀的合拍片，也会挖掘培养更多有潜力的新人，他的人生后半程，完全会是另一个模样。 对此，笔者只能说，太可惜了。

不过，让广大歌迷开心的是，他 1995 年做出的重要决定。

回归歌坛，他还是当仁不让的天王巨星

1989 年之前，张国荣的事业重心在歌坛。 从一定程度上说，拍电影只是第二职业。 1990 年开始之后的 7 年，则是他在影坛最为辉煌的岁月。

张国荣告别歌坛是真心实意的。 此后将近 6 年里，他不发片，不开演唱会，甚至连各种歌手颁奖礼都不出席，令无数歌迷大呼失望。 1992 年之后，四大天王强势崛起，香港歌坛一片繁荣，台湾唱片市场更是被香港歌手彻底攻克。 但越是这样，歌迷们越是怀念 80 年代。

1995 年 6 月 9 日，无数荣迷翘首期盼的一天终于来到。

经过慎重选择，张国荣终于选定了自己新的合作方，正式决定复出歌坛。

这一天的台北西华饭店，成为华语娱乐圈最为瞩目的地点。"张国荣加盟滚石唱片亚洲记者会"圆满举办。 作为华语原创音乐的一面旗帜，滚石与张国荣的携手，当然有理由被视作天作之合。

张国荣与滚石的合约期为 3 年，每年发行一张唱片，每张唱片拍摄 3 个 MV，不上电视，不做宣传，不角逐和接受奖项。

7 月 7 日，张国荣在滚石的首张唱片《宠爱》全球同步发行，在港台两地都引发了抢购热潮。 制作速度何以如此之快呢？

其实，这张专辑并没有新歌，只是收录了这位巨星 6 部经典电影中的 10 首脍炙人口、传唱度很高的歌曲。 唱片封套上赫然

D ► **311**

写着"戏王张国荣最宠爱的 6 部从影代表作，歌王张国荣最值得你宠爱的 10 首主题曲"。

这文案似乎显得有点招摇，不符合中华民族谦虚的传统美德。 但相比成龙、周星驰和李连杰的类型单一，能够驾驭各种类型、诠释各种形象，票房成绩直追他们几位的张国荣，说是"戏王"算不上夸大其词。 至于"歌王"，除了谭咏麟的粉丝，其他人也不会有什么意见。

《宠爱》上市之后，全亚洲的年度销量突破 200 万张，香港超过六白金，位居 IFPI 香港分会公布的全年唱片销量榜榜首。 但张国荣早已看淡了销量，更不会去角逐任何奖项，他只要唱得开心。

在当时仅有 4500 余万居民的韩国，《宠爱》的销量突破了 50 万张，创造了华语唱片在当地的销量纪录。 专辑的 10 首歌是：

01 *A Thousand Dreams of You*（你的一千个梦想，《风月》）

02 深情相拥（《夜半歌声》）

03 夜半歌声（《夜半歌声》）

04 今生今世（《金枝玉叶》）

05 当爱已成往事（《霸王别姬》）

06 一辈子失去了你（《夜半歌声》）

07 追（《金枝玉叶》）

08 眉来眼去（《金枝玉叶》）

09 红颜白发（《白发魔女传》）

10 何去何从之阿飞正传（《阿飞正传》）

其中，《金枝玉叶》和《夜半歌声》均有 3 首歌曲入选，可见张国荣对这两部电影的偏爱。 而对唱歌曲《深情相拥》和《眉来眼去》，合作者都是台湾女歌手辛晓琪，她也是张国荣在滚石的同事。

刚刚加入滚石的辛晓琪，对于同张国荣这样的大明星合作，压力自然很大，生怕一不小心就令对方不满。但后来她发现，自己的担心纯属多余。

辛晓琪不懂粤语。在录制《眉来眼去》时，张国荣一字一句地教她粤语发音与咬字，非常耐心，完全就像大哥哥照顾小妹妹一样。

张国荣对辛晓琪的才华非常欣赏，在"跨越97演唱会"时，还特意邀请她助唱，并答应为她的个人演唱会担任嘉宾。

张国荣一向信守诺言，但这一次，他却罕见地"失约"了。为什么呢？

这一年，已经是2006。这一天，是7月3日。

当晚，在唱完 Memory（《记忆》），秀了一把英文时，辛晓琪突然表情非常严肃，一字一句地说："曾经有一位我的好朋友，他答应过我，只要是我开个人的演唱会，他一定会到场为我加油打气。所以，我今天，仍然把特别来宾的位子……留给他。"说着说着，她几乎当场流下了眼泪，这是怎么了？

熟悉的配乐缓缓响起，屏幕上出现了一张盛世美颜，现场掌声雷动，天籁般的男声，将现场气氛推向了高潮。可惜，他只能以这样的方式到场。

而辛晓琪自己，也一度哽咽，几乎唱不下去。所有观众则集体鼓掌，鼓励她坚持唱完，很多人也不由自主地流下了眼泪。

张国荣已经离开了人间，却又像继续陪伴在大家身边，成为我们生活中的一部分。

11月26日，在媒体的高度关注下，张国荣发行了7年来的全新粤语大碟《红》，专辑由滚石发行，但张国荣拥有完全的制作权，林夕承包了全部词作，而张国荣则为《红》《有心人》和《意犹未尽》作曲。

在唱片市场不景气之时，《红》上市两周就卖了12万张。

1996年的"双十二"（12月12日），对张国荣和他的歌迷来讲，有着特殊意义。在阔别红馆将近7年之后，他再度站在了这个舞台上，让一万两千多名现场观众，明白了什么叫"风再起时"。

张国荣已过了40岁生日，但岁月的刻刀，并未在脸上留下太多痕迹。 相比告别演唱会时，他完全没有显老，略瘦了一些，也没有那种中年的油腻感。不难想象，为了维持这样的皮肤和身材，他默默地付出了多少精力。

熟悉的《风再起时》再度响起，张国荣穿着白色大氅，举着面具，从中央舞台上慢慢升起来。 7年之后，他的唱功更加纯熟，台风更加沉稳，当然，现场设备也有明显进步。 他不仅演唱了很多之前就让歌迷耳熟能详的老歌，如《爱慕》《侧面》《侬本多情》，更全新演绎了近年的电影金曲，如《是这样的》《当爱已成往事》《红颜白发》，还与莫文蔚和辛晓琪对唱情歌，舒淇则为《热辣辣》伴舞。

在演唱《红》时，张国荣穿上了红色高跟鞋，与男性伴舞来了一段相当大胆的舞蹈，引发观众阵阵尖叫，但也遭到了郑经翰等乐评人的批评，指责张国荣搞"三级演出"。 作为回应，之后，在张国荣演唱《红》之前，红馆现场广播提醒16岁以下观众由家长陪同观看，这自然引发了观众的哄堂大笑。

1996年12月31日，张国荣在红馆与上万观众一起"陪你倒数"，迎接新年的到来。 尽管再过3年就是新千禧了。 但在很多港人心目中，97的意义更加重要。

当晚，梅艳芳也作为表演嘉宾现身，陪同大家见证这个重要日子。 她演唱了自己的成名曲《梦伴》，并与张国荣合唱《缘分》，点燃了现场气氛。 真是缘分啊，除了梅艳芳，在红馆，恐怕没谁能和他有这样的默契了。

1997年1月4日，在24场演唱会的最后一场，张国荣借演唱邓丽君经典名曲《月亮代表我的心》的契机，公开了自己的情感状况。

1月23日，在圆满完成了"跨越97演唱会"之后，张国荣飞往东京，开启了自己的世界巡回演唱会。

虽说早已名扬亚洲，但这居然是他首次在日本开唱。 张国荣的多首曲目翻唱日本歌，山口百惠是他的偶像，《风再起时》让他一举成名，来到日本，他自然不敢有任何大意。

东京是亚洲流行音乐胜地，市民自然见多识广，但张国荣的到来，同样引发了歌迷的疯狂追捧。 他成为首个在东京国际会议中心 A 厅演唱的华人歌星，5000 张门票一经发售，立即就被哄抢一空。 随后，他又前往新加坡，所到之处气氛非常热烈。

2 月 11 日，张国荣在广东肇庆开始了内地巡演。 20 世纪 80 年代，张国荣已经红透东南亚，可在退出歌坛之前，他都没能在内地办过个人演唱会，也没有上过春晚。 但这次内地开唱，歌迷反应非常强烈。

之后，张国荣的足迹，又踏过了佛山、汕头和中山等地。 因邓小平在 2 月 19 日突然去世，广州演唱会也暂时取消。

美国、加拿大、中国台湾、英国、澳大利亚和日本，也都是张国荣世界巡回演唱会的目的地。 6 月 13 日，他终于回到了广州，在能够容纳 6 万观众的天河体育场，在羊城居民心目中的胜地"天体"开唱。

当天天气很不好，雨下个不停，几万名歌迷就站在雨里听完了演唱，没有人提前离开，现场气氛相当热烈，也让张国荣非常感动，也好几次走进雨中，陪着观众一起淋雨。 15 日，演唱会圆满结束。

7 月 1 日，香港正式回归中国。 就在当天，张国荣出现在北京工人体育场，与刘欢、林子祥、巩俐、那英和谭晶等一起合唱《团聚》。 张国荣的儒雅外表和绅士风度，令年轻的谭晶印象深刻，难以忘怀。

1998 年 5 月 6 日，在与滚石的 3 年约满之后，张国荣决定再续一年，并推出了全新大碟 *Printemps*（《春天》）。 但很显然，走主流路线的滚石，和张国荣的创作理念，差别是越来越大了。

在拍完《红色恋人》之后，张国荣的新电影，选择了与日本投资方合作。

《星月童话》浪漫入骨，生命中有什么比爱更精彩？

在日本，张国荣是极少数特别受欢迎的中国香港明星之一。可说起去日本拍电影，一直到世纪末，才有机会实现。

1998 年 7 月 18 日，中日合拍电影《星月童话》举办开机记者会。监制褟嘉珍，导演李仁港，动作导演甄子丹，张国荣将出演男主角，一人分饰两角，女主角是在日本人气很高的新星常盘贵子，这是她首次参演电影。

常盘贵子生于 1972 年，比张国荣小 16 岁。她当时已经有多部电视剧作品，一度被誉为"日剧女王"。常盘贵子一心渴望出演大银幕作品，最想合作的男星就是张国荣。这部日资主控的电影，让她的梦想变成了现实。

在拍摄过程中，常盘贵子曾因为压力过大肠胃不适应，张国荣经常用中药煲汤带给她喝，让这位姑娘分外开心。

《星月童话》剧组在日本拍摄外景时，经常会吸引大量的影迷围观，显然其中多数为女性。日本女孩总是以温婉内敛闻名世界，但到场的张国荣影迷，其热情却让剧组有些吃惊。李仁港起初还以为，是常盘贵子在国内人气太高，粉丝众多。后来才发现，大部分女孩都是来看张国荣的。

在香港电影不景气的大背景下，《星月童话》能够最终杀青，显然与张国荣的影响力是分不开的。

1999 年 2 月 13 日，距春节仅剩 3 天，距情人节一天，3 部爱情片很应景，也很默契地同时开画，为全港市民，特别是年轻人送上新春祝福。

在嘉禾院线，成龙新片的《玻璃樽》强势首映，而周星驰则推出了自导自演的、有自传性质的《喜剧之王》。这已是他俩连续9年亮相春节档了。

过去7年，敢和成、周二人正面较量的片商有且只有一个，就是黄百鸣。他的底气，当然来自张国荣。不过《九星报喜》之后，张国荣明确表示不拍这类喜剧片了，黄老板还能玩下去吗？

答案是：能。黄百鸣也是真能，直接将中国明星头牌刘德华请来主演《爱情梦幻号》，女主角是日星石田光。刘德华上一次亮相春节档，已是8年前的《整蛊专家》了。显然，黄百鸣希望刘天王能担起昔日张国荣的职责。

不过，即便到了20世纪最后一年，刘德华的票房号召力，还是远远逊色于成、周二位大神。《爱情梦幻号》票房仅889万，刷新了东方影业春节档的最差纪录——这个时候，不知道黄百鸣有没有想念老战友张国荣。

当然，由于香港电影市场大滑坡，成龙和周星驰的影片也都没过3000万。《喜剧之王》以2985万力压《玻璃樽》的2754万，最终取得全年第一。

而张国荣，则是9年来首次缺席春节档，让无数影迷相当怀念。其实，在上年的《红色恋人》北京首映礼上，张国荣谈到即将拍摄的新片时，说是计划在新年上映。他指的当然就是《星月童话》。不过，出品方美亚最终没有勇气选择春节档。

转眼，时间来到了4月1日，《星月童话》于复活节档正式开画。

影片的开篇，是个美好却略显俗套的爱情故事。斯文帅气的三泽达也（张国荣饰），清纯可爱的瞳（常盘贵子饰），和所有日本文艺片中的情侣一样登对。他们已经历了甜蜜的热恋，正准备步入婚姻殿堂。达也在香港一家酒店担任总经理，为了和未婚夫一起去香港，瞳还在努力学习中文。

都说张国荣是个语言天才，普通话、粤语和英语随意切换，在这部电影里，他饰演的达也，全程讲的都是日语。我们当然以为会有专人配音，但据常盘贵子本人证实，这些台词都是张国荣自己讲的。

D ► **317**

"瞳，我们结婚，请嫁给我。"这是最质朴也最深情的情话。

可就在瞳即将披上婚纱之时，惨剧却发生了。达也驱车带她出游，在路上遭遇了不幸。

即使到了这种生死关头，达也首先想到的，还是未婚妻的安危。最后，达也遇难了。

为了完成他的遗愿，瞳一个人来到了香港。我们当然有理由相信，有浪漫的事情要发生。但很多人应该不会想到，接下来会是那样一个故事。

瞳来到了海逸酒店，参观了达也生前的办公室。她拉起卷帘窗，外面就是一片蔚蓝的大海。她拿了未婚夫的工作牌，惆怅地从电梯走出，正好看到一个中年男人，不觉立马怔住了。

——这怎么可能？

爱人真的复活了吗，还是另一个平行空间的达也？是自己眼花了吗，还是身处梦中并不自知？

他也发现她了，快步上前："我等你很久了。"然后就熟练地拥她入怀，低声说道："别说话！"也许是为了堵住她的嘴，他干脆狠狠地吻了起来。

这是人鬼情未了的华语版吗？并不是。这只是一个长相酷似达也，但精神气质完全不同的男人。他的头发挑染成时尚的金色，皮肤更黑，还有密密麻麻的胡楂，粗犷强悍，与达也的文质彬彬反差明显。

他只能是另外一个人，警方卧底石家宝。

之前的镜头使用了平行剪辑，介绍了两人各自的行动。瞳整理了达也的遗物，乘电梯下楼，而家宝在与黑帮老大接头之后，却被警方盯上了。为了不露出马脚，他见到一位漂亮女士之后，突然急中生智，来了个007附体，与瞳来了上述一幕。

这个处理方式并不高明，但两位明星诠释得倒是浪漫缠绵。他是逢场作戏，她却是假戏真做，信以为真。过于激动之下，姑娘居然晕厥了过去。

后来，家宝和瞳说清情况时，他才明白，自己被当成"替代品"了。

家宝余怒未消地出去打麻将，看来李仁港对张国荣的业余爱好很熟悉。但再次回到家里，眼前的一切，却让自己大吃一惊，也对姑娘顿时心生好感。

地面已经打扫得干干净净，床铺收拾得井井有条，就连扔成一堆的打火机，也被摆放得整整齐齐。原来，这个如天使一般美丽的女孩，也如此细心和能干。

很快，就是金爷和捷哥的交易了，家宝已经通知了上司，但飞虎队不知什么原因却介入了，子弹横飞之下，两边的黑帮成员纷纷倒下。没有人认识家宝，他中了枪，只能跳楼逃跑。

这段枪战戏的阵势相当大，似乎应该在高潮戏份中才对。一部电影，要将情感纠葛与卧底办案很好地融合起来，其实并不是太容易的事情。受伤的家宝奋力跳下楼，艰难地站起来，驱车想逃回家。

家宝和毒品一道失踪，成为头号嫌疑犯。一个为警局出生入死的卧底，却落得这般下场。显然，是有人想拿他当替罪羊，但究竟是谁呢？

影片并非烧脑的侦探片，大老板很快浮出水面，就是他一直信赖的阿东（廖启智饰）。但在此之前，他必须逃脱警方的追捕。

瞳正准备出门，却听到了敲门声。他打开门，看到的居然是神志不清的他。"没事的……我把这个交给你。"是她上次遗落的八音盒。这么强壮的男人，也有这么脆弱的时候。你觉得他粗枝大叶，人家却有细心的一面。随即，他就昏倒在了她面前。

家宝从沉睡中睁开双眼，蒙蒙眬眬地看到一个悉心呵护他的俏丽身影。

而瞳一直倾诉的对象，其实也不是眼前这位糙汉，而是人在天国的那位帅哥。但是，谁在意呢？更重要的是，两个都曾为情所伤的人，有没有勇气与决心，再投入地爱一回？再全情地疯一次？再毫无保留地交出自己？

一见钟情，相守终生，这是无数人期盼的爱情童话。《星月童话》中的缘分并不圆满，但也许更引人回味与思索。 如果说家宝之前的形似，让瞳印象深刻的话，昏睡中对恋人的柔情表白，更让她相信，这是一个可以依靠的男人。 而眼前这位女孩的优雅温存，似乎更让家宝无力抗拒。 但是，他这样一个莽夫，真的能变成文质彬彬的达也吗？

　　家宝不想成为达也的备胎，更不想伤害这么善良的妹子。

　　"你看清楚，我不是你的未婚夫，听我说，回日本吧。"可架不住姑娘的回应："让我做梦，一次；你做达也，一天。 拜托……"家宝面露难色，最终还是答应了。 虽说两人有语言隔阂，但优秀演员之间，一定会有默契。

　　他们一起去看了场电影，在动画片《花木兰》剧照前，一阵烟雾飘过，恍若回到从前。 她看着他英俊的脸庞，不觉神情恍惚："陪我喝杯咖啡，好吗？"他们按照达也早先的安排，来到了海边餐厅，坐到了订好的台位上。 所有的服务人员都蒙在鼓里，还祝福他们新婚愉快，还送上了新婚蛋糕，还将鲜花交给家宝，让他亲手交给爱人。

　　瞳强忍悲伤想切好蛋糕，却发现自己做不到。 等他送花时，回忆的闸门瞬间开启，她再也无法掩饰，扑在家宝怀里放声痛哭，他不好说什么，只能默默承受。

　　两人都心照不宣，不想早早分手。 他们像真正的情侣一般，去游玩、去购物、去打电子游戏，把奖品分给孩子们。 可就在这时，画风突然急转，从日式爱情文艺片，又变回了港式动作片。 在他的住所，经过一番缠斗，两人摆脱了警察，逃往深圳。

　　接下来的场景，更像一场童话了——片名不是告诉你了吗？ 我们被庸常的生活折磨了太久，不愿、不敢、不屑相信生活中有奇迹，但张国荣和常盘贵子的精彩表演，让我们开始相信。 平心而论，影片的故事情节设计得有些刻意和牵强，但有什么关系呢？

一个刚刚与你相识的姑娘，愿意和你亡命天涯，这难道不是真爱，难道还是拿你当"替身"或"备胎"？ 逃到深圳，四下找不到她时，家宝眼神中的焦虑、无奈与绝望出卖了他自己，证明他已经无法自拔了。

终于，看到了，她来了。"家宝！"她柔声呼唤。"你去了哪里？""去签证。"家宝熟练地牵住她的小手，深情凝视她清秀的面庞，温柔地吻着她的额头，似乎有千言万语想要表达，随即紧紧揽她入怀。 在佳人的惊恐眼神中，他肆无忌惮地吻她，似乎整个世界都不存在，只有他们两人。

拍吻戏非常考验演员的水准，也对摄影、打光提出了很高要求。 一不小心，就可能让观众觉得随意甚至猥琐，而这场确定两人关系的热吻戏，却拍得浪漫唯美，配合轻柔的配乐，也带给观众持久的欣慰与感动。 这吻中，有感激、有迷恋、有珍惜，也有对全世界的宣示：这就是值得我用生命捍卫的宝贝。

家宝带瞳去见前女友的姐姐（杨紫琼饰），事实上就像我们带女友见家长，非常认真地把她介绍给最亲的人，是对她最高规格的尊重。

六年前，杨紫琼辞演《白发魔女传》，成就了林青霞和张国荣的永恒经典。 这一次，她在影片中诠释了一个成熟稳重、关心后辈的大姐，她的文戏功力之扎实，可能也令很多人相当意外。

大姐和瞳亲密互动的戏份，让观众倍感温馨，自然也为电影增添了太多魅力。 而她对家宝的交代，更让人感动和钦佩。

"你为什么对我这么好？"

"我喜欢你，行吗？"这话一出，他已经完全爱上她了，就等她的回应。

也许李仁港希望影片有更多波折，也许不想这么快就结束。 因此，他们两人还是在雨中分手了。 但是，她留下的小礼物，其实已经说明了一切。

为了还自己清白，家宝独闯警局，终于揪出了真凶。 这场动作大戏从头到尾密不透风，将家宝的阳刚之气展现得淋漓尽致。 他眼神中充满杀气，出手快捷凶狠，让人很难想象石家宝和何宝荣是由同一个人饰演的。 而老戏骨廖启智的演技也堪称炸裂，将一个初看老实忠厚，实则暗藏杀机，失意时垂头丧气，得意时忘乎所以的大反派，诠释得真实震撼。

家宝不想再做卧底，他希望做回一个普通人，一个不需要爱人日夜担心的普通人。 看着她留下的笔记本，那一张张认真拍下的照片，一句句用心写下的赠言，他如何不感动，如何不期盼呢。

　　　　你去了哪里，我等了你很久。

很喜欢这句台词，更喜欢影片的结局安排。 看到家宝最后笑得那么开心，就知道爱情真的可以创造一切奇迹。 如果你也曾为爱所伤，如果你不敢全力再爱一次，如果你不相信爱情会属于你，那么，这部治愈系的影片，这部凝结了张国荣和常盘贵子太多心血的作品，值得推荐给你。

5月5日，《星月童话》在香港落画，票房557万，相当惨淡，对不起所有工作人员的付出。 常盘贵子想与张国荣再度合作的愿望，当然也就落空了。不过，两人就此成为好朋友，常盘贵子每到香港，总要约张国荣一起吃饭，把他视为可以交心的大哥哥，直到那场悲剧的发生。

转眼来到2000年。 在新千年的第一年，刘德华即将迎来自己的100部电影。 为此，他名下的天幕影业联合中国星，一道出品了拳赛电影《阿虎》，同样由李仁港执导，同样邀请常盘贵子出演女主角。

这部影片在圣诞档上映之后，取得了2200万佳绩，高居年度第三。 不过20年之后，《星月童话》已成影史经典，能记住《阿虎》的，也算得上资深影迷了。

在这一年里，一直没有孩子的张国荣，却在银幕上当起了父亲。

用《流星语》为港片探索新路，大银幕上做父亲

细心的荣迷统计过，从《烈火青春》开始，张国荣在整整 24 年的银幕生涯中，居然不声不响地出演了 17 个孩子的父亲。显然，这些孩子中要么是婴儿（如《纵横四海》中的 3 个小捣蛋），要么还没出生（如《烈火青春》中女友肚子里的孩子）。

但在一部电影中，这个一辈子都没有结婚的男人，却是扎扎实实地做了一回父亲，还是个相当落魄的失败老爸。

在亚洲金融风暴影响下，20 世纪末的香港电影市场长期低迷。为了"救市"，尔冬升、王家卫、许鞍华和张艾嘉等 20 位导演发起"创意联盟"，倡导制作低成本高质量的电影。

参与该计划的导演张之亮，准备模仿卓别林的《寻子遇仙记》，拍一部展现父子亲情的电影《黐头芒》。但他在选择角色时，却遇到了重重困难。

在被很多明星拒绝之后，经尔冬升介绍，张之亮抱着试试看的态度找到了张国荣。没想到，这位身价至少 600 万的天王巨星，居然很爽快地答应了，并象征性地以一元片酬出演，力挺本土电影复苏。之后，影片片名改为了更为通俗的《流星语》。

张国荣不光参演，还首次担任了影片的出品人，剧本构思、场景设置和演员选择等诸多事宜，都是他和张之亮共同完成的。11 年前在《杀之恋》中客串演出的名模琦琦，此次成为影片女主角。她为能和张国荣合作而兴奋不已。而狄龙和吴家丽两位在金马奖斩获影帝、影后的实力演员，以及刘德华多年力捧的金像奖影帝林家栋，也都欣然加盟了这部低成本电影。

平心而论，《流星语》并不是一部优秀的作品，但对广大荣迷来说，却是一部最特别的电影。 这是一生没有结婚、没能留下后代的他，少有的一部在大银幕上生动展现父亲形象的角色的电影。（《烟飞烟灭》不是院线电影）。

　　《流星语》一开始，交叉剪辑就将气氛渲染得相当紧张。 在亚洲金融风暴的大背景下，一边是股票经纪李兆荣（张国荣饰）面对媒体侃侃而谈，云淡风轻地说什么香港前途一片光明；另一边是他忙里偷闲与女友（沈傲君饰）调情，又狼狈不堪地指挥手下（林家栋饰）操作。

　　随后，身心俱疲的阿荣在游轮上休息时，居然听到了婴儿的哭声。 不知道是哪家父母丢弃的，也太狠心了吧！ 阿荣本想将孩子放在路边，让有能力之人认领。 可惜，老天都不成全他。 看着孩子被大雨猛淋，阿荣只好跑出去将婴儿抱回，从此光荣地"未婚成父"。

　　影片的巧妙之处，就是没有展现阿荣如何费心费力地拉扯这个婴儿，怎么给他喂奶，怎么哄他入睡，得病了怎么送他就医……而是直接一笔带过，直接跳到了孩子 4 岁时，留下太多空白，让我们自由想象。

　　曾经手握数亿资金的阿荣，如今带着捡来的孩子明仔（叶靖岚饰），住进了堪称贫民区的春风里。 每天，阿荣以夹克配短裤的奇葩装束示人，完全不因自己老土而自卑，也根本不去给明仔找妈——找也找不到，何必呢。 他蹬着破二八单车，穿行在大街小巷中，靠劳动赚钱，活得那叫一个自得其乐。

　　阿荣的单车后座上，还绑了个小孩椅。 有时，阿荣带着明仔一起干活，有时把他扔在家里。 这对父子之间没有正形，互相以"阿荣""明哥"相称，一派欢乐祥和的民主气氛。 那份骨子里的依恋之情，却是一点也不掩饰。

　　要知道叶靖岚拍戏时还不满 4 岁，哪里懂什么表演？ 为了帮他入戏，张国荣整天就在片场陪着他。

　　显然是受阿荣影响，明仔也是个乐天派，洗澡时都拿着玩具步话机和养父做游戏，还知道帮他接招工电话，真是"穷人的孩子早当家"。

人住贫民区，阿荣却有与身份不符的爱好。 他置办了一架高档的天文望远镜，放在自家天台上。 而明仔经常就在旁边，给他做按摩什么的。

免费给老人做健康服务的兰姐（吴家丽饰），经常请明仔和阿荣去家里喝糖水，难道是喜欢这位落难公子？ 当然不是，她只是让阿荣帮忙干活。

片警龙警官（狄龙饰）经常来找兰姐的麻烦，不让她无偿摆摊，又说她的家具堵塞防火通道。 其实，他有着自己的小心思，兰姐肯定也能看出来，要不然，从猫眼看到他之后，就不会紧张得手捋头发了。

而且，这样的日子，不可能长久。

有一天，明仔在电视上看到一位身材高挑的漂亮女人，他居然伸手去摸她的脸，似乎与人家有种神秘的缘分。

她正是明仔的生母少君（琦琦饰），当年被丈夫抛弃后，因为无力抚养明仔，她就狠心将孩子放到游艇上。 如今，她事业成功了，积极从事慈善事业，但无论怎么做，似乎也很难洗刷内心的愧疚。

后来，阿荣干活时带着明仔，一不小心，孩子就跑远了，正好跑到少君的豪华游艇上。 唉，完全不遵守"不让孩子离开视线"的规则啊。 当年，明仔正是在游艇上被遗弃的；4 年之后，奇妙的轮回又开始了。

少君喜欢上了这孩子，明仔也很喜欢这位"大姐姐"。 明仔回来时带了很多礼物，还有阿荣看了多次也不敢买的帆船模型。 看到孩子那样高兴，当爹的真的有点伤自尊。

阿明拿着帆船出去玩，却被邻居孩子抢夺。 他不得不躲到货车下，差点酿成惨祸。 好心的邻居希望帮阿荣申请补助金，结果让福利官发现了明仔是领养的，且不符合领养条件，双方起了冲突。 阿荣让明仔躲到兰姐那里，病重的兰姐让明仔去找阿荣，把龙警官带来。 可龙警官却带了阿荣去录口供。

阿荣回到家中见到明仔，可福利官带着警察上门捉他们，说他拐卖人口。

少君从上海赶回，看到了出生证明，知道了事情真相。

重病的兰姐无人照顾，就这样离世了。面对兰姐的遗体，龙警官先是一本正经地向警局汇报，随后却趴在柜子上痛哭不已。明明已经有默契了，如果他再勇敢一点，两人肯定早就在一起了，岂会有这样的事情发生？

这一年狄龙已经53岁，曾经何等辉煌的邵氏一哥、金马奖影帝，却愿意出演这样的小角色，与金马奖影后吴家丽上演了一出未遂黄昏恋，让人相当感伤。在次年的第19届金像奖颁奖礼上，两人双双斩获最佳男女配角。

为了明仔的未来，阿荣尽管有千般不舍，还是让孩子回到了生母身边。这种安排虽说太"主旋律"，但一定是最好的方式。

阿荣和少君之间也没有爱的火花出现，可能导演觉得太俗套了吧。

少君对孩子心存愧疚，想让阿荣继续带孩子。可他说："4年前你丢下他，也许是有借口，现在你再丢下他，真的就没人信了。我是跟明仔生活了4年，但始终不是他的父亲。明仔和你一起生活的话，会很幸福的。你可以的。"

阿荣继续胡子拉碴，但穿上了长裤，他精心给明仔做了艘帆船模型，将它送给了少君。孩子要告别破旧的社区，住进高档公寓，过上体面的生活。但这4年的时光，注定是两人的美好回忆。

伴随着张国荣《小明星》的歌声响起，明仔回头扑进阿荣怀里，场面非常温馨，把少君都看流泪了。银幕前的观众，想必很多也掏出了纸巾。

肩负着为香港电影探索新路的《流星语》，10月14日在香港开画。但35天后只收233万，列年度第三十五。这个起初雄心勃勃的"创意联盟"，只拍成了这么一部电影，然后就维持不下去了。

整个香港电影圈的一、二线明星中，只有张国荣能够不计片酬来担任主演。这当然是他的人品使然，同时他确实也不差钱。这件事也提醒我们：积蓄足够多，能做更多的事，帮更多的人。

当然，张国荣也不可能放弃自己的电影追求。

《枪王》中自愿演反派，癫狂式演技成就经典

有人说，新的一年，总会给人带来新的希望。

新千年的象征性意义，当然是怎么高估也不过分的。 在看文章的你，还记得陪自己度过新千年的人吗？

不过，新千年给香港电影带来的失落与惆怅，绝对要大于收获与开心。

这一年的春节档，成龙与周星驰两位领跑了整个 20 世纪 90 年代的巨星同时缺席。 1 月 28 日，嘉禾由梁朝伟、郑伊健主演的《东京攻略》率先上映。 请注意，梁朝伟是一番。

第二天，东方影业以谢霆锋、苏有朋主演的《大赢家》对战。 2 月 3 日，刘德华、郑伊健主演的《决战紫禁之巅》，作为永盛年度巨制杀入档期。 寰亚则推出由郭富城、吴彦祖主演的《公元 2000》。

让人意想不到的是，就在这一天，皮克斯动画《玩具总动员 2》也同步上映。 更让人不可思议的是，明星云集的《决战紫禁之巅》和《东京攻略》，都根本不是这部动画片的对手。

香港电影的天，真的是彻底变了。 最终，《玩具总动员 2》以 3573 万落画，为西片首次赢下春节档冠军;《东京攻略》入账 2819 万，在港产片中领跑。

《决战紫禁之巅》票房 2133 万。《公元 2000》成绩为 1370 万。《大赢家》仅获 1003 万，成了大输家。 黄百鸣此后连续 8 年没有参与贺岁片市场，直到 2009 年以《家有喜事 2009》拿下香港年度冠军。

此时的张国荣，只想拍一些高质量的作品，不愿重复自己，

更想向导演转型，对票房已不怎么看重了。因此，他接片越来越慎重，产量也越来越低了。

一位出色的演员，一定希望拓宽自己的戏路，留下各种类型的经典角色，而不是被观众归入一个类型。

绝大部分影片中，第一主角都不是反派，这当然是业界惯例。但在张国荣主演的50余部影片中，还真有那么一部，男一号是个真正意义上的反派——旭仔和忠良不算是。因此，这部电影也得到了影迷的格外青睐。

1999年11月，由尔冬升监制、罗志良导演的《枪王》正式开镜，两届香港射击冠军张民光担任影片技术顾问，并饰演总叫嚣"高手站在背后的压力"的刑警Joe。

影片采用港片常见的"双雄"模式，一个是警察，一个是变态杀手。开拍前，尔冬升让张国荣来挑选角色，他选哪个，戏份当然就偏重哪个。果不其然，张国荣选择了表演难度更大、可塑性更强的杀手，也正因为这一选择，才使得《枪王》成为港片经典，成为一直被人模仿、永远难以超越的标杆。

与张国荣搭戏的，是资深戏骨方中信。这位相貌酷似理查·基尔、演技精湛的明星，一直郁郁不得志，被迫长期出演某种类型片，难得尔冬升欣赏他。

《枪王》见证了方中信的高光时刻，苗警官也成为他的别名。4年之后，张国荣已不在人间，方中信在《旺角黑夜》中继续出演苗警官，和男一号吴彦祖双双提名第24届金像奖影帝。

生于1979年的黄卓玲，与大自己23岁的张国荣饰演一对情侣，却完全没有叔侄恋的感觉。

5月27日，《枪王》正式在嘉禾院线上映。6月29日，影片以735万落画，列年度第二十。

在片中，彭亦行（Rick，张国荣饰）是一位 IPSC（实用射击）比赛高手，又擅长改装枪。 他的绝活是 double tap（快速两连发），即在最短时间内打出两枪，弹孔留在同一点上，形成一个近似"8"字。 女友丽怡（黄卓玲饰）介绍朋友 Vincent（谷德昭饰）过来学枪。 Rick 原本不想理他，碍于她的情面还是答应了。

在一次实弹射击比赛中，Rick 与高级警司苗志舜（方中信饰）斗得难解难分。 就在即将迎来决战时，一心寻死的余警官闯入比赛场，滥杀无辜。 认识他的苗志舜迟迟未能开枪，为了保护丽怡，Rick 无奈之下击毙了余警官。

3 年之后，香港发生了一起恶意凶杀案。 四名 G4 特工（隶属香港警队刑事及保安处的"要员保护组"）惨死，污点证人奄奄一息。 凶手的手法极其残忍老练。 在一番调查之后，苗警官将 Rick 列为重要嫌疑人。

为了逼 Rick 露出原形，警方搜查他的住处，发现了很多气枪，但均未到 2 焦耳（不构成私藏枪支）。 但 Joe 却擅自改枪想栽赃 Rick。 丽怡扛下所有罪名之后，警方却希望以她为诱饵，逼 Rick 上钩。

苗警官设下天罗地网，准备在 Rick 接走女友时下手。 但事态的发展，显然出乎他的意料，这场迟到了 3 年的决战，终以更为惨烈的形式呈现了出来。

《枪王》剧情有很多问题，注定了它不会是一部特别优秀的影片。 但张国荣与方中信的表演，却大大提升了影片的品质，特别是饰演变态杀手的张国荣，让我们看到了一个人的演技可以好到什么程度，可以如何提升电影品质。

有别于《英雄本色》一类浪漫枪战片中子弹永远打不完、演员开枪如同跳舞的风格，《枪王》中主要角色的射击场面，展现得非常专业和真实。

动作指导郭振锋与张国荣合作了多年，并客串了《杀之恋》和《夜半歌声》。 说实话，这两部电影的打戏实在不怎么样，过于刻意。 但在《枪王》中，郭振锋却交出了漂亮的答卷。 他的动作设计与张国荣的极其投入的反差式演技完美融合，让这部影片成为新世纪枪战片的经典。 再加上邝志良的剪辑、金培达的配乐，一起将紧张惨烈的气氛一直维持到了最后。

开局的射击比赛戏份，Rick 与苗警官动作沉稳，神情专注，时而快速奔跑，时而卧倒射击，让比赛充满了仪式感。 这时的 Rick，怎么看也不像坏人。

两人战成平手，需要加赛。 可就在这时候，余警官抢戏了，他提着枪四处扫射，滥杀无辜。 维持现场的刑警 Joe 本应制服他，可他没这么做；苗警官本可以出手，可他也没有动。 Rick 原本也不想行动，可余警官却将枪对准了丽怡，他不能不出手。 干脆利落的快速两连发留在了余警官脑门上，让 Rick 体会到了杀人的快感。

四名 G4 特工的死，影片并没有呈现事态经过，只是通过警察的验尸，展现了杀手的专业。 导演完全无意拍成悬疑片，谁都知道是 Rick 干的。

苗警官按规定释放了 Rick，但 Joe 私改了丽怡的枪，从而有理由拘捕她。这让 Rick 分外恼怒。

随后，就有一场闹市追逐戏份。 Rick 打车回家，警察的车在后面跟随。车内的 Rick 神色疲惫，没有精神。 半道下车之后，他却拿出了大卫·贝尔的跑酷手段蹿上高架狂奔，又猛地跳下，甩掉了跟随的警员，却几乎被一辆货柜车撞翻。 场面相当惊险。

接着，全片第一场真正的大战开始了。 四名警员跟踪到枪会，四下没发现人。 猛回头，Rick 已站在他们身后。 Rick 仅用个冷峻的眼神，就能把人吓一哆嗦。 枪声响起，外边的大批警察纷纷冲了进去。

Rick 提着带瞄准镜的自制改装枪，一打一个准。 密集的火力，让所有警察根本不敢应战，强大的气场，令对手不断惨叫。 而他云淡风轻的开枪动作，轻松得就像拧开一瓶罐头。

弹壳噼里啪啦掉了一地，受伤的警员满世界乱爬，受惊的唯一女警，捂住耳朵大声尖叫。 赶过来帮忙的苗警官，都被碎玻璃划伤了脖子。

这一次 Rick 并没有杀人，回到住所，恍惚之中看到了女友。

他把背包扔给她："你随时可以走。"然后想转身离开。

女友却快步挡在他面前，看着他的眼睛，认真地说："别让我走，你干什么都可以，我不会成为你的负累！"

听到这话，Rick 不是感动，不是把她拥入怀里，而是冷冷地威胁她："别想阻止我，你阻止我的话，我会杀你！"可女友还是不顾一切地吻住了他。

有这么好的女友，再干蠢事明智吗？

一个人待在冰冷的屋子里，Rick 的情绪越发失控，居然模仿射击比赛："Are you ready?""Ready!"（"准备好了吗？""准备好了！"）他对着镜子练习拔枪，快如闪电，还微笑看比画："啪，啪……"连续射击。 转眼间，他就情绪失控，露出瘆人的笑声，用枪抵着镜子，如同顶着一个警察："我帮你啊！"

随后，Rick 又猛踹洗脸台出气，更是一下子把洗脸台整个拔起，狠狠摔在地上。 他坐在马桶上歇斯底里地狂叫，又倒在地上抽搐呕吐，令人不忍直视。 镜头一闪，是屋外抱头痛哭的丽怡。

这段镜头到底是 Rick 的想象还是回忆，还真不好说，重要的是，他的精神确实已经有了严重问题，估计心理医生也有心无力了。

连金主都杀，可见 Rick 疯到什么程度了。 见到苗警官时，他却异常沉稳，吓唬说："明天中午 12 点，就是最后期限，你一天不放她，我就一天杀一个警察！"嚣张到这种地步，借用冯小刚的名言：还有王法吗，还有法律吗？Rick 现出一副诡异的表情，手指地上："啪，啪，你惊啦，我不惊。"搞得苗警官不知道如何应对。 他突然又如投降一般举起双手，露出可怕的狞笑，又是那句"Are you ready?"

谁都知道，Rick 一定要杀 Joe，可这段戏的呈现，却颇有些黑色幽默味道。 Joe 回家拿药，顺便洗澡时，突然听到电话响。 为了证明自己不是省油

D ►

的灯，他立即机警地端着枪，在房间里四处搜寻，脸上的汗珠不断滴落下来。恰到好处的配乐，将气氛渲染得格外紧张。 终于，枪响了，Joe 倒下了，Rick 现身了，还致敬了那句他整天挂在嘴上的"高手站在背后的压力"。

Joe 一死，苗警官几乎发狂，甚至想用丽怡逼 Rick 出来。 好在当医生的妻子及时劝阻，他才恢复了理智。

最终决战就要来了，警方可以说陆海空全方位布局，冲锋队、飞虎队都出来了，而 Rick 孤家寡人，连个帮凶都没有，就凭自己一个人一条枪，逼得警方不得不按他的要求，准时释放了丽怡。

Rick 当然清楚，对方已经布置好了天罗地网，一不小心就会被狙击手点杀。 可连防弹衣都没穿的他，偏偏有自己的绝活。 他带着女友在商场不停穿梭，东跑西颠，还真的躲开了跟踪，眼看就要成功出逃时，却被一个胖子坏了大事。

Vincent 毕竟跟 Rick 学过枪，也更熟悉他的行为方式，不光及时向上司汇报了 Rick 的动向，还尾随而来。 可见，当初 Rick 不想教他是多么明智。

Vincent 还想从后面击毙 Rick，却终究技逊一筹，反被发现的 Rick 当场杀死。 也许是想起了往事，也许是记恨女友，Rick 突然丧失了理智，对着已死的 Vincent 射个不停，让女友几近崩溃。

她把 Vincent 介绍给他，原本是想让他交个警察朋友，却没想到终究害了他，这就是宿命。

Rick 已经疯了，还想对 Vincent 的尸体补枪，丽怡哭喊着想阻止他，他甚至都想杀掉她。 一对恩爱情侣，最终走到这一地步，实在让人唏嘘。 尽管被警察偷袭中了一枪，Rick 依然凭借强大实力，接连干掉了几个警察。 曾经殴打过他的阿金，更是被他打爆头。

最终，只有苗志舜才能阻止 Rick 继续大开杀戒了。 两人也终于完成了他们三年前没有打完的决赛。 这场生死较量，居然很有仪式感，让人想到了

《英雄本色Ⅱ》中子杰与小庄的对决，以及《新上海滩》中，许文强与丁力的火并。"Are you ready？"Rick 面带嘲讽地大喊。 枪声响了，两人双双倒地。

凭借妻子之前的指点，苗志舜乖乖躺着，从而保住了性命。 而桀骜不驯的 Rick 为了证明自己是赢家，顽强地站起身来，不可思议地出了戏院。 不过，这也是他在人间走的最后几步。 作为一个反派，他踉跄倒下的身影，居然还能令人同情。

张国荣饰演的角色，即便杀人如麻，坏得令人痛恨，但有一点却难能可贵：他对女友真是好，真是忠实，真是全心全意。

凭这个角色，张国荣被提名了第 37 届金马奖最佳男主角。

2000 年 12 月 2 日，该届金马奖在台北孙中山纪念馆举行颁奖典礼。 在李安《卧虎藏龙》和王家卫《花样年华》的碾压之下，《枪王》还能入围 6 个奖项，殊为不易，但最终全部落败。 最为可惜的，当然就属张国荣了。

入围影帝的还有吴镇宇（《枪火》）、梁朝伟（《花样年华》）和屈中恒（《纯属意外》）。 最终奖项被吴镇宇摘得。 要知道《枪火》是五人群戏电影，吴镇宇的戏份还没有黄秋生多，这个结局，让很多人觉得真是"纯属意外"。

同样是枪战题材，张国荣可是从头到尾演技在线，奉献出了癫狂式的演技，与他平日的儒雅形象，完全是判若两人。 而吴镇宇饰演的阿来并无新意，还是他的愣头青基本人设。 至于梁朝伟，他在王家卫的 7 部电影中的性格气质都差不多。

而凭借《枪火》，杜琪峰也战胜了李安和王家卫，拿下了最佳导演奖项。 最佳影片则颁给了《卧虎藏龙》。 张国荣没有合作过的一线大导演，也只有王晶和杜琪峰，具体原因不详。

在次年的第 20 届金像奖中，《枪王》仅有最佳音响效果一项入围。 但接下来，张国荣与一群老朋友又合作了。

《恋战冲绳》恋爱大作战，张国荣拍得轻松

自打 1994 年的《锦绣前程》之后，张国荣与陈嘉上再无合作。 而拍完《重庆森林》之后，恢复了本名的王菲，6 年之间没有再接拍电影。

这一年，影坛大佬向华强组建了百年影业，号称要拍摄一些能影响中国电影一百年的优秀影片。 而公司的创业作，他希望由与自己合作过《蓝江传》的张国荣出演。 导演陈嘉上与女主角王菲，也都希望与张国荣合作。

2000 年 5 月 20 日，一个特别温馨的日子，《恋战冲绳》在冲绳正式开镜。 当然，张国荣不会知道世界上有网络情人节这回事的。 他能知道的是，在错失《重庆森林》之后，自己再不会错失与王大美女的合作了。

影片阵容相当豪华，张国荣、梁家辉、王菲和黎姿的组合，妥妥的一部商业大片的配置。 剧组的气氛也一直非常融洽，大家伙儿不拍戏的时候就逛街游玩，尽情领略冲绳美景。

获悉张国荣来到冲绳拍片的消息，大批日本本土的影迷自然涌到这里。 在影片拍摄期间，总是有很多男生女生一路跟随。但这些人都非常礼貌，绝对不会影响到剧组的工作进度。 影片不到一个月，就宣告杀青了。

在汉语词典里，"恋战"指的是"过久地和敌人厮杀而不愿撤离"。 在文学作品中，往往有"无心恋战""不能恋战"之类的说法。 但显然，这部电影表达的是另外一种意思。

风景如画、气候宜人的冲绳，不光是旅游热闹目的地，更是

创造浪漫的绝佳场所。 香港警员罗宏达（梁家辉饰）带着女友 Sandy（黎姿饰）及女友的女友 Cookie（车婉婉饰）来冲绳度假，在机场无意中遇到了出逃的 Jenny（王菲饰）。 从此，他就对这位女生有了特别的感觉。

Jenny 和当地黑帮老大佐藤（加藤雅也饰）本是一对恩爱情侣，但不知道什么原因，她卷了佐藤一笔巨款消失了。

国际大盗唐杰（张国荣饰）搞到了一本有关佐藤内幕消息的日记本，本想好好敲诈一下这哥们儿，但人家拿不出钱来，你不得等下去吗？ 要说这唐杰不光能偷男人的笔记本，还能偷女人的芳心，但自从撞见 Jenny 之后，却发现自己的心不见了。

罗宏达一心想升职，当认出唐杰之后，居然想诱骗他在当地作案并顺势抓捕，以达到自己升官发财的目的。 在偷窥美国军机一直无法实现时，他们准备对琉球银行下手，并潜入银行隔壁的民居安装炸弹。 就在他们忙个不停的时候，Sandy 一不小心，却找到了自己的真命天子……

时隔 6 年，陈嘉上与张国荣、梁家辉再度联手。 张国荣虽说是男主角，但无论戏份设置和个人表现，似乎并不如男二号梁家辉抢眼。 当然，作为后者的好友，张国荣也不会计较这些。

影片中，陈嘉上设计了两条三角恋，一边是唐杰和罗宏达共同喜欢 Jenny，另一边是 Sandy 在罗宏达和佐藤间的选择。

罗宏达职位卑微、相貌欠佳，不知道交了什么好运，能交到 Sandy 这样的女神。 但他却和那些"不知妻美"的顶级富豪一样，根本不把女友当回事。阿达完全不清楚，Sandy 能留在他身边，不是他有什么特别魅力，而只是他运气实在太好，恰巧赶上了这么好（看）的姑娘爱自己。

阿达和 Cookie 也很不对付，在机场商店发现她顺东西，立即出来制止，一副多管闲事的样子，丝毫不顾及女友的感受。

同样在机场，Jenny 携着巨款被黑帮盯上了，她就躲在了罗宏达身后。 而当着女友的面，这位小警察就将陌生女人带上了车，还和她坐在一起。

更可怕的是，阿达从此对这个女人有了特别的感觉。

阿达后面还有大冒险。 他一直想破个大案，成为真正的警察。

自《英雄本色Ⅱ》之后，张国荣已经十多年未穿警服了，这一次陈嘉上帮他完成了心愿。 但唐杰做的事情，显然更像《纵横四海》中的阿占。 不过，他费尽力气偷的，居然只是个笔记本，这难道不是搞笑吗？ 对了，喜剧片嘛。

这个笔记本并不简单，它记录着佐藤所有的风流韵事。 如果被警方公布于众，那佐藤铁定得被仇家大卸八块了。 因此，唐杰开价 20 万美元，真的一点都不多。

唐杰和 Jenny 的第一面，根本不是什么"金风玉露一相逢"。 当时，这伙计正准备甩掉一夜风流之后的正经女孩，却被 Jenny 撞见了，眼看这样的渣男"提上裤子就不认人"，Jenny 遂将罗宏达的名片揉成一团砸过去，嘴里还骂着"下贱"。

吃了亏的唐杰并没有发作，反而对这个身材高挑的女孩有了好感。 问世间情为何物，真是一物降一物！ 唐杰就这么被降住了。 当得知她在万座沙滩小店上班时，就装成顾客过去套近乎。

Jenny 这么冷艳的姑娘，是个男人都得近情情怯，唐杰也没有了旭仔的张狂，不敢单刀直入地搭讪。 这并不丢脸，不是吗？ 于是，他就不动声色地走到唱机前，放了一首 *The Great Pretender*（《伟大的伪装者》）。 歌曲让两人找到了共鸣，找到了默契，居然让她无意中踱个步，都能踱到他身边。

第二天，唐杰带着搭档阿宝（谷德昭饰）又来了，结果 Jenny 被老板娘叫走，令他相当失望。 情敌阿达已经知道了唐杰的真面目，遂冒充国际大盗苏沃，怂恿两人去嘉手纳美军基地偷军机房系统的电脑，然后将他们一举抓获。这么一来，他不就可以立下大功，转型当上刑警了吗？

但这两个大盗岂能让他牵着鼻子走。 唐杰建议还是别偷电脑了，改抢银行不香吗？ 这银行不在别处，就在 Jenny 住处的隔壁。 俩哥们儿建议由阿达负责把她引开，他们负责装炸药。

阿达恨不能马上和 Jenny 过上幸福生活，还能不答应吗？ 他哪里知道，这只是唐杰的一个圈套。

阿达名正言顺地约 Jenny 吃西班牙菜，并趁机挑拨，而 Jenny 的回答，差点让他一口老血喷了出来：

"但是你不会觉得，那种坏坏的男人比较有吸引力吗？"

阿杰得知两人约会当然醋意大发，跑过来夹枪带棒地挖苦心上人："能跟自己喜欢的人一起吃饭，当然开心啦，恭喜你啦……"话音未落，就被 Jenny 拉进衣帽间内，只看到衣服架子的轻微晃动，片刻，Jenny 神采飞扬地走了出来，阿杰则半天没回过味。

"有情可要恋爱，然后就去远行。 唯有恋得短暂，才能爱得永恒。"这是李敖的诗句，也是阿达送给 Sandy 的分手信，更是一语成谶，预言了 Sandy 的未来。

Sandy 可以装作云淡风轻，但失恋的痛苦却是实实在在的，即使男朋友是这样一个自作聪明、自不量力、自作多情的普通人，可毕竟付出了真心，她岂能不难过。

佐藤和 Sandy，两颗同样受伤的心贴在了一起，决定也玩一个大冒险。 而影片的结局，既充满了黑色幽默味道，也是皆大欢喜，导演不停地派发狗粮，把单身狗们虐得哭都没地方了。

不过，陈嘉上就是这么"任性"，他就想拍出一部与众不同的电影，既没有床戏和激烈的动作场面，也没有特别夸张搞怪的无厘头戏码，整体进程轻松娱乐，配合冲绳美景和浪漫的音乐，确实让很多人看得赏心悦目，也会使另一部分人觉得平淡无聊。

最后，唐杰为了 Jenny 的安危，居然主动送出了日记，放弃了酬金，一副浪子变情圣的奇怪做派。 你可以说陈嘉上这是在讨好社会主流价值观，但谁说人就不能改变呢？ 两人的最后会面，也设计得别有诗意，随着轻柔的音乐，他俩各种暧昧就是不靠近，让我们浮想联翩。 张国荣抽烟回眸的镜头真的帅爆了，同时也让我们感觉非常温暖。

张国荣在银幕上诠释了太多放浪不羁的情场杀手，但在现实生活中，他对真爱的渴求，与我们普通人并无二致。 即便我们永远碰不到 Jenny 或 Sandy 那样的女神，但只要能和一个普通女孩相知相守，相互温暖、彼此扶持，这一生也就不会有任何遗憾了。

7 月 28 日，《恋战冲绳》在暑期档开画，8 月 30 日收 1062 万，列年度第十四，成为张国荣自《色情男女》之后，票房最高的一部电影。 这也是他最后一次亮相暑期档。 档期冠军是刘德华、郑秀文主演的《孤男寡女》。

张国荣自己也很清楚，《恋战冲绳》这样的作品既不能成为票房热门，又不能入围金像奖最佳影片，但见证了他与诸多电影人的友谊。 在自己后半程的职业道路上，他们还要与自己多多合作。

后来的事大家都知道了。 因而，这部作品也有着特别的意义。 当然，它还并不是张国荣主演的最后一部大银幕作品。

2001 年，在忙完了 43 场世界巡回演唱会之后，张国荣决定给自己放一个长假，好好休息一下。 自 1980 年以来，他每年都有新片上映，在这一年中断了。

这一年，张国荣只参演了一部新片。 但这部影片，却对他，对他所有的影迷，都有特别重要的意义。

《异度空间》站上天台，入戏快，出戏也快

2001 年 10 月 5 日，星皓出品的《异度空间》正式开机，由尔冬升监制、罗志良执导，张国荣再度与两位老朋友合作。

2002 年电影拍摄完成时，已经是农历马年。 24 年前，他第一次参与拍片，而那一年，女主角林嘉欣刚刚出生。

2002 年的春节档，张国荣的老搭档谷德昭执导了爱情喜剧《嫁个有钱人》，片名似乎极度势利，但内容还是相当浪漫和正能量的。 郑秀文和任贤齐的组合，让人想到了张国荣和袁咏仪。 2169 万的票房居然拿下了档期冠军，并一直领跑到了 12 月，才被两部超级大片《无间道》和《英雄》超过。

不难看出，春节档已经倒退回 20 年前的水平了。 刘德华、古天乐主演的《呖咕呖咕新年财》，票房 1921 万。

在投拍《异度空间》之前，星皓原本想邀请尔冬升执导《三少爷的剑》，这是他演员时代的成名作。 初定竹野内丰出演三少爷，张国荣出演燕十三，女主角为章子怡。 但因一些原因影片最终流产。 不过张国荣终究还是为星皓留下了一部佳作。

星皓对《异度空间》非常看重，不惜重金在红磡海底隧道布置巨幅海报。 因张国荣和林嘉欣的造型过于恐怖，一些市民遂向香港影视局、娱乐事务处及海底隧道管理公司投诉，但海报并没有被下架。

进入新世纪以来，张国荣已很少接受媒体采访。 但鉴于之前的几部影片市场表现不佳，这一次，他罕见地为影片卖力宣传，接受多家媒体的专访，更是每换一家媒体就更换一套服装，便于对方有独家照片可发。 如此贴心之举，自然获得了不少好

评。

3月27日，影片在奥海城举行盛大的首映礼。 星皓对观众的热情有些低估，事先发出了1600多张影票，但现场仅1300个座位，片方以为很多人不会来。 他们没想到市民热情如此之高，很多人只能站着观影。 星皓高层当机立断，宣布正式开画后，一张首映票可以在23家电影院换取两张正场票。

2002年3月28日。《异度空间》在复活节档隆重上映。 这已经是罗志良第三度执导张国荣主演的电影了。

影片开头的平行剪辑，运用得相当精准。 一边是气质清新脱俗，却自卑又敏感的剧本翻译章昕（林嘉欣饰），总是疑神疑鬼，搬了几次家也不得安宁。 在走廊里，她能莫名其妙地看到人影出没。 随便泡个澡，都能听到奇怪的声音，看到恐怖的场景。

另一边，是风度翩翩的心理医师罗本良（张国荣饰）。 在拥有几百人的大教室中，沉稳自信的他，对着听众侃侃而谈，证明世间根本就没有鬼，只是人自己的"心中有鬼"。

拍片时的张国荣已满45岁，标准的人到中年，却完全颠覆了我们对"大叔"的理解，丝毫没有油腻感。 在影片中，我们几乎感觉不到一个超级明星用其身份带来的加成，只是一位对自身领域非常自信、举手投足相当儒雅、一言一行尽显专业的优秀心理医师。 看得出来，张国荣必定为此做过很多功课，不然也不可能诠释得如此到位。

在香港，心理医师是高级金领，收入是普通人的数10倍。 章昕的表姐夫，就是罗本良的同事兼好友陈伟中（李子雄饰）。 他自然要介绍两人认识，但首次约会的方式有些特别：让罗本良为章小姐做心理诊断。

作为一个受过高等教育的女孩，章昕却坚持说自己能看到鬼，这是骗鬼呢？ 她的语气既自信又自我，对诊疗很有抵触，甚至坦言是为了应付差事："要不是表姐逼我，我根本不来。"显然，这根本不是一种愿意配合治疗的态度，与她外表的柔弱、拘谨形成了鲜明的反差。 不能不说，林嘉欣也是注定要以表演为生的女孩，表情、气质都处理得相当到位。

面对这样顽固又这般可爱的病人，做医生的当然要循循善诱，以德服人了。

> 人很多时候是很脆弱的，遇到不开心的事，日积月累就会形成心结。就算你想告诉家人或是朋友，他们未必懂得开解你。所以人最重要的是学会一件事，就是要懂得调息自己和爱护自己。

这句话值得打印下来，贴在自家洗脸池的镜子上，每天早上都用它来提醒自己。 这句话，也可以视为影片的主旨思想。 可少女手腕上的一道道疤痕，还是令这位经验丰富的医师吃惊不小：这显然是割腕自杀留下的。

她打开罗本良留下的袋子，首先是一张卡片："你要吃的药，小心有副作用。"随后的一幕更加夸张，镜头中出现了很可爱的糖果盒子。 姑娘紧锁的眉头也绽开了。

看到这里，大家就应该明白，《异度空间》肯定不算是标准的恐怖片或推理片，而是一部治愈系的爱情片。 这药能有什么副作用呢？ 八成是让吃药的人爱上送药的人吧。 爱情才是这世上最无药可医的绝症。

房东的妻子和儿子在泥石流中遇难，他还经常在门口摆上两双鞋子，这是对死去亲人的一种缅怀方式，当然无可厚非。 但敏感的章昕听到这些，整个人都变得不好了。 一次下雨中，她居然真的看见了那对母子，浑身满是泥浆地跑到她的房间，场面非常恐怖。 她不得不向罗本良求助。 而在她洗手间的镜子上，居然有歪歪扭扭的几个大字"我一定会来找你的"。

到底是真实的鬼影，还是章昕的幻觉？ 到底是有人要加害她，还是一场恶作剧？ 很快，真相就浮出了水面。

两人的接触过程中，章昕对罗本良有了好感，泳池戏拍得很温馨，林嘉欣满满的少女感，张国荣的泳姿也非常漂亮，身材更是没的说。

但出于医师的原则，他一直躲避，直到她做出极端的事情。

章昕父母离婚，自小失去保护，任何事情都要靠自己争取。处理感情方面很失败，让每一个男朋友都感觉辛苦。她的思想影响到自己的言行，导致了所谓的见鬼和自杀。

如果改变不了这个世界，只能尝试去接受而不是逃避，做回真实的自己。

罗本良鼓励章昕打开心结，可讽刺的是，他自己也有潜藏心结。

他不止一次梦到一个小女孩，血淋淋地站在面前，对着他狞笑。有一次半夜开车时，因看到了女孩在车上狞笑，差点出了车祸。

他在泳池游泳，却看见水下不远处，小女孩挥着流血的胳膊，出现在他面前。吓得他猛地跳出泳池，东躲西藏，令工作人员也大吃一惊。

大白天的医院里，人来人往一片和谐。罗本良却蜷缩在椅子上，浑身哆嗦，一字一句在笔记本电脑上敲着："全是幻觉，不是真的，是章昕影响了我，不能让任何人知道……"还像做贼似的四处观望。这种绝望的眼神，这种无助的姿态，着实令人痛心。随后，他居然又电击自己。这玩得实在太了。

章昕摆脱了心魔，而罗本良却陷入了麻烦之中。但他还是勇敢地迈出了第一步，向早已对他有好感的姑娘抛出了橄榄枝："我没有朋友，你可否做我的朋友？"腼腆而真切的笑容，如同情窦初开的高中生，让女孩子看了怎能不动心？而章昕却顽皮地回应："你是不是想约我上街？"

生命中没有什么比爱更精彩。痊愈之后的章昕，真是既漂亮又亲和，有这样的女友，哪个男人还会觉得不幸福呢？可当一对伤心的父母袭击了罗本良之后，他的另一道空间才算彻底打开。

从此，他开始没完没了地梦游，这让女友非常担心和痛心。他就像被鬼附身一样喜怒无常，一遍又一遍地整理东西，对身边的章昕浑然不觉，场面十分恐怖。

不得已，章昕告诉了姐夫，令两人的关系走到了分手的边缘。

谜底逐渐揭开。原来，那个小女孩是曾经真实存在过的，她叫小渔。上中学时，罗本良和小渔有过一场热恋，他们曾经特别甜蜜，后来却有了矛盾。小渔剪断了手臂血管，从天台一跃而下。

遇到章昕之后，表面上看是"角色互换"，实际上是自己实在藏不住了。而小渔父母的袭击，更让他的心魔被彻底激活，走向了精神分裂的边缘。

就在章昕准备搬走的前一晚，更可怕的一幕上演了。她一睁开眼，居然看到了泪流满面的罗本良："你为什么要这么做，为什么要这么狠毒？"

章昕呆住了，以为男友是在花式挽留自己。但很快，罗本良却又说："为什么你死了还要跟着我，我不可以跟你在一起，我真的不可以和你在一起。求你放过我，你放过我，不要跟着我……"说这番话时，他的眼神呆滞，脸部肌肉都在微微抽动，真的就像一个有严重精神障碍的患者。

看着心爱的男人如此虚弱无助，章昕也非常难受，还没想好安慰的话语，罗本良的眼神却慢慢变得凶恶起来，咬牙切齿地说："我偏要这辈子跟着你，你无论如何都脱不了身。"转眼间又突然狞笑："你无论如何都脱不了身！"把章昕吓得赶紧捂住了脸。

罗本良的幻觉越来越强烈。当章昕不顾一切地搂住他、安慰他时，他却看到小渔从地上站起，恶狠狠地扑将过来。这时候的他，情绪完全失控，夺路而逃。游泳池里，地铁站旁，天桥上，无论他跑到哪里，小渔都紧紧相随。他绝望中砸碎门玻璃的场景，又呼应了小渔跳楼的场面。最终，罗本良被逼到了天台上。围栏有一块已经空缺，似乎就是让他往下跳的。

这时候的罗本良，尽管满脸是汗，却笑了出来："你终于令我到这里来了……我们以前一起开心过，痛苦过，我两样都会记得。不会再像以前那样，什么都忘记了。 我陪你死。"

不过，导演并不打算拍一场悲剧，罗本良并没有掉下天台。

而影片上映仅一年多，张国荣自己，却从文华东方酒店 24 层一跃而下。

影片的最后，罗本良与章昕在天台上深情依偎的镜头，让我们见证了爱情的伟大与美好。 男女主角均因爱情陷入魔怔，却均由爱情得到拯救。 失去爱情可以产生最可怕的毁灭力量，获得爱情可以获最有效的疗愈力量。 这样一部有不少荒诞镜头的恐怖片，本质上依然是一部爱情电影。 虽说剧情设置有很多突兀之处，但张国荣恰到好处的表演，却让观众一直深陷其中。

这部电影的特殊之处，还在于它是张国荣生前最后一部作品。 很多人认为，正是拍这部影片时，男主角入戏太深，从而患上抑郁症。 这种说法未免太不负责，也严重低估了张国荣的职业素养。 他入戏很快，出戏也很快，怎么可能走不出来？

2002 年，张国荣仅有这么一部院线电影上映，也没有接拍其他作品。 可这样一部心血之作，最终只收获了 325 万票房，连张国荣的基本片酬都不够。 20 年前，他第一部"担正"的影片《柠檬可乐》也在复活节上映，还拿下了 522 万。 20 年的风雨打拼，换来的竟然是这样的结果。

就在影片上映之后，张国荣的健康状况开始恶化，失眠、胃酸倒流等现象越来越严重。 笔者不好妄加猜测，但这两件事，恐怕真的不是纯粹的巧合。

此后，张国荣暂时不打算接新片，他的主要精力，放在了筹备自己执导的大银幕处女作上。

《日落巴黎》景美人靓，跨国三角恋令人反思

俗话说，不想当厨子的裁缝不是好司机。 那么问题来了：优秀的演员，一定要成为出色的导演吗？

答案显然是否定的。 全中国、全世界有太多才华横溢的演员，从来没有执导过任何作品，一辈子也压根没有动当导演的念头。 这显然不影响他们的伟大。

很多时候，并不是演而优则导，而是演而劣则导。 有些演员，正因为演艺生涯不够成功，外形存在硬伤或演技有天然短板，他们才审时度势，果断向导演职业转变。

1973 年，18 岁的周润发考进了 TVB 第 3 届艺员培训班，开始了自己的演艺生涯。 他的同学中，既有吴孟达和任达华这样日后的戏骨，又有一位特殊学员——林岭东。

相比周润发等人，林岭东外形不够出色，跑了一段时间龙套之后就转到幕后，为大导演王天林担任制片助理，最终自己也成为优秀的导演。 杜琪峰和关锦鹏则是第 4 届和第 5 届学员，也都早早转型成功了。

胡金铨、李修贤、尔冬升和曾志伟等人，都在演员时代取得了一定成就，但演技上多少都有短板，无法成为一线明星。 他们通过不断努力，都完成了从演员到导演的转变。

超级明星做导演的，在香港得属成龙和周星驰。

成龙是演员出身，自《师弟出马》打破香港纪录之后，有十多年自导自演。 但到了 90 年代，因为有了唐季礼等优秀导演的协助，他反而放弃了亲自执导。 但只要是他主演的电影，都会打上明显的龙式喜剧风格，导演很大程度上成为执行导演。

主持人出身的周星驰，则是一步一个脚印，从外围演员升级成了超一线明星。从1993年的《唐伯虎点秋香》开始，他已经成为事实上的导演。此后，周星驰拥有了自己的电影公司，更是出品人、监制、导演和主演一担挑。

而张国荣，却颇有点"起了个大早，赶了个晚集"的尴尬。

早在1982年，在接受媒体采访时，他就希望成为导演。

1989年的音乐片《日落巴黎》他深度参与，事实上可以看作张国荣作品。

1990年告别歌坛时，嘉禾曾邀请他执导并主演一部电影，但双方的合作最终并未达成。否则，这位巨星的导演梦，在90年代初就实现了。

在20世纪90年代早期和中期，张国荣作为"一成双周"之后最有票房号召力的超级明星，片约多得应对不过来，想专心做导演肯定不现实。不过，在一些作品中，他也会忙里偷闲，客串一把执行导演，向着全能电影人的方向发展。

1992年，在拍摄《霸王别姬》时，陈凯歌就视张国荣为副导演。

1995年，在《夜半歌声》中，张国荣担任了执行监制。

1996年，在《色情男女》剧组，张国荣担任了第二组导演。

1999年，在主演《流星语》时，张国荣担任了出品人。

与张国荣合作过两部《金枝玉叶》的陈可辛如是说："哥哥曾表示过想做导演的，但这些年来推却了很多机会，我想他是太完美主义了。如果能有机会和充足的时间，我相信他一定能成为一名很好的导演。我想，也许是我们的银幕太小，还有我们的心胸不够阔，去容纳像张国荣这样的一个人。"

不同于普通演员，张国荣还是华语歌坛的天王巨星，他出了多张专辑，当然也制作了很多MV。在拍摄中，张国荣的想法往往起主导作用。这对他导演能力的提升显然是个很好的锻炼，也因此受益匪浅。

敢于尝试，敢于突破，敢于与众不同。这在普遍不鼓励普通人冒尖的东方社会，往往被视为要遭痛打的"出头鸟"行为。 但已经有了很大话语权的张国荣，操作起来难度就小太多了。

1985 年，已经红得路人皆知的张国荣，向无线电视提出创意，拍摄一部用自己歌曲串联起来的音乐电影，这就是《惊情》。

张国荣主演的 40 多部电影均不是穿越题材，而《惊情》填补了这个空白，讲述的是歌星 Leslie 在别墅中发现了一件魔幻西装，穿上之后就会回到 30 年代的老上海，并邂逅了美丽可爱的少女小蝶（李丽珍饰）。 *Monica*、《一片痴》、《侬本多情》、H_2O、《蓝色忧郁》、《少女心事》、《柔情蜜意》、《只怕不再遇上》等歌曲，都巧妙地植入影片之中。

40 分钟的《惊情》，在 TVB 播出之后受到了热烈欢迎，也帮助张国荣进一步巩固了他在香港乐坛"一人之下，万人之上"的巨星地位。

到了 1989 年，张国荣已经是无人匹敌的王者。 在告别歌坛之前，他准备再次拍摄一部更加优秀的音乐电影，似乎是想为 10 年的乐坛打拼做个总结。

这年 3 月，《日落巴黎》剧组飞到巴黎。 影片的阵容相当豪华，男主角张国荣，女主角张曼玉和钟楚红。 他们三人在片中的角色，均为本人的英文名，这不失为省力又吸粉的办法。

值得一提的是，在上年年末的《流金岁月》中，钟楚红和张曼玉就饰演了一对"情敌"朱锁锁和蒋南孙。 这一次，两位女神要将她们的对撕现场，从香江校园拓展到花都夜店吗？

此时的张曼玉年仅 24 岁，钟楚红已过了 29 岁生日，但两人站在一起，还真分不清谁更年轻。

吴宇森担任了影片的导演兼顾问，还客串了 Maggie（张曼玉饰）的舅舅。

张国荣则全面参与到了编导工作中，有些戏份甚至就是自己拍摄的，但他并不想打上"张国荣作品"的标签，也不需要这样的名头来证明什么。《日落巴黎》最终播出时，导演为萧潮顺，编剧是许凯菱和梁国斌。

影片一开场，在女友 Maggie 的钢琴伴奏下，四位身段优美的女孩，正娴熟地排练舞蹈。 一会儿，Leslie（张国荣饰）过来了，他非常专业地指点四人的舞蹈技巧，英气逼人。 稍后，Leslie 就收到了一封录取通知书，他将赴巴黎深造三年。

所有人都替 Leslie 开心，但 Maggie 却相当失落。

在巴黎，Leslie 当然对女友念念不忘，有时间就给她写信，嘘寒问暖。 但一次偶然，却改变了他的人生轨迹。

在流浪画家聚集的小丘广场，Leslie 邂逅了一位与白人争抢位置的漂亮东方女孩，她的不俗气质，令他印象深刻。

这位名叫 Cherie（钟楚红饰）的姑娘，是巴黎无数无名画家中的一个。但她却有着惊人的美貌与浑然天成的气质，上天如此悉心地造就了她，肯定不希望她平凡一辈子。

品位相投的两人相见恨晚，聊得十分投机。 在巴黎这个充满浪漫气息的城市，彼此倾慕，也是非常自然的事情了。 他们同坐游船穿行于塞纳河，两岸的风光再美，在佳人面前也得黯然失色。 他们信步在巴黎圣母院前，将自己变成流动的风景。 他们在自由市场上选购水果，默契得如同青梅竹马的伴侣。

然而，两人都知道，彼此之间的感情不会有结果，于是双双选择发乎情止于礼。 某日，Leslie 在无意之中发现了 Cherie 所画的一厚沓自己的肖像，深受感动。

她送他回家，转身欲走，他的唇已经贴了上来，他的吻已经落了下来，她的人，也只能欲拒还迎……这段镜头之美，并不输于《杀之恋》。

早上醒来，看到幸福酣睡的她，Leslie 内心五味杂陈，都通过歌曲《烈火灯蛾》流露了出来。 对 Cherie 的感激，对自己的自责，对 Maggie 的愧疚，都在折磨着这个大男孩。

当他体贴地为 Cherie 买回早餐，推门进来，眼前的一幕却将他吓呆了：Maggie 变魔术似的变了出来，Cherie 可还在房子里啊。

Maggie 赶到巴黎看男友了。 两人同样出游，面对同样的巴黎美景，却完全没有心境。 女人的直觉告诉 Maggie，一切没有那么简单。 男人的责任提醒Leslie，必须做个决断。 一曲《情感的刺》，确实也非常符合他的心境。

Maggie 说起闺蜜结婚的事情，显然是想等他表态。 见他没有反应，只能鼓足勇气说："不如我们结婚吧。"大姑娘家要亲口说出这句话，当然是天大的没有面子的事情了。

可惜 Leslie 既不感激，也不惭愧，甚至也不领情，居然还铁青着脸拒绝："找来了巴黎后才发现，原来人可以有多种的生活方式，我现在暂时还没找到适合自己的那种。"说这话时，镜头并没有给他面部特写，对准的只是侧脸。当时，Leslie 都动了分手念头了，还结婚？

Maggie 的诧异、失落和不解写满脸上，看起来特别让人同情。

两人不欢而散，似乎谁也不愿让步。

但剧情突然又急转直下。 原来 Maggie 得了脑癌，只有几个月生命了。那 Maggie 这样做算不算自私呢？

Maggie 并没有告诉 Leslie，反而说给了情敌。

善良的 Cherie 劝 Leslie 早点和女友结婚。 但后者却很有主见，纵然背对着她，也能感觉到对 Cherie 的关爱："你只懂得为她着想，有没有为自己想过？"他猛地转头："你真的当我是普通朋友？"Cherie 怔住了："不是啊，我把你当作很好的朋友……"前面三个字才是真话。 换成是你，你会怎么做？

Leslie 一把揽住 Cherie，看着她的美目，一字一句，掷地有声："不要再欺骗自己了，好吗？"随后轻抚她的秀发。 瞬间就让 Cherie 完全失去抵抗。

随后，Leslie 马上跟 Maggie 提分手。 真霸气，真嚣张，真绝情！ Cherie心中虽说不免愧疚，但甜蜜是一定的。

Leslie 到底算不算渣男？ 如果说他辜负了 Maggie 算渣，那辜负了 Cherie，反倒成了模范男人了？ 男人选择更适合自己、与自己更有心灵默契的新伴侣，真的应该去浸猪笼？ 在这部置景优美、歌声悦耳的音乐电影中，张国荣却大胆地提出了一些很严肃的生活问题。

在 Maggie 症状发作时，Leslie 无比愧疚，决定和她结婚，也只能牺牲 Cherie 了。 但就在婚纱店，最关键的时刻，剧情又大反转，真相浮出了水面。

在《从零开始》的歌声中，忧郁的张国荣，似乎也真的要从零开始。

> Will you remember me　就算是不得已
> 如若爱我　盼你可以给我试一次
> 来日你我再度相见　仍是旧日动人笑面
> 给我炽热眼光一遍　一千遍
> 还望说声不变　不改变

影片最后以 Leslie 在埃菲尔铁塔下的孤独身影结束，开放式结局任由观众遐想。 这样一部 70 分钟的音乐电影，绝对不是 MV 全集，基本上讲述了一个完整的三角恋故事。 人靓歌美，画风清新，还能给我们以太多触动和反思。就连旭仔都不能简单地归类为渣男，何况 Leslie？ 只能说，缘分需要好好珍惜，真情需要认真维护。

其中，张国荣不光是主演和主唱，有吴宇森的指点，他还在剧情铺排、场景选择和构图打光上投入了很大精力，希望为将来独立执导院线电影打基础。即便告别了歌坛，片约依然多得让他不好应付，导演之旅只能一拖再拖。

到了 90 年代，张国荣实现了表演生涯的重大突破，对于电影流程更加了如指掌，随着年龄的增长，他对导演岗位的期望也越来越大。

1999 年的最后一天，不光可以迎来新世纪，还将迎来一个新的千年。 这么重要的时刻，找什么样的人"陪你倒数"呢？

《左右情缘》再续花都，年下恋能否进行到底？

1999 年 2 月 28 日，张国荣出席了东方影业在香港南华会举办的春茗会。在与黄百鸣等老友交流时，他透露了自己执导新片的打算："我希望自己终有一天能做导演。在我心目中，导演是整部电影的灵魂，我也希望自己做一个灵魂人物。"

这年 5 月，张国荣与滚石唱片合同期满，经慎重考虑，他选择与环球唱片签发行约。他有自己的音乐公司，唱片制作完全由自己把控。当然，这也是建立在自身强大影响力的基础上的。放眼整个华语流行乐坛，敢这么做的歌手寥寥无几。

此时，环球已经收购了宝丽金，张、谭二人兜兜转转这么多年，现在成了同门。很快，一部见证两人友谊的音乐电影出现了。

9 月，应无线电视台邀请，张国荣一行飞往巴黎，拍摄音乐电影《左右情缘》。他留学英伦 6 年，却对花都情有独钟。两部院线电影《偶然》《纵横四海》及音乐电影《日落巴黎》，大量戏份均在这座世界名城拍摄。

《左右情缘》的拍摄，显然是为了配合新专辑《陪你倒数》的发行。这部长达 70 分钟的音乐电影，其实只收录了 6 首新歌：《同道中人》《左右手》《春夏秋冬》《心跳呼吸正常》《小明星》和《陪你倒数》。而且，音乐不再是影片的核心，只有《同道中人》和《春夏秋冬》是完整演唱的，而其他 4 首，简直就如同院线电影中的配乐一样。

按照投资方的规定，《左右情缘》的职员表中，只能列出电视台工作人员名单。因此，在 TVB 上映时，这部影片无法打上"张国荣导演"的字样。 事实上，大家都知道，张国荣才是真正的监制、编剧和导演。

90 年代早中期的张国荣，处于电影表演的巅峰，多数一线女星与他都有过合作，错过的只有张敏和邱淑贞。

香港影坛阳盛阴衰，女星难以充分展示演技。 像邱淑贞这样能游刃有余地驾驭多种类型，显然不是很多。 李连杰多部大片，均由她出演女一号。 周润发打破香港华语片纪录的《赌神2》中，她一袭红裙、口叼纸牌的形象，可以说性感到了极致。 而《左右情缘》，则是她的息影之作。

就在当年春节，张柏芝和周星驰搭档，主演了星辉海外的《喜剧之王》并一鸣惊人，让全香港见识到了她的靓丽容貌与不俗演技。

1999 年 9 月下旬，张国荣一行飞往巴黎，拍摄《左右情缘》的法国外景。

开场的旁白，是张学友念出的："每个人都有一对手，左手和右手……"说了半天，无非是强调，人是愿意追求新鲜感的，对左右手的选择是这样，对待爱情可能也会这样。

《左右情缘》的剧情也不复杂，可以说是《日落巴黎》第二季，同样是一个在香港有女友的帅哥，来巴黎后，却与当地的美女画家有了感情，并导致两位女性产生冲突，自己也被迫做出抉择的故事。 但过程与结局，还是区别很大的。

这一次，张国荣饰演银行家 Sam。 女友 Carol（邱淑贞饰）经营一家画廊，原本要到巴黎约见画家陈建中，但因事务缠身无法出行。 Sam 遂替妻出行。 而 Carol 则委托人在巴黎的表妹 Jane（张柏芝饰）接待他。

Sam 刚到巴黎时，没有联系上 Jane，只能在市区闲逛。 这一次，张国荣没有特别中意地标建筑，而是深入到酒吧、超市、音像店之中，并将镜头对准普通的上班族、年轻情侣、老年夫妇。 让我们看到一个更有烟火气的花都。

香港这边，Carol 和好友打着麻将，参演者是吴君如、李蕙敏和曾志伟。

第一次出镜的 Jane，穿着一身偏中性的制服套装，梳着马尾辫，根本就没有化妆，却依然青春无敌。

过了几天，在小丘广场，Sam 为 Jane 看摊时，居然顺手为一位女性的父亲画了肖像，展现出了良好的艺术修养，这令 Jane 大为吃惊。 在她眼中，银行家都是唯利是图、不学无术，哪里想到，他还有这么两下子！

两人一起去找陈建中，没想到人家要一个星期之后才回来。 没办法，Sam 只能留在巴黎等候，从而也就有了更多与 Jane 相处的机会。

这简直是老天有意成就的缘分。 张国荣与张柏芝都姓张，都属猴，年龄相差 24 岁，在过去那是标准的一代人差距，但两人演情侣，一点不违和。

33 岁的张国荣帅气干练，43 岁的他，更多了一分成熟与自信，但跟油腻大叔完全沾不上边。 因此，少女对他由起初的不屑，到之后的佩服，再到最终的情不自已，还是非常符合逻辑的。

伴随着深情舒缓的《春夏秋冬》，他们一起开着跑车兜风，一起在古堡外骑着单车，一起坐着游艇远行，他们肩并肩坐在草地上，又用拍立得记录下快乐瞬间。 他只当是姐夫和表妹的亲密相处，她的心中却有了更多想法。

《日落巴黎》中，Cherie 曾为 Leslie 画下一大沓素描，令他非常感动。 这一次，Jane 也悉心为他画下了一幅画。 提醒着我们一定会发生什么。

高潮戏份里，看得更是让人脸红心跳。 Sam 躲进图书馆，靠在书架上纠结。 Jane 却赶了过来，就着前边的问题"那你会不会一段时间钟情两个人呢"，毫不客气地摊牌："你还没回答我！"

Sam 紧张得声音都颤了："你做什么啊？"

"你心跳都快了……我也是。"然后，他的脸上，就留下了来巴黎之后的初吻。 作为男人，你好意思发火吗？

此后的交叉剪辑，更展现了张国荣的导演功力。

朦胧的镜头下，Jane 把 Sam 挤到墙角。 此时 Carol 终于不打麻将，改打越洋长途了，当然也不可能打通。

这段戏份营造出的氛围，已经完全不输院线电影了。 有人说，张国荣是华语电影的"情欲戏之王"，这当然不是讽刺，而是真心赞许。

"不好……对不起。"他还不至于落荒而逃，只是强装镇定地离开。 但眼神里依然有愧疚。 是因之前自己的行为，令妹子有了误会吗？

Jane 还算理性，虽说被他拒绝很没面子，但还是帮他联系到了陈建中，完成了使命。 Sam 当然要感激，但万万没想到的是——三星期之后，Jane 居然杀到了香港。 她送给 Carol 一个日记本，让表姐交给 Sam。

她约 Sam 出来，送他一条名贵领带，还要他陪自己在香港游玩。

在朋友提醒下，Carol 打电话问 Jane 动向，她果然在说谎。

伴随着急促的配乐，张国荣使用了一个长镜头。 怒不可遏的 Carol 穿过一道道门，来到卧室，拉开床头柜，取出日记本。

日记本上，画的全是 Jane 和 Sam 的各种甜蜜相伴，亲密无间。 愤怒之下，她一边哭，一边费力地去撕画本。 邱淑贞将一个受伤女人的绝望、无助与心酸，演绎得极其精彩。 但张国荣的导演功力同样过关。

Carol 和 Jane 的决裂，至少还保持着表面礼貌。 对 Sam 可就不用客套了，甚至直接抽了他两个耳光。 伴随着《左右手》，是 Carol 的各种悲伤，Sam 的各种惆怅。 梅艳芳还出场亮相了 3 秒钟，出演他的邻居。

但到了最后，《陪你倒数》歌声响起，Sam 终于做出了自己的选择。 其实，无论他怎么选，都要伤害其中一人；但谁都不选，好像更没有担当。 但相比 10 年前的"冲动"，这一次男一号却回归了"理性"。

10 月 8 日，TVB 为《左右情缘》举办了盛大的首映礼。 10 日影片正式播出后，可谓好评如潮。 有媒体评论说："故事有头有尾，结构扎实，剧情能引起共鸣，并有一定戏剧性，算是近年音乐特辑中最有'追看力'的一出。"

13 日，张国荣的全新大碟《陪你倒数》震撼上市，十来天便成为白金唱片。《左右情缘》的拉动作用相当明显，而张国荣展现出来的作品把控能力虽说无人赞扬，但他自己肯定相当高兴。

第二年，他就有了真正的导演作品。

《烟飞烟灭》全程把控，见证第一个宝宝诞生

在世纪交替之际，张国荣的影坛成绩差强人意，歌坛表现却极其成功。 1 月 21 日，在红馆举行的香港电台十大中文金曲颁奖典礼上，张国荣从陈宝珠手中领到了代表乐坛最高荣誉的金针奖并做压轴演出。 上一届的这个大奖，颁给了他的好友梅艳芳。

3 月 2 日，张国荣"老夫聊发少年狂"，在香港会展中心举办了一场现场音乐会。 就这么一场，恕不加唱。 这种无伴舞、乐队现场伴奏的演唱会，特别考验歌手实力，而张国荣现场表演非常成功，让有幸进场的观众，如同过节一般从头兴奋到尾。

7 月 1 日，环球唱片发行了包括 12 首歌曲的《大热》专辑。这名字真没有白叫，唱片发行之后在香港引发了抢购热潮，长期高居乐迷抢购榜榜首，让四大天王的粉丝非常眼红。

7 月 31 日，张国荣开启了他生平最后一次，也可能是最重要的红馆"热·情"演唱会。

这一次，他请来了让·保罗·高缇耶做服装设计，整体台风前卫大胆，让喜爱他的歌迷为之疯狂，也让原本就看不惯的人更加闹心。 其中最为经典的，莫过于结束前穿着白色睡衣，用普通话演唱《我》了。

这首歌，既唱出了他的心声，更成为无数人的最爱。

I Am What I Am
我永远都爱这样的我
快乐是　快乐的方式不止一种

最荣幸是　谁都是造物者的光荣

不用闪躲　为我喜欢的生活而活

不用粉墨　就站在光明的角落

我就是我　是颜色不一样的烟火

天空海阔　要做最坚强的泡沫

我喜欢我　让蔷薇开出一种结果

孤独的沙漠里　一样盛放的赤裸裸

这一年，他还实现了另一项突破，为 TVB 执导了一部电视电影。

有些人认为，抽烟是慢性自杀。

另一些人觉得，抽烟是耍帅扮酷。

在更多人眼中，抽烟是社交应酬的需要。

许多观众表示，哥哥抽起烟来真叫一个帅。 在《阿飞正传》《霸王别姬》和《春光乍泄》等影片中，那些帅爆了的抽烟镜头，显然对助力影片成为经典做出了贡献。 如果不是怕带坏小朋友，笔者都想剪个专辑出来。

在现实生活中，他经常也是烟不离手，只抽"白万"（万宝路）。

对歌星来说，抽烟肯定多少影响嗓子，而且抽烟必然影响健康。 到了 40岁的时候，张国荣终于痛定思痛，开始戒烟。

新千年伊始，香港电台第二台、香港吸烟与健康委员会找到张国荣，希望由他来主演一部反吸烟的公益电影。 对于这类事情，张国荣从不打折扣，爽快地答应了，还决定亲自执导。 9 月 15 日，《烟飞烟灭》正式开拍。

虽说只是一部短片，但因为是张国荣执导的第一部作品，一向严谨的他，似乎有点"认真过头了"。 其本人担任编剧和导演，张之亮出任监制，为他保驾护航。 而 4 位主演，则是张国荣、梅艳芳、莫文蔚和王力宏，这完全是用院线大片的配置来拍一部短片，生动诠释了什么叫"降维打击"嘛。

影片中随便出现的配角，可能都是大咖。陈冠希和容祖儿出演女主角公司的艺人，毛舜筠和梁咏琪扮演医生，谷德昭演神父。

在片中，Lawrence（张国荣饰）和 Gladys（梅艳芳饰）是一对混迹娱乐圈的恩爱夫妻。老公是业内著名的摄影师，拥有专业影楼，合作的都是知名艺人；老婆则是干练的艺人总监，极有威望。夫妻俩珠联璧合，相互帮衬。

在过去的 4 部院线电影中，张国荣与梅艳芳的角色，都是有缘无分，无法结为伴侣。这一次，他俩终于在片中当上了夫妻，还有了爱的结晶 Chris（叶靖岚饰）。

不过，两人都因工作繁忙，无法像普通人一样陪伴儿子。他俩有一个共同爱好——抽烟。正所谓开心时抽，郁闷时也抽，上班时抽，回家后也抽。还经常一起喷云吐雾，缓解工作压力。

Chris 突然病倒，被迫住院治疗。儿子的恶疾居然由父母亲的生活习惯间接造成，这实在令他俩极度自责，也令观众深感震惊与失落。而且，Chris 的病情越来越糟……

影片一开场，就是一个大特写。半张脸出现在银幕中，怡然自得地喷云吐雾。镜头拉远，原来正是 Gladys。她先是叫来一个男艺人（陈冠希饰），为他描绘了光明前程，令这个小青年连连点头称是。接着，她又叫来一个女艺人（容祖儿饰），毫不客气地训了一顿。寥寥几个镜头，就将这位总监的专业、权威与强势诠释得活灵活现，当然也将她嗜烟如命的习惯揭示了出来。

镜头一转，展现的是 Lawrence 的日常工作，他在为一位名模（琦琦饰）拍照。琦琦的一身黑色西装非常酷，但手中的雪茄，显然很有深意，明显还是提醒观众，吸烟有害健康。影片中的张国荣，刻意留起络腮胡子，隐藏起颜值，让自己的形象接近一个普通的中年大叔。

两位主角的表演无可挑剔，而张国荣对摄影、打光和配乐的考究，作为一

D ►

名新人导演，也确实做得相当不错。另外，还有对年轻情侣的设置，作为男女主角那对夫妻的对比存在。

夫妻俩对孩子的关爱是没说的。在为 Chris 搔背时，Lawrence 看到了瘀青，立即找保姆来确认；他们挤时间带孩子出游，但少不了当着孩子的面抽烟。

终于，Chris 被确诊为血癌。这当然不是因二手烟导致的，但父母长期吸烟，确实在一定程度上诱发了孩子的病变，怎能不令他们深深自责、无比懊悔呢？

他们想为 Chris 做骨髓移植，但血型不匹配。在拍摄 Lawrence 抽血的戏份中，为了追求真实，张国荣居然真的抽了自己一管血。在儿子化疗之后，夫妻俩穿着防护服守在病床边，为他讲故事。

终于，到了 Chris 生命垂危之时。抢救过程的开始，张国荣使用了手提镜头，将形势的危急充分诠释了出来。随后，就是夫妻俩在玻璃窗外无比焦急地守候。随着 Gladys 昏倒在地，急救也以失败告终了。张国荣伏在外甥肩上痛哭的镜头，将一位父亲的失落、自责与忏悔，表现得令人动容。

孩子下葬的时候，伴随着低沉的音乐，小棺材缓缓放下，Lawrence 夫妇默默地撒下一抔土，做最后的告别，这个仰拍镜头用得特别得体，烘托现场的悲凉气氛。伴随着张国荣亲自演唱的主题歌《没有烟，只有花》，正片也就至此结束。接下来，是几位明星谈吸烟的体会。

张国荣和梅艳芳都没有结过婚，却要出演小孩子的父母，当然是对演技的挑战。这么多年来，很多观众期望他们能在大银幕上演夫妻，但《烟飞烟灭》却成了绝唱。

这样一部短片中，不难看出一些积极因素，以及张国荣能成为一名优秀电影导演的潜质。

首先，是他掌控全局的专业。

在张国荣的精心安排之下，《烟飞烟灭》的拍摄工作井井有条。他不会搞无剧本拍摄，更不会朝令夕改，反复折腾演员。影片用 5 天时间就拍摄完成了。每天拍 6 场戏，12 小时，准时开工收工，不给演员的生活造成困扰。

但最辛苦的，始终是作为导演的他。每天收工后，张国荣都会赶到次日拍摄场地进行勘察，确定拍摄程序与机位摆放，不至于让演员枯坐傻等，浪费时间。

拍片期间，老朋友梅艳芳"一如既往"地天天迟到，还说自己是肚子疼。张国荣当然得调整拍摄任务来迁就她，还开玩笑说："你再说肚子疼，我就送你两盒花塔糖吃。"梅艳芳当然也不生气，还是很好地完成了戏份。

担任监制的张之亮，事实上变得非常清闲。他后来回忆道："他（张国荣）绝对是个好导演，由现场摆机位，到控制演员演戏，都驾轻就熟。起先我希望帮助他，跟他讨论分镜拍摄的工作，结果他轻易搞定，慢慢地我觉得，让他知道我在就足够了，实际的拍摄工作，全由他打理。"所谓一笔写不出两个张字，张之亮这番话未必没有客套成分，但大体上也是符合事实的。

老搭档黄百鸣则说："《烟飞烟灭》很好。如果他有机会当导演，一定是个很成功的导演。他可以给其他人信心。很多人在现场看到他都是很尊重他的，听他的。尽管这是个短片，但已可以看出导演的技巧，画面都是很有水平的。……再合作一定让他当导演。只当导演也好，既当导演又演也好。"

可惜，黄、张这对黄金搭档自《九星报喜》之后再无合作。

张国荣 5 天能拍完一部 40 分钟短片，那两个月完成一部院线电影，显然也不是多大问题。在运镜处理上，他做得比较克制，并没有用快速剪辑或偷格加印等来炫技，作为一部公益短片，其实也用不着。

其次，是他在香港演艺圈的动员能力。

《烟飞烟灭》是公益短片，演员都是无片酬的。但很多明星都欣然参演，并将与张国荣合作看成是自己的荣幸。他们之中，既有梅艳芳、毛舜筠这样的老戏骨，又有梁咏琪、莫文蔚这样的大忙人，还有一些当时的未来之星。显然，张国荣如果要筹备一部院线电影，希望加盟的明星也会络绎不绝。

9月26日，香港电台在尖沙咀海运中心举办了盛大的首映礼，到场嘉宾也是星光熠熠，体现出对这部短片的重视。张国荣更是自陈，这是他的"第一个baby（宝宝）"。显然，如果他投拍首部剧情长片时，也肯定不用担心得不到媒体关注。

《烟飞烟灭》播出之后，收到了不错的反响，令更多人意识到了抽烟的危害。当然，笔者个人认为，作为一部公益短片，结局真的不必要设计得这么有悲剧色彩，甚至有了"恐吓"市民的嫌疑。其实，改成孩子经过好心人的骨髓移植而痊愈，一家人开开心心去参加年轻一代的婚礼，不也相当正能量，可能也更加温馨吗？

对于张国荣来说，《烟飞烟灭》只是小试牛刀，他有着更高的追求。

在生命中的最后两年，他把最主要的精力都放在了一部院线电影的筹备上。

对这部作品，他可以说是倾尽所有。

《偷心》未完成，留下太多遗憾

组建一个高效团队，拍摄一部雅俗共赏的优秀电影，在票房与口碑两方面都经得住考验，一直是张国荣努力的目标。

45 岁的他，依然有着 35 岁一般的精致容颜。但必须说，没有人能真正抵挡住岁月的摧残。

退居幕后，充当导演和监制，当然可以延长艺术生命。为了实现导演梦想，张国荣与唐鹤德合办了影音制作公司 Dream League（梦想联盟）。

香港影市日趋滑坡，张国荣敏锐地意识到华语片的未来在内地，在 12 亿观众那里。品质一般的《红色恋人》，居然是 1998 年内地票房第三，这怎能不给他带来信心与希望？

他构思的处女作，讲述的是一个发生在沿海城市青岛的故事。

两男一女的爱情，是很多商业电影都使用过的套路。张国荣主演的《纵横四海》《新上海滩》《红色恋人》，谭咏麟的《双城故事》等，都是这种格局。

按照张国荣的设想，故事发生在 20 世纪四五十年代。女主角是一位气质脱俗的大家闺秀，母亲则严厉且守旧。楼上搬来了一位年轻钢琴家，举手投足之间，都流露出令花季少女无法抗拒的魅力。她被他吸引，两人迅速坠入爱河，如胶似漆……母亲却坚决反对，要姑娘嫁给古板的表哥，而她的心上人，却突然没有了踪迹……

不难看出，这个男主角，有着年轻时期张国荣一些角色的影子，而木讷的表哥，似乎又符合刘青云的气质。故事能否特别抓人，关键在于怎么拍。 一不小心，别人就会拿来与《阿飞正传》相比。

但是，万事开头难，有了一才有二。 这部电影如果能顺利拍摄、成功上映的话，对张国荣人生的后半程，将会起到非常积极的促进作用。

为了防止剧情泄露，他对外只称为"L作品"。 2002年1月，张国荣拜访了《新龙门客栈》《烟雨红船》的编剧何冀平，讲述了自己的大体构思，希望她能为影片创作一个剧本。

何冀平后来回忆道："……他说，何老师，'故事'是你，'剧本'也是你。 我心里猛然一热。 做了这么多年编剧，还真从来没有遇到过这样一个'往出让'的导演。 我说：'故事'是你的啊。"

不计较名利，只关心结果。 这正是张国荣一直以来坚守的习惯。 这种做法会让他赢得不少尊敬，也会带来更多的麻烦。 这种大度会让他结交更多的朋友，也会受到更多的算计。

凭借自己在电影圈积累的人脉，张国荣很快确定了一个堪称"顶配"的幕后团队人选。 美术指导区丁平，剪接张叔平，服装指导和田惠美，配乐迈克尔·加拉佐，摄影指导李宾屏。 上述每一个名字，都在亚洲电影史上留下过精彩记录。 而他们每一个人，都被张国荣的人格魅力与工作效率深深吸引，愿意加入到剧组中来。

因为影片是个内地故事，张国荣希望男女主角都不用香港明星。 2002年1月，他再度飞抵北京，邀请宁静出演女一号。 对于能与张国荣再度合作，这位大美女当然求之不得，对他的专业素养，自然也是非常信得过。 因此，宁静根本不计较片酬，义无反顾地加入进来。 她还介绍张国荣与姜文认识。 两人也商谈了合作的可行性。

张国荣心仪的男主角，是主演《蓝宇》的胡军及资深演员陈道明。 胡军很快就答应下来了，但陈道明表示，要看到剧本才能确定。 因此，张国荣团队也加快了剧本创作过程。 搞无剧本拍摄？ 那根本不可能。

2月，在接受日本 *Pop Asia*（《流行亚洲》）杂志专访时，张国荣侃侃而谈：

为什么我想成为一个导演？因为演员可以感受别人的命运，但导演决定他们的命运。所以我想尝试对方的角色。导演决定有关电影的一切事情。如果这部电影得到好评或是获得奖项，导演是最开心的。

导演对一部戏和他的工作人员负全责。其实拍一部电影并不只是为了开心那么简单。作为一个导演，我希望我的工作人员享受工作。我希望所有的工作人员从这部戏中得到满足，并且我们的工作能成为一段美好的回忆。

对于我来说，如果观众感到快乐，并且珍视这个作品，我就会感受到最大的快乐。所以我想做导演。

在电影方面，我把这部戏当作唯一的机会，不要提下一部会怎么样，那只是借口。我们必须全心投入这次的工作。

好的导演应该向演员和工作人员解释清楚故事的来龙去脉。一个好的导演同时也是一个故事家。如果演员或是工作人员不认可这个故事，我们就没法合作。如果有关的人说"还有一些问题"，我不会开拍。因为观众也会看出同样的问题。

但请不要说张国荣要拍一部艺术片云云。我知道我的电影可能是部商业片。根据我的经验，我觉得即使是商业片也应该有艺术性。我希望商业与艺术并重。所以我不说我要拍艺术片。如果一个导演这么讲的话，我觉得他不能算是一个伟大的导演。

当然我对自己的第一部作品有很高期望。故事讲得很清晰，很容易理解。我会通过画面表达我的思想。我想把我内心的感情和故事表述给观众。

总之，我想告诉你，我不同于其他导演。我按我的方式行事。也就是说，我会把我自己奉献给新片。我知道自己会被与其他导演相比较，但这是一部百分之百的张国荣电影。我尽全力去拍一部好戏。

2002 年 3 月 8 日，某家港媒泄露了《偷心》的工作进展和剧情概要，甚至提及了要到青岛选景的事情。张国荣获悉后非常不满，果断推翻了之前的工作计划。

此后，他亲临青岛考察采风，发现这里已经不适合拍摄，不得不推翻剧本，重新改写。

显然，这必定是某些工作环节出现了纰漏。张国荣一直将《偷心》当成自己的第一个孩子，未能顺利拍摄，其心情可想而知。

3 月下旬，张国荣被确诊为抑郁症。

这部电影，承载了他太多希望、太多理想、太多情怀，这样的结果，他怎能甘心。

3 月 25 日，张国荣出席张艾嘉《想飞》的首映式。自 1985 年的《求爱反斗星》之后，两人再无合作。这一次，张艾嘉公开表示，即将开拍的《20 30 40》中，将由哥哥执导自己出演的"40"部分。显然，她对张国荣的导演水平很有信心。

在香港电影几乎一蹶不振时，暑期档周星驰的《少林足球》用 6074 万的惊人票房，为所有从业者带来了信心与希望。

2002 年 4 月 21 日，第 21 届金像奖颁奖礼在香港文化中心大剧院举行。张国荣上年没有新片上映，但组委会怎能不邀请他出席？还一定要他担任颁奖嘉宾。

张国荣和张敏仪颁发的，是大会新设立的"杰出青年导演奖"，要求得主年龄不超过 40 岁。 当时的张国荣，应该是"强打精神"。 一心想当导演的他还打趣说，自己是没机会拿这个奖了。 而周星驰在 6 月就即将年满 40 岁，媒体猜测这是评委会给他的"安慰奖"或"封口费"。 毕竟两部文艺片《男人四十》和《蓝宇》才像种子选手的模样。

但之后的颁奖过程，却出乎了所有人的意料。《少林足球》愣是拿下了 7 项大奖，成为当晚最大赢家。 许鞍华的《男人四十》只拿到 3 个奖项。 除林嘉欣外，只有岸西获得最佳编剧，提名影帝影后的张学友与梅艳芳也双双落败。 上年获得 4 项金马奖的《蓝宇》，更是被"剃了个光头"。

之前从影 13 年，在金像奖进账为零的周星驰，当晚却承包了最佳电影、最佳导演和最佳男主角 3 个最重要奖项，《少林足球》则成为自《英雄本色》之后，第二部拿下最佳电影的上年票房冠军。

10 年前，与张国荣一同主演《家有喜事》时，周星驰还只是个演员。 10 年后，他已经完成了前者一直想做却未能做到的事情。 在《少林足球》剧组，周星驰集出品人、监制、编剧、导演和男一号于一身。 放眼全香港甚至全球影坛，能够这么做还做得这么好的，显然并不是太多。

张国荣是个好强的人，周星驰的优异表现自然能激励他在执导之路上加快步伐。 但谁也没有想到的是，这居然是张国荣最后一次出席金像奖颁奖礼。

5 月 1 日，张国荣出现在了老朋友徐枫家中。《风月》票房惨淡，那之后，他们已 6 年再无合作，李碧华非常希望促成将《我家的女人》搬上大银幕的合作事宜，她打算亲自做编剧，张国荣执导，徐枫承诺汤臣会出资，张国荣则倾向于由张柏芝出演女一号。 而男主角显然不能由自己再演，得换 80 后了。

当晚，两位女性很快看出，张国荣的健康有问题。 按李碧华的说法，徐枫是抑郁症的祖宗。 当时张国荣的身体状况已相当不乐观，严重失眠，胃酸倒流，甚至出现幻觉。

因为病情恶化，张国荣不得不停止了专辑 Crossover（《跨界》）的录制。

但到了 7 月 20 日，环球还是发行了这张只有 5 首歌的唱片。 不过让人欣慰的是，7 月 29 日，鲍德熹执导、杨紫琼主演的《天脉传奇》在香港举行首映礼，张国荣应邀参加，当晚的他谈笑风生，已经看不出多少被病痛折磨的痕迹。

10 月 16 日，第 39 届金马奖公布入围名单。 张国荣以《异度空间》第五次入选最佳男主角，被认为是影帝的大热门。 但就在这月，《偷心》的内地合作方负责人，却因经济问题被捕。 这个项目只能无限期搁置了。 这对张国荣的打击，可以说非常严重。

11 月，张国荣病情加重，试图服用安眠药自杀，幸好被及时发现，抢救了过来。 这种情况下，他只能缺席金马颁奖礼。

11 月 16 日，该届金马奖在高雄市中正文化中心举行颁奖典礼。 出乎很多人意料的是，最佳男主角颁给了主演《三更之回家》的黎明。 他因此成为"四大天王"中的首个金马奖影帝。

从 1991 年开始，张国荣以《阿飞正传》《风月》《春光乍泄》《枪王》和《异度空间》五次提名金马奖最佳男主角，均以失利告终，被认为是金马奖的最大遗憾。 他多次飞抵台湾担任颁奖嘉宾，却只领过一次奖，就是 1993 年以《红颜白发》获得最佳电影歌曲。 此后他又以《夜半歌声》《有心人》两获提名，但均落选。

转眼，时间来到了 2003 年。

1 月 17 日，第 25 届中文金曲颁奖礼在红馆举行。 因为正值 25 周年，评委会特别颁发了"金曲银禧荣誉大奖"。 郑少秋、梅艳芳、叶倩文、刘德华、谭咏麟、Beyond 和张国荣均受邀出席，并领取了奖杯。

当晚的张国荣一身黑色西装，神采飞扬，完全没有被病痛折磨的迹象。 最后，所有获奖歌手一齐高唱彰显香港人努力奋斗、团结拼搏精神的《狮子山下》，气氛相当温馨。

这年春节是 2 月 1 日。 春节档上映的有郑伊健的《千机变》、梁朝伟的《行运超人》和古天乐的《百年好合》等影片，都反响一般。 成、周、张"三国杀"已经成过去式。 无数香港观众也期待，在大银幕上再度看到张国荣的身影。

3 月 20 日，香港媒体最后一次拍下了张国荣生前的镜头，他和唐鹤德一起去看《钢琴家》。

3 月 26 日，张国荣和沈殿霞相约在半岛酒店喝下午茶，看到他不太开心，肥姐还语重心长地劝慰了一番。

3 月 31 日，张国荣约陈洁灵等人在家打麻将，当晚他赢了 1 万多，心情应该不差。

张国荣即使再怎么被病痛折磨，给人的印象还是非常精神阳光的。 谁又能想到，就在第二天，发生了那样的事情呢？

4 月 1 日，愚人节。

傍晚 6 点 43 分，张国荣从文华东方酒店 24 楼健身中心天台一跃而下，随后被送往香港玛丽医院。

当晚 7 时 06 分，医院宣布抢救无效。 一代巨星，就这样告别了人间。

当时，移动互联网还处于雏形，手机的主要功能还是打电话，信息的传播远不如今天这般方便。 因此，当张国荣自杀的消息传出时，很多人的本能反应，必然是：哪个无聊的网站，又编新闻骗流量了？

但最终，这个噩耗被证实，令无数人心碎不已。

4 月 6 日，在"非典"病毒的肆虐和全港哀悼张国荣的忧伤氛围中，第 22 届金像奖颁奖礼如期举办，现场观众和嘉宾大都戴着口罩出席。

现场主持曾志伟过往都以搞笑形象示人，此次却罕见地严肃，更是泣不成声，他表达了对张国荣的深切思念。 随后，成军 10 年的"四大天王"罕见地集体亮相，清唱了《英雄本色》主题歌《当年情》。

张国荣已不在人间，但还入围了最佳男主角的五人名单，与《无间道》的双男主角梁朝伟、刘德华，上年金马奖影帝黎明，以及主演《双瞳》的梁家辉并列。

无数荣迷翘首期盼张国荣12年后再拿影帝，作为对逝者的最好纪念。可颁奖结果无疑令他们更不开心。梁朝伟凭借《无间道》陈永仁一角胜出。

而张国荣从1983年开始，先后以《烈火青春》《英雄本色Ⅱ》《胭脂扣》《阿飞正传》《金枝玉叶》《色情男女》《春光乍泄》《异度空间》8次入选最佳男主角，仅在1991年以《阿飞正传》中的旭仔一角胜出，还没有到场领奖。

4月8日，数万名伤心欲绝的粉丝聚集在香港殡仪馆外，只为能看偶像最后一眼。徐克、周润发、周华健和王菲等众多明星也不约而同地前来送别。

张国荣的遗书，全文是这样的：

> Depression，多谢各位朋友，多谢麦列菲菲教授。这一年很辛苦，不能再忍受。多谢唐先生，多谢家人，多谢肥姐。我一生未做坏事，为何这样？

Depression可以译为沮丧、消沉，也可以译为"抑郁症"。到底哪个更准确？当事人已经不在了，我们也得不到标准答案。但无数的荣迷坚信，哥哥这样坚强乐观、心有阳光的人，不会因为事业遇到瓶颈、心情沮丧就选择撒手人寰，情变更是无稽之谈。显然，过于严重的生理性抑郁症，令他实在坚持不下去了。

这也是张国荣大姐张绿萍在媒体前一再强调的。

张国荣心心念念执导的首部电影，最终还是未能完成。他此生最大的遗憾，想必是没有一部自己导演的院线作品。

如果有一天，《偷心》可以成功拍摄，必定是对亡灵的最大慰藉。

后记

做不了张国荣，
也要做最好的自己

2003 年的 4 月 1 日，是我永远无法忘记的日子。

谁都知道这一天是愚人节，当天，我坐在从武汉开往西安的火车里。

就在那几天，非典型性肺炎在内地大面积暴发的消息也传开了。不过当时我清楚地记得，车上还基本上没有采取什么隔离措施，没有强制戴口罩。

晚上 8 点多时，一则消息在车厢内不胫而走，如同平地里的一声惊雷。

很多人不愿相信，第一反应是媒体恶搞。

很多人不置可否，只是继续忙自己的事。

很多人不能接受，感慨命运实在无常。

张国荣跳楼自杀了！

但之后传来的更多消息，证实了事件的真实性。这位天王巨星，真的就那样一跃而下，告别人间了，离他 47 岁生日，只有 5 个多月。离第 22 届金像奖颁奖礼，只有一个星期。

这个年龄其实一点也不老。只要张国荣愿意，他至少还可以再演20 年电影，创造更多经典角色。他还可将事业重心放在幕后，成为一名优秀的出品人、监制和导演。可惜，一切都不能继续了。

　　别看张国荣是天王巨星，他也有自己的苦恼。

　　30 岁之前，他长期生活在陈百强和谭咏麟的阴影之下。

　　自《英雄本色》之后，他主演的电影，没有拿过一次香港年度冠军。

　　他想做《倩女幽魂》音乐剧，却一直不能如愿。

　　他 26 岁时就想做导演，到去世之时，还没有一部自导的长片可以在影院上映。

　　他 8 次金像奖最佳男主角提名，只获胜了 1 次；5 次金马奖影帝提名，全部落败。

　　我们只能看到无数粉丝的狂热追捧，却无法明白他不被人真正理解的寂寞；

　　我们只能看到他盛名之下的举重若轻，却不清楚他多年以来被狗仔队骚扰的不胜烦心；

　　我们只能看到他表面的光鲜，却难以明白他在背后付出的心血；

　　我们只能看到无数同行对他的赞誉，却不太知道他如何帮助他人、提携后辈。

这样一个巨星，值得认真研究，用心书写；

这样一位传奇人物，值得反复讴歌，永远怀念。

比我们优秀的人总是比我们还勤奋，这是很正常的现象。普通人的付出，以失败和失望告终，也是常有之事。残酷的现实，是否注定了我们就一定要"躺平"？恐怕不是。

张国荣也曾有过长期的挫折与彷徨，他的逆袭，当然也绝对是小概率事件，就像那些奥运冠军一样。但如果没有改变命运的野心，他只能任由命运摆布和摧残。无论怎样，既没有人脉又没有天赋的普通人，唯有在自己最擅长的领域努力不辍，痛下苦功，才有创造奇迹、咸鱼翻身的可能。这正是张国荣带给我们的启示。

至于花多大精力拓展人脉，则是个见仁见智的问题。"你若盛开，清风自来"没有错，但更为开放的心胸和更加主动的姿态，当然也是有必要的。

2003年秋天，当"非典"终于告一段落时，很多人信誓旦旦地宣布，这辈子不会有第二次再长时间戴口罩了，当然，也别指望这辈子能戴着口罩接吻，寻找别样浪漫了。

然而，2020年伊始，大家都知道发生了什么。这一次，我们戴口罩的时间更长，对生活的影响更大。迟迟摘不了的口罩，迟迟灭不了的疫情，还有迟迟无法完全恢复正常的电影市场，让我更加怀念张国荣。

这一年，在写了10年影评，出版了10余本书之后，我终于萌生了为张国荣做传的想法。对我这样的"直男"来说，显然属于"走出舒适区"。

张国荣主演过的所有影片我都看过多遍。但回想起来，留给我最深印象的，是在中国人民大学读书时，在800人大教室看的那十几场电影。

把中国最好的文科大学当成了录像厅，既是我的"任性"，又是我的宿命。但如果没有那段经历，我很可能就无法成为影评人，更不会有这本书的出炉。

我不太相信"一切都是最好的安排"，但也不会认为自己最为不幸。

笔者并非张国荣粉丝，也不好意思称其为"哥哥"，但就对他的尊重与怀念而言，我和每一位真正的荣迷也差不了太多。我欣赏他的表演才华与演唱功力，理解他的价值取向与性观念，钦佩他的人格魅力与处世态度，更希望能像他一样努力上进，让生命中多一些精彩，少几分遗憾。

做不了张国荣，也要做最好的你自己。这句话与各位读者共勉。

2023 年，是张国荣去世 20 周年。同时，还是他最重要代表作《霸王别姬》、贺岁喜剧《花田喜事》《东成西就》、古装武侠《白发魔女传》上映 30 周年，这些影片成为永恒经典，在各大视频平台有着极高播放率。

张国荣塑造的角色会不断被提起，被缅怀，被模仿。我也希望用一本电影传记，作为送给广大荣迷的礼物，与更多朋友交流沟通，以纪念永远逝去的香港电影黄金时代，也缅怀永远失去的本人的青春年华。

26 万字的原稿，我差不多用了一整年才最终完成。这是我 10 年写作生涯中，写得最艰难、最痛苦的一本书，甚至有"入戏太深"的趋势。但张国荣的电影带给我的那些欢乐和感动、警醒与思考，激励我一直坚持下来，坚持到了作品的出版。

本想在 2022 年春节出版上市，但因为疫情和其他意外推迟到了 2023 年 3 月，但总算赶上了张国荣的"4·1"纪念日。这可能也是"最好的安排"吧。

有荣迷曾这样形容张国荣：与他的才华相比，他的容貌不值一提；

与他的人品相比，他的才华不值一提。我肯定是认同这句话的。但我也知道，过于强调张国荣的人品，其实没太大必要，甚至违背他的本心。助人为快乐之本，肯定不应追求回报的。

因此，本书集中对张国荣电影生涯的描述分析，对他帮衬同行、提携后辈的事情涉及较少，特此申明，也请读者理解。

本书能够顺利付印，首先要感谢出版方河南文艺出版社的编辑刘晨芳和丁晓花，感谢喜马拉雅平台的陈恒达和崔帅，同时要感谢中岛、战台烽、云飞扬、任乐源、任达和崔汀等影评同行的帮助与指点。最后，我要特别感谢广大读者的厚爱与支持，我也要用本书向广大荣迷问好。书中难免有疏漏与不足之处，还请批评指正，不胜感谢。

燕山刀客

2022 年 12 月于燕郊

主要参考文献

1. 大卫·波德威尔. 香港电影的秘密: 娱乐的艺术 [M]. 海口: 海南出版社, 2003.

2. 张建德. 王家卫的电影世界 [M]. 北京: 北京大学出版社, 2021.

3. 志摩千岁. 张国荣的时光 [M]. 上海: 上海书店出版社, 2007.

4. 的灰. 香港电影金像奖帝后列传 [M]. 上海: 上海书店出版社, 2007.

5. 的灰. 张国荣的电影生命: 与他共度61世 [M]. 上海: 上海书店出版社, 2013.

6. 林沛理. 影像的逻辑与思维 [M]. 香港: 次文化堂, 2014.

7. 林青霞. 窗里窗外 [M]. 桂林: 广西师范大学出版社, 2011.

8. 洛枫. 张国荣: 禁色的蝴蝶 [M]. 桂林: 广西师范大学出版社, 2009.

9. 荣雪烟. 随风不逝·张国荣 [M]. 福州: 福建人民出版社, 2018.

10. 张燕. 映画: 香港制造 [M]. 北京: 北京大学出版社, 2006.

11. 张彻. 回顾香港电影三十年: [M]. 香港: 三联书店（香港）有限公司, 2019.

12. 赵卫防. 香港电影艺术史 [M]. 北京: 文化艺术出版社, 2018.

13. 钟宝贤. 香港百年光影 [M]. 北京: 北京大学出版社, 2007.

14. 汤祯兆. 香港电影夜与雾 [M]. 杭州: 浙江大学出版社, 2012.

15. 汤祯兆. 香港电影血与骨 [M]. 上海: 复旦大学出版社, 2010.

16. 张国荣艺术研究会编. 盛世光阴: 张国荣 [M]. 北京: 现代出版社, 2013.

17. 卓男, 蒲锋主编. 群芳谱: 当代香港电影女星 [M]. 香港: 三联书店（香港）有限公司, 2017.